LA ECONOMÍA PÚBLICA EN EUROPA

Proyecto Editorial
BIBLIOTECA DE EUROPA

Director:
Santos Ruesga Benito

LA ECONOMÍA PÚBLICA EN EUROPA

Alfonso Utrilla de la Hoz
Rosa M.ª Urbanos Garrido

EDITORIAL SINTESIS

Esta obra ha sido publicada con la ayuda
de la Dirección General del Libro, Archivos y Bibliotecas
del Ministerio de Educación, Cultura y Deporte.

Diseño de cubierta: JV Diseño gráfico

Vallehermoso, 34. 28015 Madrid
Teléfono 91 593 20 98
http://www.sintesis.com

ISBN: 84-7738-896-2
Depósito Legal: M.-37.058-2001

Impreso en España - Printed in Spain

Índice

Prólogo 9

Presentación 11

Capítulo 1. **El marco general de la economía pública en los países europeos** 13

1.1. Las características económicas de los países de la Unión Europea 13
1.2. Las características económicas de los países que han solicitado su adhesión a la Unión Europea 17
1.3. Otros países europeos 26

Capítulo 2. **La dimensión económica del Sector Público en Europa** 31

2.1. El Sector Público en los países de la Unión Europea 32
2.1.1. Ingresos y gastos públicos 32
2.1.2. Déficit y deuda pública 34
2.2. El Sector Público en los países que han solicitado su adhesión a la Unión Europea 36
2.3. El Sector Público en el resto de países europeos 42

Capítulo 3. **El presupuesto de la Unión Europea y las nuevas perspectivas financieras** **45**

3.1. Las políticas de ingresos y gastos de la Unión Europea y la reforma del presupuesto comunitario 46
3.1.1. Características generales 46
3.1.2. La financiación del presupuesto comunitario 50
3.1.3. Las políticas de gasto del presupuesto comunitario 54
3.2. Las perspectivas financieras para una Unión Europea ampliada 62
3.2.1. El marco de referencia: la Agenda 2000 62
3.2.2. Los resultados de la Cumbre de Berlín 65
3.3. La importancia de la cohesión económica en una Unión Europea ampliada 68

Capítulo 4. **Implicaciones del proceso de integración europea en el Sector Público de los Estados miembros** **75**

4.1. Implicaciones sobre la política fiscal 76
4.1.1. La armonización de la imposición indirecta 77
4.1.2. La armonización de la imposición directa 83
4.1.3. Proceso de armonización en la colaboración contra la evasión y el fraude fiscal 86
4.2. Implicaciones sobre la política de protección social 87

Capítulo 5. **Las políticas de protección social en Europa** **91**

5.1. La protección social en los países de la Unión Europea 92
5.1.1. Dimensión económica de la protección social 94
5.1.2. Principales prestaciones sociales 101
5.2. La protección social en los países que han solicitado su adhesión a la Unión Europea 125
5.3. La protección social en el resto de países europeos 129

Capítulo 6. **El sistema tributario de los países europeos** **133**

6.1. La fiscalidad en los países de la Unión Europea 134
6.1.1. Principales figuras tributarias 136
6.1.2. Las tendencias en las reformas fiscales europeas 148

6.2. Los sistemas tributarios en los países que han solicitado su adhesión a la Unión Europea 154
6.2.1. Países de Europa Central y Oriental 154
6.2.2. Países del Mediterráneo oriental 159
6.3. La fiscalidad en el resto de países europeos 163

Capítulo 7. **Otras políticas de gastos e ingresos públicos** **171**

7.1. Dimensión económica y principales actuaciones a través del gasto público en los países de la Unión Europea 172
7.1.1. Estructura del gasto público: clasificación económica 172
7.1.2. Estructura del gasto público: clasificación funcional 182
7.2. El gasto público en otros países europeos 185
7.3. Otros ingresos públicos 188

Capítulo 8. **La orientación de las políticas fiscales** **191**

8.1. Las políticas fiscales en los países de la Unión Europea 192
8.1.1. La creación y evolución de la unión económica y monetaria 192
8.1.2. Los condicionantes de la política económica en la Unión Europea 197
8.1.3. Los planes de estabilidad en los Estados miembros 200
8.1.4. La evolución de las políticas públicas 203
8.2. Las políticas fiscales en los países que han solicitado su adhesión a la Unión Europea y en otros países europeos 216
8.2.1. Los instrumentos para la ampliación de la Unión Europea 216
8.2.2. La convergencia con la Unión Europea 219

Anexo: **El Sector Público español en el contexto europeo** **233**

A.1. La dimensión económica del Sector Público español 233
A.2. El gasto público en España 240
A.3. Los ingresos públicos en España 243
A.4. La articulación de la política presupuestaria española 246

Bibliografía **251**

Prólogo

El análisis del funcionamiento de la economía pública constituye un elemento fundamental en el estudio de la actividad económica desarrollada por los países europeos. A finales de los años setenta se inició un amplio debate internacional, teórico y aplicado, en torno al adecuado papel que debe desempeñar el Sector Público en las sociedades democráticas y económicamente avanzadas. Aunque la actuación pública atraviesa una fase de revisión auspiciada por dicho debate, su importancia cuantitativa y cualitativa sigue siendo destacable en todos y cada uno de los países europeos.

La complejidad de su organización institucional y la dimensión económica que ha alcanzado en cada país el Sector Público hacen conveniente su análisis diferencial, que permita resaltar tanto los aspectos propios como los elementos comunes existentes entre los principales Estados europeos. En general, los países que componen actualmente la Unión Europea presentan características más homogéneas en sus actuaciones públicas. Esta mayor homogeneidad se deriva, tanto de la mayor similitud de su estructura económica y su nivel de desarrollo, como de la coordinación de las políticas económicas desarrolladas en el proceso de integración llevado a cabo en el marco comunitario. Los países que han solicitado su adhesión a la Unión Europea comparten a su vez otras características y circunstancias que identifican el desarrollo de su economía en los últimos años. De hecho, los trece Estados que componen este bloque están sometidos a un proceso de adaptación de sus estructuras económicas al ámbito de actuación de la Unión Europea, y van incorporando paulatinamente en su legislación todo el marco normativo recogido en el acervo comunitario. Además, su estructura productiva y su nivel de desarrollo económico y social, aunque con diferencias, presentan algunos rasgos comunes. Los países del este de Europa, que partían de una economía fuertemente centralizada, han ido transformando sus estructuras e instituciones para adaptarlas a las características propias de las economías de mercado.

Al mismo tiempo, y salvo algunas particularidades, la progresiva internacionalización de la actividad económica provoca que los ciclos económicos y sus repercusiones en términos de crecimiento y bienestar afecten simultáneamente a todos los países europeos. Por otra parte, el liderazgo de la Unión Europea en el continente es tal que las respuestas de política económica ante problemas similares resultan cada vez más parecidas. Este comportamiento se extiende a la actuación del Sector Público de cada país, en términos de ampliación o reducción de los desequilibrios presupuestarios en fases recesivas o expansivas de la actividad económica. En consecuencia, los problemas a los que se enfrentan las administraciones públicas de cada país y las soluciones adoptadas para solventarlos muestran cada vez menos diferencias. Entre los principales problemas que atañen a los Sectores Públicos cabe destacar la sostenibilidad de los sistemas de protección social, derivados del envejecimiento de la población europea, así como las divergencias territoriales y personales en la difusión por el espacio europeo del progreso económico y social alcanzado. Mención aparte merece la necesidad, especialmente de los países del Este, de abordar otros cambios estructurales que afectan a la liberalización de la economía.

Estos y otros aspectos relevantes sobre el funcionamiento de la economía pública en Europa son oportunamente abordados a lo largo de este libro, cuyo interés en los momentos actuales resulta evidente. Los autores, Alfonso Utrilla de la Hoz y Rosa María Urbanos Garrido, profesores del Departamento de Economía Aplicada VI de la Facultad de Económicas de la Universidad Complutense, han conseguido, con el rigor que les caracteriza, resaltar las cuestiones más importantes de un tema tan complejo y amplio como el que se trata, de forma clara y sistemática. El texto ofrece información actualizada sobre la situación presente de los Sectores Públicos europeos, a la vez que refleja claramente las tendencias que los caracterizarán en los próximos años. El libro, concebido con un propósito divulgativo, logra aunar así un planteamiento didáctico con el rigor científico propio de una investigación académica, lo cual era esperable de los autores, profundos conocedores de la economía pública y los sistemas fiscales.

Emilio Albi Ibáñez
Catedrático de Hacienda Pública
Universidad Complutense de Madrid

Presentación

EL OBJETIVO de este libro es acercar al lector la realidad de las economías públicas en los distintos países europeos. La constatación de diferencias significativas en la organización, dimensión, estructura y procedimientos seguidos en el funcionamiento del Sector Público no reduce los aspectos comunes y los problemas compartidos por todos los países. En este sentido, las características expuestas en los capítulos siguientes pueden considerarse manifestaciones diferentes de un mismo fenómeno: la actuación del Sector Público en la actividad económica, en un momento en el que su papel y formas de gestión están sometidos a un profundo debate.

La actuación pública en los países europeos se enfrenta, con distinto grado y necesidad, a la adopción de medidas que hagan compatible la cobertura de las demandas sociales con la contención de los desajustes globales que genera su actividad. Este proceso ha originado reformas importantes en la configuración y funcionamiento de los respectivos Sectores Públicos, tal y como se pone de relieve seguidamente, que han estado estrechamente unidas a la situación económica general imperante en cada momento y que resulta preciso considerar.

Con estos condicionantes comunes, cada Estado trata de plantear una configuración de su Sector Público que haga frente de forma saneada a las demandas colectivas que manifiestan las distintas sociedades, en un contexto en el que los procesos de integración liderados por la Unión Europea adquieren un especial protagonismo.

El libro está estructurado en 8 capítulos y un anexo, que contiene de forma separada los aspectos más relevantes del Sector Público español. En el capítulo 1 se presentan los rasgos generales de las economías europeas, que forman el contexto en que se enmarca la actuación de los Sectores Públicos, cuyos principales indicadores son analizados en el capítulo segundo. En el capítulo 3 se revisa el funcionamiento del presupuesto comunitario, que sirve de instrumento común de gestión de las políticas públicas desde una perspectiva supranacional, bajo la óptica de una Unión Europea ampliada. Por su parte, el capítulo 4, que contó con la inestimable colaboración de la profesora María Teresa López López, Decana de la Facultad de Económicas de la Universidad Complutense, analiza las implicaciones del proceso de integración europea sobre las políticas fiscales y de protección social. Estas últimas son objeto de un análisis pormenorizado en el capítulo 5, que describe su articulación y los problemas a los que se enfrentan en cada uno de los países europeos. A continuación, el capítulo sexto se ocupa de revisar la situación actual y tendencias de reforma de la fiscalidad de los distintos Estados. Por su parte, el capítulo 7 describe otras políticas de gastos e ingresos públicos, al margen de las expuestas anteriormente. Finalmente, el capítulo 8 analiza la orientación de las políticas fiscales en los Estados miembros de la Unión Europea, así como la evolución de las mismas en el resto de países.

Con este planteamiento, el libro pretende ofrecer una herramienta útil para comprender la realidad de las economías europeas, cuya estructura estará caracterizada en los próximos años por el peso que la Unión va a representar en el continente, como eje vertebrador de las políticas públicas. A este respecto, los últimos datos sobre el desarrollo de los distintos territorios europeos reflejan la existencia de disparidades económicas aún muy significativas, cuya corrección será parte importante de la agenda reformadora en el futuro inmediato.

CAPÍTULO UNO

El marco general de la economía pública en los países europeos

EL ENTORNO ECONÓMICO de los Estados europeos está determinado por, y a su vez determina, la configuración de sus respectivos Sectores Públicos. Por lo tanto, resulta relevante aproximarse al contexto económico general de los diferentes países, para comprender mejor la evolución reciente y las perspectivas futuras en el ámbito de la intervención pública. Así, se revisan en el presente capítulo algunos aspectos relativos al funcionamiento de la economía de los países europeos, referidos a la composición de su producción total, el nivel y estructura del empleo o la articulación territorial de los Estados, factores clave todos ellos en el desarrollo posterior de las políticas públicas. Asimismo, en el caso de los países de Europa Central y Oriental se revisan de forma breve los principales elementos de cambio que han protagonizado el paso de un sistema económico fuertemente intervenido por el Estado a un modelo de economía de mercado.

La descripción de los rasgos económicos más importantes de los distintos grupos de países europeos pone de manifiesto las notables divergencias entre ellos. No obstante, también se constatan los esfuerzos que los países con menor grado de desarrollo vienen registrando en los últimos años para alcanzar ciertos niveles de convergencia con los Estados miembros de la UE.

1.1. Las características económicas de los países de la Unión Europea

Las economías que forman parte de la Unión Europea comparten una serie de rasgos característicos debido, tanto a su nivel de desarrollo, como al sometimiento en muchos campos a normas comunes o sujetas a un elevado grado de armonización. Entre las áreas de actuación compartidas destacan las reglas básicas de funcionamiento de sus economías y, dentro del proceso de integración europea, las políticas económicas adoptadas. Esta caracterización común es ya muy importante, y será mayor en los próximos años, ya que la convergencia real de las economías comunitarias es a la vez causa y consecuencia de las propias reglas que subyacen en la unión económica y monetaria. No obstante, una mayor aproximación a cada uno de los Estados miembros ofrece rasgos diferenciadores que es preciso analizar. Así, tanto en los indicadores económicos y sociales básicos, como en su organización y dimensión territorial, aparecen algunas particularidades cuyo análisis por países se desarrolla brevemente a continuación.

La potencia de la economía alemana constituye uno de sus rasgos básicos, y ha facilitado la integración satisfactoriamente y en pocos años a la menos próspera Alemania oriental, que se ha situado en un nivel de desarrollo relativo muy superior a la media de Estados miembros de la Unión Europea. Los indicadores económicos básicos reflejan una alta estabilidad y solidez de su estructura económica. Su capacidad y liderazgo económico se ha manifestado tradicionalmente en su importante presencia en los mercados mundiales, a través de un potente sector exterior, especialmente en el ámbito comercial. Así, pese a su dimensión económica, el volumen de sus exportaciones ha sido muy destacable, manteniendo un saldo comercial favorable significativo durante largos períodos de tiempo. La unificación ha internalizado buena parte de su comercio exterior, aunque ha conseguido mantener una alta presencia en los mercados europeos, especialmente en los países del Este.

Los 16 Länder alemanes agrupan a una población de más de 82 millones de habitantes, con una distribución muy desigual en los distintos territorios. Tres regiones (Nordrhein-Westfalen, Bayern y Baden-Württemberg) concentran casi la mitad de la población total. Además, otros tres territorios (Berlín, Hamburgo y Bremen) constituyen ciudades-estado. En consecuencia, la extensión geográfica de cada región resulta muy desigual. La tasa de actividad resulta muy superior a la media europea, situándose cinco regiones en porcentajes superiores al 50%. El nivel de desempleo, por el contrario, se sitúa muy por debajo de la media europea, a pesar de que se manifiestan grandes diferencias por regiones. Así, los cinco Länder incorporados registran unas tasas muy elevadas en comparación con las de las regiones más desarrolladas. La evolución de las economías regionales en los últimos años muestra un dinamismo muy desigual, con regiones de gran desarrollo (Hamburgo, Hessen o Bayern) y otras en claro retroceso (Berlín, Nordrhein-Westfalen o Rheinland-Pfalz), al margen de los Länder orientales.

El nivel de desarrollo económico relativo de Bélgica, aproximado a través del PIB por habitante en paridades de poder de compra, sitúa al país por encima de la media europea, manteniéndose prácticamente estabilizado en los últimos años. La apertura de su economía, medida a través de la dimensión de sus exportaciones, es, junto con la de Luxemburgo, la más importante de la Unión Europea. La estructura territorial en Bélgica responde al reconocimiento constitucional de un Estado federal con tres comunidades lingüísticas y tres regiones políticamente diferenciadas. La distribución sectorial del empleo nacional pone de manifiesto el escaso peso de la agricultura belga y, en menor medida, de la industria, con respecto al conjunto de los países de la Unión. Las diferencias regionales en el empleo por sectores productivos no resultan tan relevantes, con la excepción de Bruselas, donde se produce lógicamente una mayor absorción de empleos en el sector servicios. La evolución de las economías regionales en la última década muestra, sin embargo, un dinamismo muy desigual, destacando el avance de la capital y la región flamenca y el declive de la zona valona.

La estructura productiva de la economía danesa está orientada hacia el sector servicios, con un peso superior al 70% de su valor añadido bruto. Con un nivel de desarrollo relativo muy importante, mantiene una tasa de actividad considerablemente superior a la media europea, aunque su tasa de desempleo es comparativamente elevada. La estructura territorial en Dinamarca se corresponde a la propia de un Estado unitario descentralizado. Aunque no está reconocida oficialmente ninguna región, se distinguen tres zonas diferenciadas: Hovedstadsregionen, Ost for Storebaelt y Vest for Storebaelt, además de las entidades autónomas de las islas Feroe y Groenlandia. Los indicadores regionales de riqueza relativa en Dinamarca reflejan las diferencias en el grado de desarrollo existentes en el país. El PIB por habitante en paridades de poder de compra muestra una diferenciación territorial relevante. Mientras Hovedstadsregionen se sitúa en un nivel de desarrollo muy elevado, las otras zonas mantienen índices inferiores a la media de la Unión Europea.

Por su parte, la economía española presenta en la última década una continuada tendencia a la convergencia con los países más desarrollados de la Unión, aunque mantiene problemas estructurales importantes que repercuten especialmente en el mercado de trabajo. La estructura territorial en España responde al reconocimiento constitucional de un Estado descentralizado, constituido por 17 Comunidades Autónomas y un gran número de Corporaciones Locales, inmerso en un proceso creciente de autonomía política y económica.

La economía francesa, por su dimensión y desarrollo, constituye uno de los pilares básicos de la Europa comunitaria. Su estructura territorial responde a la de un Estado unitario descentralizado, constituido por los territorios europeos y los Departamentos franceses de ultramar. La distribución sectorial del empleo nacional resulta similar a la de la media comunitaria. En general, el empleo en el sector agrario es reducido, salvo en el Sud-Ouest y Ouest, donde prácticamente se duplica la media nacional. El empleo en la industria es más homogéneo, destacando su peso en el Est, mientras que el sector servicios resulta especialmente significativo en Ile de France y Mediterranée. La metrópoli francesa está dividida en 22 regiones y 95 departamentos, y los departamentos de ultramar de Guadalupe, Guayana, Martinica y Reunión, a los que hay que añadir los territorios de ultramar: Nueva Caledonia, Polinesia, Tierras Australes y Antárticas, Walis y Futuna, así como dos colectividades territoriales: Mayotte y San Pedro y Miquelon.

La estructura regional en Grecia responde a la de un Estado unitario en vías de descentralización. Tomando como referencia las agrupaciones europeas, se diferencian cuatro grandes zonas donde se incluyen sus trece regiones. Aproximadamente el 67% de sus habitantes se concentra en dos territorios: Voreia Ellada y, sobre todo, Attiki, mientras en la demarcación de Nisia vive menos del 10% de la población. La distribución sectorial del empleo nacional pone de manifiesto el enorme peso de la agricultura griega y el escaso empleo en la industria y en el sector servicios, con respecto al conjunto de los países de la Unión. La riqueza relativa muestra unos niveles de desarrollo muy bajos en comparación con la media europea. No obstante, el esfuerzo de consolidación fiscal de los últimos años y la consecución de los principales equilibrios macroeconómicos han permitido a Grecia incorporarse desde 2001 a la unión monetaria.

En el caso de Irlanda, su economía está experimentando un nivel de desarrollo importante en la última década, que se refleja en sus indicadores básicos. Así, su nivel de desarrollo económico relativo sitúa al país en el entorno de la media comunitaria, con una evolución espectacular. Un elemento característico de la economía irlandesa es el de la extraordinaria importancia de su sector exterior. La apertura de su economía, medida a través de la dimensión de sus exportaciones, es de las más importantes de la Unión Europea. La estructura territorial se corresponde a la propia de un Estado unitario. Aunque no están diferenciados en las estadísticas oficiales sus territorios, se distinguen cuatro regiones históricas: Ulster, Gonnacht, Leinster y Munster, con 26 condados. La estructura productiva presenta un peso muy significativo del sector agrario y un reducido tamaño del sector servicios.

El nivel de desarrollo económico relativo de Italia, una de las grandes potencias económicas internacionales, sitúa al país ligeramente por encima de la media comunitaria, manteniéndose prácticamente estable en el tiempo. Su estructura territorial responde a la de un Estado unitario descentralizado constituido por 20 regiones, 15 de ellas con estatuto ordinario y 5 con un régimen de autonomía específico. La evolución de las economías regionales en la última década muestra un dinamismo muy desigual. Aunque el incremento total ha sido considerable, ha sido especialmente intenso en Lazio, sobre todo en torno a la capital nacional, y en el noreste. Por el contrario, los territorios de Emilia-Romagna y Centro pierden posiciones relativas y el sur del país experimenta una ligera convergencia.

Por su parte, la economía luxemburguesa presenta un alto grado de desarrollo, muy superior al del resto de sus socios europeos. El elevado peso del sector industrial y del sector servicios se manifiesta, entre otros, en la distribución sectorial del empleo y en su elevada productividad.

Los Países Bajos presentan un nivel de desarrollo económico próximo a la media europea, y han conseguido reducir en los últimos años el diferencial existente anteriormente. Su estructura territorial responde a la de un Estado unitario descentralizado en el que se pueden distinguir 4 Landsdelen, 12 Provincias y un total de 650 entidades locales menores (Gemeenten). La distribución sectorial del empleo nacional pone de manifiesto el escaso peso de la agricultura holandesa pese a su elevada productividad y, en menor medida, de la industria, con respecto al conjunto de los países de la Unión Europea. Las diferencias regionales en el empleo por sectores productivos no son tan relevantes, a excepción de West-Nederland (Utrecht), donde se produce una mayor absorción de empleos en el sector servicios.

La estructura territorial en Portugal responde a la de un Estado unitario en vías de descentralización constituido por los territorios continentales y Azores y Madeira. Rechazada por referéndum la propuesta política de articulación territorial, se mantiene actualmente la división espacial en la que se diferencian 5 Comisses de coordenaçao regional más 2 regies autónomas, 30 Grupos de concelhos y un total de 305 entidades locales menores, además de 4.209 estructuras infracomunales. La distribución sectorial del empleo nacional resulta muy diferente a la de la media comunitaria. En general, el empleo en el sector agrario es muy importante, especialmente en el Centro, donde llega a suponer casi un tercio del total de empleos. Por el contrario, el sector servicios genera comparativamente pocos empleos, salvo en el área de la capital y en las zonas turísticas. El empleo industrial se sitúa en sintonía con la media europea, destacando su importancia en la zona de Oporto, mientras en el Algarve no alcanza el 20%.

La economía británica mantiene un ciclo económico con algunas especificidades. No obstante, la distribución sectorial del empleo nacional resulta similar a la de la media comunitaria. En general, el empleo en el sector agrario es algo menor, mientras el empleo en el sector terciario presenta un mayor porcentaje, salvo en East Midlands y West Midlands, debido al fuerte empleo industrial. La estructura territorial en el Reino Unido responde a la de un Estado unitario constituido, sin embargo, por 4 naciones: Inglaterra, Gales, Escocia e Irlanda del Norte, con 65 Counties y local authorities areas. Su peso político y su importancia económica la sitúan en el núcleo central de la economía europea.

Finalmente, las tres economías que se incorporaron en la última ampliación de la Unión Europea en 1995 (Austria, Suecia y Finlandia), tienen una actividad económica predominantemente de carácter industrial y de servicios, con un sector agrario más reducido y muy especializado.

El caso de Austria corresponde a una economía muy desarrollada con una importancia muy significativa del comercio exterior. Su organización territorial responde a la propia de un Estado federal, formado por 8 Länder.

Finlandia, por su parte, con un nivel de crecimiento económico algo menor hasta 1996, se ha integrado satisfactoriamente en el mercado comunitario. En este contexto, ha conseguido aprovechar mejor sus ventajas comparativas, lo que ha incrementado su nivel de desarrollo en los últimos años. Territorialmente se encuentra organizado en nueve regiones.

Por último, Suecia, con un nivel de desarrollo superior a la media comunitaria, ha visto reducir su ritmo de crecimiento en los últimos años. Por otro lado, su Sector Público ha estado sometido a una reestructuración diseñada con el fin de agilizar los procesos de liberalización e internacionalización de su economía. Su organización territorial responde a una estructura diferenciada en tres regiones: la Suecia septentrional o "Norrland"; la Suecia central, donde se asientan las principales concentraciones humanas: Estocolmo, Uppsala, Vasteras y Goteborg; y la Suecia meridional, con la región de Gotaland y el reborde costero de los estrechos bálticos.

1.2. Las características económicas de los países que han solicitado su adhesión a la Unión Europea

Los países que han solicitado su adhesión a la Unión Europea constituyen un bloque heterogéneo de economías, entre las que se pueden distinguir las que proceden de Europa Central y Oriental y las correspondientes a los países del Mediterráneo oriental. Las primeras, con una configuración política y económica fuertemente centralizada en el pasado, han seguido un proceso de transformación profundo en sus estructuras organizativas para adaptar su funcionamiento al propio de las economías de mercado. Chipre, Malta y Turquía constituyen, a su vez, singularidades que es preciso considerar separadamente.

Hungría presentó su solicitud de adhesión a la Unión Europea el 31 de marzo de 1994. Su población –10,2 millones de habitantes– representa el 3% de la población de la Unión y su economía el 1%. Su PIB per cápita se sitúa en torno al 40% de la media de la Unión. Las autoridades húngaras no recurrieron a reformas económicas radicales aplicadas en otros países de Europa Central, y mantuvieron un planteamiento gradualista. El proceso de reformas llevado a cabo dio lugar a una mayor liberalización del comercio y de los precios, y al establecimiento de las principales bases institucionales y jurídicas de una economía de mercado. Sin embargo, la evolución económica y política obligó a las autoridades húngaras a frenar la reforma, que quedó paralizada en áreas clave como la agricultura, el sector financiero, la hacienda pública y la privatización. En 1995 se reanudó con éxito el proceso reformador con muy buenos resultados. El sólido avance de las privatizaciones y el fuerte crecimiento del número de empresas privadas dieron al sector privado una participación superior al 60% del PIB a finales de 1995.

La agricultura húngara representa alrededor del 7,2% del valor añadido bruto y emplea al 8% de la población activa. El sector agrícola y de alimentación representa más de una quinta parte de sus exportaciones, y constituye el único de los grandes sectores en el que Hungría es exportador neto. La industria representa el 23% del valor añadido bruto y una proporción similar del empleo total. En los últimos años la reestructuración ha sido significativa en este sector. Su crecimiento ha superado la media en fabricación de maquinaria y metalurgia moderna, mientras declinaba en las ramas caracterizadas por el uso intensivo de energía. En el sector de los servicios puede distinguirse entre un sector privado en expansión y un sector de servicios públicos aún en curso de definición y de adaptación a su papel en una economía de mercado. El nivel de empleo disminuyó sustancialmente durante la recesión de los años ochenta, dado que la notable pérdida de empleo en el Sector Público sólo pudo ser compensada en parte por el aumento en el sector privado. La salida de trabajadores del mercado, facilitada por sistemas de invalidez y de jubilación anticipada relativamente generosos, ha contribuido significativamente a reducir el nivel de empleo. El desempleo, oculto anteriormente, aumentó con rapidez hasta principios de 1992. No obstante, se ha reducido con posterioridad merced a la disminución de la tasa de participación de la población activa, puesto que la moderación de la tasa de crecimiento económico no ha permitido el aumento del empleo. Una fiscalidad elevada, unida a las dificultades que encuentra la administración tributaria para efectuar el seguimiento de la rápida expansión de la empresa privada, ha contribuido a la emergencia de una importante economía sumergida, que representaría entre el 20-30% del PIB. Sin embargo, el crecimiento del sector informal se ha detenido en los últimos años merced a la introducción de una nueva legislación y a un control tributario más estricto.

Los datos regionales sobre el PIB per cápita muestran notables disparidades. Los niveles de renta van del 206% de la media nacional en Budapest al 67% en la región de Nograd, al nordeste del país. La mayor parte de las regiones con niveles por encima de la media están situadas en el oeste y el centro del país. El sector servicios representa el

77% del PIB en Budapest. Mientras, la mayor proporción del sector industrial se concentra en el centro del país, y el sector agrícola básicamente en el este. Las tasas de desempleo varían sustancialmente entre regiones, resultando más bajas en la zona occidental y en Budapest, y más elevadas en el este del país. Las elevadas diferencias regionales, en un país relativamente pequeño, apuntarían a la presencia de obstáculos a la movilidad del capital y del trabajo a falta de políticas adecuadas de carácter estructural. La ley de desarrollo regional y ordenación del territorio, aprobada en 1996, constituye la base jurídica de la política de desarrollo regional. Los principios, objetivos y estructura organizativa previstos en la ley son claramente similares a los de la política estructural de la Unión Europea.

En el ámbito territorial, las 20 provincias constituyen el nivel más alto del sistema administrativo. Estas provincias tienen a su cargo la aplicación de la política regional, si bien la nueva ley crea unidades administrativas más amplias, con consejos de desarrollo establecidos a iniciativa de las provincias. Asimismo, se han creado unas 100 mancomunidades de gobiernos locales, responsables de la ordenación y planificación del territorio, cuyos órganos representativos aprueban los programas de desarrollo. Actualmente se plantea estructurar el país en siete regiones que cubrirían la totalidad del territorio.

Por su parte, Eslovenia presentó su solicitud de adhesión a la Unión Europea el 10 de junio de 1996. Con una población de 2 millones de habitantes, representa el 0,5% de la población de la Unión, mientras que su economía representa únicamente el 0,3%. Su PIB per cápita se sitúa en torno al 59% de la media de la Unión Europea. Eslovenia se considera el país más rico y más abierto de las antiguas repúblicas yugoslavas, beneficiándose de una localización geográfica ventajosa y un pasado próspero. Antes de 1990, a pesar de que sólo representaba el 9% de la población yugoslava, producía aproximadamente un 16% de la producción global y representaba un 27% del comercio exterior. En 1991, Eslovenia alcanzó la independencia y comenzó a transformar su economía. Dado que el país nunca había estado sometido a una planificación dirigida muy estricta, su grado de centralización era inferior al del resto de Europa Central y era menos dependiente de la Unión Soviética. No obstante, al igual que otras economías de transición, presentaba una serie de distorsiones: restricciones a los derechos de propiedad y al uso de capital; excesiva prioridad a la industria pesada; papel dominante de las grandes empresas y un porcentaje importante del comercio dirigido hacia los países comunistas. Al comienzo de la transición se dio más prioridad a la estabilización que a la reforma. Aunque el comercio y algunos precios se liberalizaron desde una primera fase, la reforma fiscal, la privatización y la reestructuración llegaron más tarde y aún no se han completado.

El papel de la agricultura, en términos de contribuciones a la producción, es muy semejante al de la UE: en torno a un 4% de valor añadido. No obstante, representa una proporción más importante del empleo: en torno al 7%, con una eficiencia baja y estructuras muy fragmentadas. El país es un importador neto de alimentos y productos agrícolas y las subvenciones suponen un volumen de financiación importante, especialmente en el caso de las regiones montañosas. La industria representa cerca del 32% del PIB, con un 28% correspondiente a las manufacturas. El principal sector de producción lo constituye la fabricación de productos metálicos. No obstante, la estructura industrial es relativamente uniforme y la especialización inferior a lo que cabría esperar de una economía pequeña y abierta. La importancia relativa de los servicios en su conjunto ha aumentado, en parte debido a la contracción de la industria, pero también a la expansión del turismo. En este sector se ha producido un crecimiento importante en los últimos años y un crecimiento significativo de la economía sumergida.

La existencia de empresas privadas ha sido posible a partir de 1988. La entrada en el mercado no estaba exclusivamente dictada por el Estado y en muchos sectores regían los precios de mercado. No obstante, se precisaba un cierto grado de privatización y algunas medidas destinadas a impulsar el desarrollo de pequeñas y medianas empresas. El sector privado representa todavía un porcentaje pequeño, aunque creciente, de la producción y el empleo. Desde mediados de 1993, las autoridades han dado prioridad a la reestructuración financiera de las empresas de propiedad social a través de la creación de un Fondo de Desarrollo. El principal problema al que se enfrenta el citado fondo es la limitación de los recursos financieros disponibles para sus operaciones.

Se han creado en el país doce regiones de planificación funcional, aunque sin representantes elegidos ni administración propia. Desde 1995 la administración local se compone de 147 corporaciones locales cuyas competencias están claramente definidas legalmente.

Estonia presentó su solicitud de adhesión a la Unión Europea el 24 de noviembre de 1995. Con una población de 1,5 millones de habitantes, Estonia tenía en 1995 un producto interior bruto (PIB) de cerca de seis mil millones de ecus, expresado en paridad del poder adquisitivo. Comparada con la Unión Europea, su población suponía el 0,4%, mientras que su economía representaba sólo el 0,1%. El PIB per cápita ascendía aproximadamente al 23% del poder adquisitivo medio comunitario. Desde su independencia en 1991 su estrategia se ha basado en una política económica liberal, que favorece la competencia y la apertura de la economía, con un grado de intervención estatal mínimo. El país ha experimentado un rápido avance en materia de liberalización de la economía nacional, privatización e introducción de un régimen liberal de pagos exteriores, tanto para las operaciones corrientes como para las de capital. A mediados de 1996, el porcentaje del sector privado en el PIB ascendía ya al 70%.

La agricultura ha sido tradicionalmente uno de los sectores más importantes de su economía. En la actualidad, representa un 8% del valor añadido bruto (VAB) y ocupa al 7% de la mano de obra. La industria agroalimentaria contribuye aproximadamente con un tercio del producto industrial bruto. Por su parte, la pesca ocupa el tercer puesto entre las industrias de transformación de alimentos. El sector industrial creció rápidamente durante la era soviética y en 1991 representaba aproximadamente el 40% del PIB y más del 30% del empleo. Tras la independencia, la producción industrial disminuyó en más de un 60% debido a la ruptura de los lazos comerciales tradicionales, a las alteraciones de las condiciones comerciales y a la imposición de barreras comerciales por parte de Rusia. Como resultado de todo ello, el porcentaje de la industria en el VAB descendió al 23% en 1995. La cuota del empleo industrial (con exclusión de la minería, la energía y la construcción) era del 22,5% en 1996. Finalmente, el sector de servicios ha experimentado un rápido crecimiento y representa aproximadamente los dos tercios del valor añadido bruto total. Las actividades más dinámicas de este sector son el comercio mayorista y minorista, el turismo, el transporte y las comunicaciones.

Tras una fuerte caída de la producción después de la independencia, la economía comenzó a recuperarse en la segunda mitad de 1993. Desde entonces, Estonia ha experimentado un crecimiento bastante rápido, situándose en una media anual superior al 4%. El país se encuentra dividido en 15 unidades administrativas regionales ("maakond") y 254 municipios autónomos que disponen de presupuestos independientes y del derecho a recaudar tributos locales. La actividad empresarial es mayor en Tallin y la zona noroccidental de Estonia y está más deprimida en el nordeste y sudeste del país. En el nordeste, el empleo dependía en el pasado, en gran medida, de la producción de energía, de la industria pesada y del complejo militar e industrial soviético. Tras el cierre de las fábricas, el desempleo en esta región ha aumentado fuertemente. En la zona sudeste del país también resulta elevado, si bien en este caso se debe al descenso de la producción agraria, que constituye la principal actividad en todo el sur del país. La pequeña empresa abunda en la región noroccidental, incluido un amplio cinturón en torno a Tallin, y en la zona de tránsito hacia Rusia. De resultas de la desaparición de la industria pesada, el desempleo de larga duración alcanza una cota elevada tanto en el sudeste como en el nordeste.

Por su parte, Polonia presentó su solicitud de adhesión a la Unión Europea el 5 de abril de 1994. Con una población de 38,6 millones de habitantes, tiene un Producto Interior Bruto de alrededor de 200 millones de euros, expresados en paridad de poder adquisitivo. Su población representa el 11% de la población de la Unión, mientras su economía representa el 3%. Su PIB per cápita se sitúa en torno al 31% de la media de la Unión Europea, en términos de poder adquisitivo.

La economía de Polonia empezó a crecer en 1992 tras las medidas estabilizadoras de 1990, volvió al nivel de producción de antes de la transición en 1995, y continúa creciendo de forma significativa. El número de empresas privadas ha aumentado sustancialmente en estos años, en mayor medida por la aparición de nuevas empresas que por la privatización formal de los bienes estatales. En el momento actual, cerca del 65% de la mano de obra está empleada en el sector privado, que actualmente representa el 60% del PIB, en su mayoría compuesto por pequeñas empresas.

En los años transcurridos desde la reforma ha ido decreciendo considerablemente en el PIB la proporción que representa el sector agrícola, que aporta cerca de un 8% al valor añadido bruto total. No obstante, su peso en el empleo sigue siendo aún muy importante, ya que una cuarta parte de la fuerza laboral depende todavía, de un modo u otro, de los ingresos de la agricultura. En cualquier caso, la productividad agrícola resulta muy inferior a la de todo el conjunto de la economía. Por el contrario, la industria, a la que corresponde más del 30% de la producción nacional y cerca del 25% del total del empleo, es muy dinámica y ha representado la fuerza motriz de la recuperación. El sector manufacturero experimentó durante la década pasada un fuerte crecimiento de productividad, especialmente entre 1994 y 1997. El sector de los servicios, por su parte, ha crecido también muy rápidamente durante los últimos años, aunque la economía sumergida resulta significativa.

Desde 1990 la política regional se ha debido enfrentar a ciertos problemas, a pesar de que se había devuelto cierto grado de autoridad y responsabilidades financieras a la administración territorial, incluyendo a las ciudades más grandes. En particular, cabe destacar los problemas de identificación de las estructuras administrativas creadas con las identidades regionales. Por otro lado, el desempleo es un problema característicamente regional. En algunas zonas del norte de Polonia alcanza el 30%, mientras que en la zona de Varsovia sólo representa un 5% del total.

Rumania, por su parte, presentó su solicitud de adhesión a la Unión Europea el 22 de junio de 1995. Con una población de 22,6 millones de habitantes, tenía en 1995 un Producto Interior Bruto de 93.000 millones de ecus, en paridad de poder adquisitivo. Su población representa el 6,5% de la población de la Unión, mientras su economía representa sólo el 1,5%. Su PIB per cápita se sitúa en torno al 24% de la media de la Unión Europea. Después de la inestabilidad política y social de principios de los noventa, sólo comenzaron a conseguirse avances notables con el programa económico puesto en marcha a finales de 1993. Dicho programa estaba basado en una política monetaria más estricta, mayor disciplina fiscal, la reducción de la inflación y una cierta aceleración de la reforma empresarial, objetivos que contribuyeron a la reanudación del crecimiento. No obstante, dichas reformas se ralentizaron nuevamente. Sólo después de las elecciones legislativas y presidenciales de noviembre de 1996, el nuevo Gobierno concibió un programa radical de estabilización macroeconómica y reformas estructurales que comenzó a poner en marcha.

La agricultura es una importante actividad económica en Rumania. En 1996 supuso alrededor del 20% del valor añadido bruto (VAB), porcentaje que ha registrado incrementos desde 1990. Este sector supone un alto nivel de empleo si se compara con los niveles comunitarios, y absorbe a más de un tercio del total de la población activa. La industria representa más de un tercio del VAB, porcentaje que ha caído rápidamente en los últimos años y tiende a acercarse a los niveles de la UE. El empleo industrial representa más o menos la misma magnitud, aunque ha disminuido en valores absolutos. Las estructuras industriales no han cambiado mucho desde 1989: la industria continúa dominada por las mismas empresas públicas de gran tamaño, creadas bajo el régimen anterior durante los años de industrialización forzada, que se caracterizaban por su consumo intensivo de energía, baja productividad y acceso privilegiado a la financiación pública. Muchas de las grandes empresas que dominan el sector industrial siguen siendo, a juicio de las autoridades comunitarias, ineficaces y poco rentables, y representan una fuente importante de inestabilidad macroeconómica. Recientemente, el Gobierno ha decidido adoptar una serie de medidas que incluyen el cierre total de las empresas que dan lugar a mayores pérdidas, la reestructuración, la privatización y el fin de los créditos dirigidos. Rumania es una de las economías menos orientadas al sector de servicios. Así, a pesar de su crecimiento en los últimos años, los servicios suponen alrededor del 36% del VAB y el sector privado contribuye a esta cifra en más de tres cuartas partes. Según las estimaciones rumanas, el sector informal supone alrededor de un 20-30% del PIB. Los elevados tipos marginales del impuesto sobre los salarios, así como de las contribuciones a la Seguridad Social, han hecho que una proporción considerable de trabajadores abandone los canales de la economía oficial o busquen otras fuentes de ingresos no declaradas.

En Bucarest se concentra el 10% de la población rumana, y su nivel de desarrollo es muy superior a la media nacional. La población goza de un acceso mucho más amplio a los servicios sanitarios y a los demás servicios públicos, y la tasa de desempleo es inferior a la media. Históricamente, algunas regiones del país (Bucarest, Galati, Transilvania) habían registrado un grado de industrialización relativamente elevado. No obstante, durante la industrialización forzosa del período de posguerra las autoridades decidieron situar nuevos centros industriales en todas las regiones. Actualmente, algunas regiones siguen estando muy especializadas en industria pesada, y sólo unas pocas ciudades dependen casi exclusivamente de una industria o un gran complejo industrial.

Según la Constitución rumana (1991) y la Ley sobre Administración Pública Local revisada en 1996, los 41 consejos de "*judet*" electos (más el ayuntamiento de Bucarest) disponen de una amplia gama de competencias. Entre ellas, la preparación de un concepto de desarrollo espacial, la planificación del desarrollo económico y el diseño de los programas de inversión. A un nivel inferior, la Ley sobre la Administración Pública Local establece el autogobierno de los consejos municipales. Actualmente, Rumania cuenta con 2.767 autoridades locales autogestionadas (80 municipios urbanos y 2.686 comunas, que representan a 13.000 pueblos).

En el caso de la República Checa, la solicitud de adhesión a la Unión Europea se presentó el 17 de enero de 1996. Con una población de 10,3 millones de habitantes, registra un Producto Interior Bruto de 94.000 millones de ecus en paridad de poder de compra. Su población representa el 3% de la población de la Unión, mientras su economía supone el 1,4% sobre el total comunitario. Por su parte, su PIB per cápita se sitúa en torno al 55% de la media de la Unión Europea. El proceso de reforma inicial comenzó poco después de la caída del régimen comunista, en noviembre de 1989. Las piezas básicas de la reforma consistieron en la liberalización de precios y del comercio, la limitación de las subvenciones a las empresas, la convertibilidad de la moneda interior, una restrictiva política fiscal y monetaria, los cambios institucionales y un programa de privatización rápido y exhaustivo. Aunque la división en Repúblicas Checa y Eslovaca, ocurrida en 1993, causó algunos retrasos, el establecimiento de la economía de mercado se logró pronto.

La estructura de la economía corresponde a la de una nación industrializada, ya que la agricultura representa el 5,2% del valor añadido bruto y alrededor del 6,3% del empleo. La industria ha ocupado durante mucho tiempo un lugar preeminente en la República Checa. El país ha producido con éxito gran variedad de bienes, desde la producción siderúrgica a gran escala hasta la ingeniería relativamente avanzada y el cristal de gran calidad. El sector servicios ha venido creciendo en los últimos años, en especial a través del desarrollo de la nueva actividad privada. Así pues, la incidencia de los servicios en la producción y el empleo resulta considerable, y a mediados de los noventa suponía ya el 53% del valor añadido bruto y el 50% del empleo.

Las distintas regiones de la República Checa han empezado a distanciarse en cuanto a los índices de desempleo, salarios e inflación a partir de la puesta en práctica de las reformas estructurales citadas. Praga ha registrado un desarrollo más rápido que el resto del país, mientras otras regiones han dependido en gran medida de la base industrial existente, del desarrollo del turismo, o de la proximidad de Alemania y Austria o de la capital. El corazón industrial del país se encuentra en el norte de Bohemia y Moravia, mientras las regiones meridionales, aunque dominadas por la agricultura, han desarrollado significativamente su industria turística. La República Checa carece de una política regional estructurada. Las iniciativas de desarrollo regional se canalizan a escala nacional a través de las políticas sectoriales, y se dirigen a zonas económicamente débiles, elegidas anualmente en función de su índice de paro. Recientemente se ha creado un Ministerio de Desarrollo Regional y, aunque la Constitución prevé el establecimiento de las denominadas unidades territoriales con autonomía administrativa, no se han creado todavía organismos intermedios entre el Estado y los municipios. En el caso de los distritos (77 unidades), las autoridades responsables corresponden a organismos de la Administración del Estado con competencias generales sin autonomía propia. Finalmente, los 6.233 municipios con autonomía administrativa se encargan del desarrollo territorial.

Eslovaquia presentó su solicitud de adhesión a la Unión Europea el 27 de junio de 1995. Con una población de 5,4 millones de habitantes, tenía en 1995 un Producto Interior Bruto de 38.000 millones de ecus expresados en paridad de poder adquisitivo. Su población representa en torno al 1,5% de la población de la Unión, mientras su economía representa tan sólo aproximadamente el 0,6% del PIB per cápita, situándose en torno al 41% de la media de la Unión. El proceso de separación de la República Checa ha agravado las dificultades económicas, y se ha ralentizado el proceso de reformas.

La agricultura representa aproximadamente el 6,3% del valor añadido y emplea en torno al 9,7% de la población activa. Por su parte, la industria representa en torno a una tercera parte del PIB y un porcentaje algo mayor del empleo. En los últimos años, se han privatizado importantes ramas del sector, de modo que aproximadamente el 70% de la producción industrial corresponde a empresas privadas en la actualidad. El sector servicios ha registrado una desregulación más lenta que la industria, con una mayor dependencia estatal.

Las diferencias regionales resultan especialmente pronunciadas en Eslovaquia. La producción se concentra principalmente en la zona occidental del país: Bratislava y la zona circundante, y en torno a Kosice, en la zona oriental, por lo que el desempleo se reparte de forma muy desigual. La reducción de las diferencias regionales se ve obstaculizada por unas infraestructuras de transporte y comunicaciones poco desarrolladas en las zonas rurales y una baja movilidad laboral. De los 38 distritos que existían antes de la creación de la nueva estructura administrativa regional en julio de 1996, más del 50% del PIB correspondía a los cuatro distritos de Bratislava, Kosice, Trnava y Banská Bystrica. Además, Bratislava aportaba un 32% del PIB total de Eslovaquia. Estos cuatro distritos han recibido más del 62% del total de la inversión. En el mismo año se aprobó una ley sobre el régimen territorial y administrativo de la República Eslovaca, que creó un nivel administrativo regional con 8 regiones y 79 distritos. Simultáneamente, se aprobó una segunda ley sobre la nueva organización de las administraciones estatales locales como consecuencia de la modificación de la estructura regional. La estructura institucional de la política regional eslovaca se caracteriza por la posición predominante del Gobierno, puesto que las iniciativas de desarrollo regional están sometidas a su decisión final.

Lituania presentó la solicitud de adhesión a la Unión Europea el 8 de diciembre de 1995. Con una población de 3,7 millones de habitantes, tiene un PIB de 14 millones de ecus expresado en paridad de poder de compra. Su población representa el 1% de la población de la Unión, mientras que su economía sólo representa un 0,2%. Por su parte, el PIB per cápita se sitúa en torno al 24% de la media de la Unión Europea. Desde su independencia en 1991 se ha procedido a consolidar su estructura económica, si bien se ha retrasado la transición hacia un modelo de economía de mercado como consecuencia del retraso en el proceso de privatizaciones.

En Lituania la agricultura ha constituido siempre un sector clave, aunque en los últimos años se ha reducido vertiginosamente su aportación al valor añadido bruto, que ha pasado de representar el 27,7% en 1990 a sólo un 9% en 1995. La caída de la producción no se ha reflejado en una caída similar del empleo, y el sector agrícola sigue empleando a más del 20% de la mano de obra. Por su parte, la industria continúa siendo un sector económico muy importante, aunque su participación en el valor añadido bruto también se redujo en la primera mitad de los noventa. Los principales subsectores corresponden a la industria de transformación alimentaria y las refinerías. El sector servicios se encontraba inicialmente poco desarrollado, y su producción disminuyó menos que en la industria y la agricultura, alcanzando el 55% del total en 1995. La transición de una economía planificada a una economía de mercado y, en especial, la ruptura de las estrechas relaciones de insumos y producción con la Unión Soviética, provocaron un grave declive de la producción en la industria y la agricultura durante los primeros años de la independencia. Así, el PIB real registró un descenso de casi un 60% entre 1990 y finales de 1993. A partir de 1994 se detuvo la caída de la economía, y el crecimiento económico comenzó un año después.

En Lituania no existe una estructura de gobierno regional independiente. Los 10 condados, de reciente creación, son las mayores unidades administrativas territoriales. Como parte de la administración del Estado, están dirigidas por un gobernador que aplica la política estatal, por lo que no existe una entidad de autogobierno a nivel de condado. En virtud de la Ley sobre Unidades Administrativas Territoriales se han creado, además, 56 municipalidades con gobierno autónomo (población media de 66.300 habitantes), que incluyen desde una agrupación de unos 500 pueblos en zonas rurales hasta 44 nuevas unidades y 12 municipalidades urbanas.

Por su parte, Bulgaria mantiene uno de los niveles de desarrollo económico más bajo del bloque de países del Este europeo, y ha soportado una fuerte recesión al transformar su economía, tras su apertura al exterior. Aunque sus principales indicadores económicos ofrecen mejores perspectivas para los próximos años, aún le espera una larga transición en el proceso de adaptación a la Unión Europea.

Algo parecido le ocurre a Letonia, país que presenta el nivel más bajo de desarrollo de los Estados que han solicitado su adhesión a la Europa comunitaria. La recesión económica, provocada por el ajuste realizado desde su independencia y transformación en una economía de mercado, se refleja en unas fuertes tasas de crecimiento negativo desde 1989 hasta 1996. No obstante, a partir de 1997, y una vez realizado el saneamiento de los aspectos básicos de su economía, Letonia comienza a registrar un crecimiento significativo.

Por lo que se refiere a los países del Mediterráneo oriental, cabe destacar las siguientes peculiaridades. En septiembre de 1998, el Gobierno de Malta informó a la Unión Europea de que había decidido reactivar su solicitud de adhesión a la UE. Al tratarse de la economía de una isla pequeña (de unos 376.500 habitantes) y con unos recursos naturales limitados, Malta depende en gran medida del comercio de tránsito. La cuota de la agricultura y de la pesca en el PIB es baja, y cercana al 3%. El sector industrial de Malta supone menos de un tercio del PIB, destacando los subsectores de fabricación y la construcción y reparación navales. El sector de servicios, por su parte, creció en importancia durante la década pasada y supone hoy casi dos tercios del PIB. Finalmente, el sector turístico constituye el subsector más importante, dada su contribución al empleo total y sus extensos vínculos con otros sectores de la economía.

Por otro lado, Chipre presenta unos niveles de desarrollo económico similares a la media de la Unión Europea y un crecimiento económico importante y sostenido. En consecuencia no se plantean, al margen de sus particularidades políticas, problemas destacables de integración en la Europa comunitaria.

Por último, Turquía constituye una potencia demográfica y militar con particularidades propias de su posición geoestratégica en Europa. Su nivel de desarrollo económico es bajo y, aunque su ritmo de crecimiento ha resultado muy elevado a lo largo de los últimos años, los actuales desajustes fiscales y monetarios ponen en entredicho su política económica, así como el cumplimiento del calendario de reformas previstas para su posible incorporación a la Unión Europea en el futuro.

1.3. Otros países europeos

Se recogen en este apartado algunos comentarios útiles para contextualizar económicamente a un conjunto de Estados diversos, que presentan rasgos y circunstancias políticas y económicas muy diferentes. Dichos Estados se pueden clasificar geográficamente en dos bloques: aquellos países de Europa Occidental con un importante nivel de desarrollo económico, y otros países de Europa Central y Oriental, que proceden del área de influencia de la antigua Unión Soviética y Yugoslavia. Entre los primeros hay que diferenciar a su vez entre aquellas economías que cuentan con un mayor peso económico y político, como es el caso de Suiza, Noruega e Islandia, y países más pequeños, como Andorra, Liechtenstein, Mónaco, San Marino o el Vaticano. En ambos casos se trata de economías muy desarrolladas y con características propias de las economías de mercado. Por su parte, el segundo bloque de países europeos está constituido por economías en transición, sujetas a un proceso de modificación de sus antiguas estructuras políticas y productivas que, con alguna matización, no han terminado aún su transformación hacia economías de mercado. Su nivel de desarrollo económico resulta muy bajo, y su propia configuración territorial aún no está plenamente definida, como es el caso de la antigua Yugoslavia. De acuerdo con los escasos datos disponibles dentro de este bloque de países, se está produciendo una lenta recuperación económica desde mediados de los años noventa, salvo en aquellos territorios afectados por los sucesivos conflictos en los Balcanes. Albania y Ucrania constituyen la excepción y, junto con Moldavia, presentan los niveles más bajos de desarrollo. Mientras, Bielorrusia, Croacia y Rusia se enfrentan, con las dificultades derivadas de su dimensión y posición como potencia nuclear en el último caso, a mejores perspectivas de desarrollo.

Cuadro 1.1. *Indicadores socioeconómicos básicos*

	Población mill. 1997	*Esp. de vida al nacer*	*PNB millones $*	*% Aumento med. 1989-1996*	*% Aumento 1997 $*	*PNB/ HPPC*	*C. exterior %/PIB*
Unión Europea							
Alemania	82	76	2.319.500	2,2	2,4	21.300	46
Austria	8	77	225.900	2,5	2,1	21.980	78
Bélgica	10	77	268.400	2,3	2,4	22.370	140
Dinamarca	5	75	171.400	1,7	3,4	27.400	63
España	39	77	570.100	2,6	3,2	15.720	47
Finlandia	5	77	123.800	1,2	4,6	18.980	68
Francia	59	78	1.526.000	1,9	2,3	21.860	45
Grecia	11	78	126.200	1,6	3,4	13.080	43
Irlanda	4	76	66.400	5,7	7,5	16.740	134
Italia	57	78	1.155.400	1,6	1,3	20.060	51
Luxemburgo	0,422	77	18.837	5,5	3,6	34.460	
Países Bajos	16	77	402.700	2,9	3,2	21.340	100
Portugal	10	75	103.900	3,2	3,4	13.840	74
Reino Unido	59	77	1.220.200	2,0	3,4	20.520	58
Suecia	9	79	232.000	0,7	1,8	19.030	73
Países de Europa Central y Oriental que han solicitado su ingreso en la UE							
Bulgaria	8	71	9.400	–5,4	–7,4	3.860	127
Eslovenia	2	74	19.300	–1,2	3,7	12.520	111
Eslovaquia	5	73	19.800	–1,5	5,7	7.850	126
Estonia	1	69	4.800	–5,1	10,9	5.010	159
Hungría	10	70	45.000	–2,0	3,0	7.000	79
Letonia	2	69	6.000	–8,8	6,0	3.650	102
Lituania	4	70	8.300	–12,2	6,0	4.510	115
Polonia	39	72	138.900	0,6	5,6	6.380	49
Rep. Checa	10	74	53.500	–0,5	0,9	11.380	117
Rumania	23	69	32.100	–1,8	–6,6	4.290	60
Países europeos del Mediterráneo oriental que han solicitado su ingreso en la UE							
Chipre	1	77	10.839	5,6	3,5	20.490	
Malta	0,376	77	3.203	5,4	3,7	13.870	
Turquía	64	69	199.500	4,3	6,3	6.430	49
Otros países de Europa Occidental							
Andorra	0,071	83	930	2,3		18.000	
Islandia	0,272	79	7.513	1,8	4,9	22.500	
Liechtenstein	0,031	78	1.100	3,5		23.000	
Mónaco	0,032	78	840	2,6		25.000	
Noruega	4	78	158.900	2,8	4,0	23.940	72
San Marino	0,026	81		4,7		16.900	
Suiza	7	78	313.500	0,9	0,5	26.320	68
Vaticano							

(.../...)

Cuadro 1.1. *(continuación)*

	Población mill. 1997	*Esp. de vida al nacer*	*PNB millones $*	*% Aumento med. 1989-1996*	*% Aumento 1997 $*	*PNB/ HPPC*	*C. exterior %/PIB*
Otros países de Europa Central y Oriental							
Albania	3	72	2.500	–1,6	–7,0	2.788	52
Bielorrusia	10	69	22.100	–5,9	10,0	4.840	96
Bosnia-Herzegovina	5		3.150				
Croacia	4	72	20.700	–4,7	6,3	4.290	95
Macedonia	2	72	2.200	–5,3	1,5	3.965	86
Moldavia	4	67	2.300	–13,7	1,3	1.440	118
Rusia	147	66	403.500	–7,6	0,4	4.190	42
Ucrania	50	67	52.400	–11,8	–3,2	2.170	93
Yugoslavia	11	72	10.330	–10,3	7,5		

Fuente: Anuario EL PAÍS, 2000.

Cuadro 1.2. *Indicadores de desarrollo*

	*Índice d. humano**	*Índice esp. vida*	*Índice escolaridad*	*Índice PIB/H*
Unión Europea				
Alemania	0,925	0,86	0,93	0,99
Austria	0,933	0,86	0,95	0,99
Bélgica	0,933	0,87	0,95	0,99
Dinamarca	0,928	0,84	0,96	0,99
España	0,935	0,88	0,95	0,98
Finlandia	0,942	0,86	0,98	0,99
Francia	0,946	0,90	0,96	0,99
Grecia	0,924	0,88	0,92	0,97
Irlanda	0,930	0,86	0,95	0,98
Italia	0,922	0,88	0,90	0,99
Luxemburgo	0,900	0,85	0,85	1,00
Países Bajos	0,941	0,88	0,96	0,99
Portugal	0,892	0,83	0,87	0,98
Reino Unido	0,932	0,86	0,95	0,99
Suecia	0,936	0,89	0,93	0,99
Países de Europa Central y Oriental que han solicitado su ingreso en la UE				
Bulgaria	0,789	0,77	0,87	0,73
Eslovaquia	0,875	0,77	0,90	0,96
Eslovenia	0,887	0,80	0,89	0,97

(.../...)

Cuadro 1.2. *(continuación)*

	*Índice d. humano**	*Índice esp. vida*	*Índice escolaridad*	*Índice PIB/H*
Estonia	0,758	0,74	0,90	0,64
Hungría	0,857	0,73	0,88	0,96
Letonia	0,704	0,72	0,88	0,51
Lituania	0,750	0,75	0,89	0,60
Polonia	0,851	0,77	0,92	0,86
Rep. Checa	0,884	0,79	0,89	0,97
Rumania	0,767	0,74	0,86	0,70
Países europeos del Mediterráneo oriental que han solicitado su ingreso en la UE				
Chipre	0,913	0,87	0,89	0,98
Malta	0,899	0,86	0,86	0,98
Turquía	0,782	0,72	0,75	0,87
Otros países de Europa Occidental				
Andorra				
Islandia	0,942	0,90	0,94	0,99
Liechtenstein				
Mónaco				
Noruega	0,943	0,88	0,97	0,99
San Marino				
Suiza	0,930	0,89	0,91	0,99
Vaticano				
Otros países de Europa Central y Oriental				
Albania	0,656	0,76	0,76	0,44
Bielorrusia	0,783	0,74	0,92	0,69
Bosnia-Herzegovina				
Croacia	0,759	0,78	0,88	0,62
Macedonia	0,749	0,78	0,83	0,64
Moldavia	0,610	0,71	0,88	0,23
Rusia	0,769	0,68	0,92	0,71
Ucrania	0,665	0,73	0,91	0,36
Yugoslavia				

* El IDH es un indicador compuesto que recoge la longevidad, el nivel educacional (alfabetización de adultos y escolarización) y nivel de vida. Su valor máximo es la unidad.
Fuente: Anuario EL PAÍS, 2000.

CAPÍTULO DOS

La dimensión económica del Sector Público en Europa

LA RELEVANCIA ECONÓMICA de la actividad pública en Europa y, en general, en todos los países del mundo, resulta indudable. Tanto en términos cuantitativos como cualitativos, la actividad desempeñada por el Sector Público constituye un pilar imprescindible para el funcionamiento del sistema económico, como se comprobará a lo largo de los capítulos siguientes. En el presente capítulo se revisa la evolución de los principales indicadores de la dimensión del Sector Público en los países europeos, con el fin de ofrecer una primera visión de su importancia relativa. A lo largo de las páginas que siguen se comprobarán las diferencias existentes entre los distintos grupos de países, en cuanto al volumen de ingresos y gastos públicos, así como al volumen de déficit y deuda pública. Dichas diferencias muestran una relación clara entre el grado de desarrollo económico y el tamaño del Sector Público, cuya importancia cuantitativa resulta especialmente significativa en el ámbito de la UE. Pese a la reducción de la cuota de mercado correspondiente al Sector Público que se ha producido en el entorno comunitario en los últimos años, aproximadamente la mitad de la producción total se deriva de la actividad pública. Además, las políticas dirigidas a consolidar la estabilidad económica de los Estados miembros han logrado impulsar el saneamiento de las finanzas públicas.

Por su parte, la dimensión del Sector Público en los países candidatos a la adhesión, aunque menor, resulta comparable a la de algunos países comunitarios. La perspectiva de una futura integración en la Unión Europea ha forzado en este caso la puesta en marcha de intensos procesos de privatización y de remodelación de las estructuras públicas, lo que ha contribuido a reforzar la estabilidad económica y a reducir los desequilibrios presupuestarios. El resto de las economías europeas se enfrentan, en general, a procesos de reestructuración similares, lo que se refleja en una cierta convergencia entre los Sectores Públicos de toda Europa que, previsiblemente, se acentuará en el futuro.

2.1. El Sector Público en los países de la Unión Europea

2.1.1. Ingresos y gastos públicos

La evolución de los principales indicadores presupuestarios en el ámbito de la Unión Europea muestra que la dimensión del Sector Público se ha ido reduciendo durante la segunda mitad de la década de los noventa, con una cierta tendencia a estabilizarse. Así lo reflejan las cifras de ingresos y gastos públicos en términos de PIB recogidas en los cuadros siguientes, donde se ofrece la evolución de dichos indicadores entre 1995 y 1999.

Según el cuadro 2.1, el gasto público total en relación con el PIB, para el conjunto de la Unión Europea, ha pasado de representar el 50,6% del PIB en 1995 al 47,2% en 1999, lo que representa una disminución de 3,4 puntos porcentuales. Tan sólo Portugal ha experimentado un crecimiento del gasto público medido en términos de PIB, pasando del 45,4% en 1995 al 47,8% en 1999, situándose en un nivel de gasto más elevado que el de la media europea. El resto de los países de la Unión ha visto disminuir la participación del gasto público en el PIB en magnitudes muy diferentes, que oscilan entre los 6 y 7 puntos porcentuales de Suecia y Finlandia, respectivamente, hasta un punto porcentual en el caso de Alemania.

Cuadro 2.1. *Gasto público total en % del PIB (1995-1999)*

	1995	*1996*	*1997*	*1998*	*1999*
Alemania	48,8	49,6	48,6	47,7	47,8
Austria	54,9	54,4	51,7	51,8	51,1
Bélgica	53,4	53,6	52,2	51,3	51,0
Dinamarca	59,6	59,0	57,2	56,1	54,9
España	45,4	44,3	42,7	42,2	41,1
Finlandia	57,1	56,9	54,1	51,1	49,8
Francia	54,0	54,2	53,2	52,4	52,3
Grecia	46,6	44,7	43,5	43,2	43,2
Irlanda	41,2	39,5	37,6	35,5	36,4
Italia	53,1	52,9	50,9	49,4	48,8
Luxemburgo	45,8	46,2	44,0	43,9	44,1
Países Bajos	50,8	48,9	47,6	46,5	46,2
Portugal	45,4	45,8	44,8	45,1	47,8
Reino Unido	45,0	43,8	41,5	40,2	39,3
Suecia	64,6	62,6	61,1	58,7	58,5
Unión Europea	50,6	50,4	48,7	47,6	47,2

Fuente: Comisión Europea (2000), *Public Finances in EMU-2000.*

Según los datos mostrados, por encima de la media europea se sitúan países cuyo gasto supera en algunos casos el 50% del PIB. Es el caso de Suecia (58,5%), Dinamarca (54,9%), Francia (52,3%), Austria (51,1%) y Bélgica (51%). Por el contrario, por debajo de la media se sitúan, entre otros, Irlanda (36,4%) y Reino Unido (39,3%), países a los que corresponden las cifras de gasto más bajas.

Por su parte, el cuadro 2.2 recoge la evolución del total de ingresos públicos en porcentaje del PIB en los Estados miembros de la Unión Europea. En términos de media se ha producido un ligero incremento, cercano a 1 punto porcentual, durante la segunda mitad de la década de los noventa. No obstante, algunos países han experimentado ciertos descensos, especialmente significativos en el caso de Finlandia y Suecia, que reducen su participación en el PIB en aproximadamente 6 puntos porcentuales. Por su parte, tan sólo Grecia registra un incremento destacable de los ingresos públicos, al pasar del 36,4% sobre el PIB en 1995 al 41,6% en 1999. En el resto de los Estados miembros, la evolución de este indicador no muestra cambios relevantes a lo largo del período considerado.

Más de la mitad de los países comunitarios se sitúan por encima de la media de la Unión en el año 1999, correspondiendo las cifras más elevadas al entorno de los países nórdicos. Según reflejan los datos del cuadro 2.2, Dinamarca y Suecia registran porcentajes de ingresos cercanos al 58% del PIB. Por el contrario, Irlanda (38,4%), España (40%) y Reino Unido (40,5%) se encuentran entre los países con menor participación de sus ingresos públicos en el conjunto de la economía.

Cuadro 2.2. *Ingresos públicos totales en % del PIB (1995-1999)*

	1995	*1996*	*1997*	*1998*	*1999*
Alemania	45,5	46,2	45,9	46,0	46,7
Austria	54,9	54,4	51,7	51,8	51,1
Bélgica	49,3	49,9	50,2	50,2	50,1
Dinamarca	57,3	58,0	57,7	57,3	57,9
España	38,4	39,3	39,6	38,6	40,0
Finlandia	57,1	56,9	54,1	51,1	49,8
Francia	48,4	50,1	50,4	49,7	50,6
Grecia	36,4	36,9	38,9	40,1	41,6
Irlanda	38,8	38,8	38,4	37,7	38,4
Italia	45,5	45,8	48,2	46,6	46,9
Luxemburgo	48,1	48,9	47,6	47,2	46,5
Países Bajos	46,6	47,0	46,4	45,7	46,8
Portugal	45,4	45,8	44,8	45,1	47,8
Reino Unido	39,2	39,5	39,5	40,5	40,5
Suecia	64,6	62,6	61,1	58,7	58,5
Unión Europea	45,5	46,2	46,3	46,1	46,6

Fuente: Comisión Europea (2000), *Public Finances in EMU-2000.*

En resumen, los datos anteriores muestran la importancia cuantitativa de la actividad pública en el conjunto de la Unión Europea, que representa, de media, cerca del 50% del total de la actividad económica. En particular, cabe destacar la dimensión del Sector Público en los países nórdicos, a pesar de la reducción que han registrado a lo largo de la segunda mitad de los noventa en los indicadores mostrados. Por el contrario, los países anglosajones, junto con los países mediterráneos, registran porcentajes de ingresos y gastos públicos relativamente reducidos, que reflejan la menor dimensión de sus Sectores Públicos. En contra de la tendencia general, se observa en algunos casos una evolución al alza de los indicadores citados, que corresponde a aquellos Estados miembros con un menor nivel de desarrollo económico.

2.1.2. Déficit y deuda pública

Uno de los compromisos adquiridos por los Estados de la Unión Europea ha sido el de alcanzar a medio plazo el equilibrio presupuestario, o incluso el superávit, con el objeto de sanear las cuentas públicas. Como es bien sabido, el límite al déficit público está fijado en el 3 por 100 del PIB, aun en supuestos de debilitamiento económico, salvo que concurran circunstancias económicas de recesión graves o excepcionales. Este hecho determina el comportamiento de los saldos presupuestarios durante la segunda mitad de la década de los noventa, que debe ser interpretado en el contexto de los ajustes presupuestarios que tuvieron lugar tras el bienio de la crisis 1992-1993.

El fuerte deterioro de los saldos presupuestarios durante la expansión económica de la segunda mitad de los años ochenta, fue ampliado por los efectos de la recesión, lo que llevó a situar el déficit medio de la Unión en un 6,1% del PIB, con sólo tres Estados por debajo del límite del 3% establecido. Frente a esta coyuntura, los Estados miembros comenzaron la puesta en marcha de programas de consolidación presupuestaria, que dieron lugar a una ligera mejoría de los saldos públicos. A partir de 1995, dichas políticas de consolidación se desarrollaron más activamente, de forma que en 1997 todos los países, con la única excepción de Grecia, cumplían la restricción impuesta sobre el déficit público (cuadro 2.3).

Cuando se analiza el déficit primario (cuadro 2.4), que se obtiene al eliminar los intereses de la deuda pública, todos los países de la Unión muestran situaciones de superávit presupuestario, lo que refleja el esfuerzo de las políticas restrictivas desarrolladas en todos ellos. Así, el saldo correspondiente a 1999 representa, para el conjunto de la Unión Europea, un superávit del 3,5%. En algunos casos, dicho superávit supera significativamente la media comunitaria, como en Dinamarca (7,7%), Suecia (7,4%) o Bélgica (6,3%).

Por último, el cuadro 2.5 refleja la evolución de la deuda pública en términos de PIB entre 1995 y 1999. Durante este período las políticas de consolidación presupuestaria, tal y como se ha comentado anteriormente, posibilitaron la reducción de los niveles alcanzados por el déficit público. Este hecho, junto con la recuperación económica y el descenso de los tipos de interés, permitió iniciar una tendencia sostenida de dis-

Cuadro 2.3. *Déficit/superávit público en % del PIB (1995-1999)*

	1995	1996	1997	1998	1999
Alemania	–3,3	–3,4	–2,6	–1,7	–1,1
Austria	–5,1	–3,8	–1,9	–2,5	–2,0
Bélgica	–4,2	–3,7	–2,0	–1,0	–0,9
Dinamarca	–2,3	–1,0	0,5	1,2	3,0
España	–6,9	–5,0	–3,2	–2,6	–1,1
Finlandia	–3,7	–3,2	–1,5	1,3	2,3
Francia	–5,5	–4,2	–3,0	–2,7	–1,8
Grecia	–10,2	–7,8	–4,6	–3,1	–1,6
Irlanda	–2,5	–0,6	0,8	2,1	2,0
Italia	–7,6	–7,1	–2,7	–2,8	–1,9
Luxemburgo	2,2	2,7	3,6	3,2	2,4
Países Bajos	–4,2	–1,8	–1,2	–0,8	0,5
Portugal	–4,2	–3,8	–2,6	–2,1	–2,0
Reino Unido	–5,8	–4,4	–2,0	0,3	1,2
Suecia	–7,9	–3,4	–2,0	1,9	1,9
Unión Europea	–5,2	–4,2	–2,4	–1,5	–0,6

Fuente: Comisión Europea (2000), *Public Finances in EMU-2000.*

Cuadro 2.4. *Déficit/superávit primario en % del PIB (1995-1999)*

	1995	1996	1997	1998	1999
Alemania	0,4	0,3	1,0	1,9	2,5
Austria	–0,7	0,4	2,0	1,3	1,6
Bélgica	4,9	5,0	5,9	6,6	6,3
Dinamarca	4,2	5,1	6,2	6,5	7,7
España	–1,7	0,4	1,6	1,8	2,5
Finlandia	0,3	1,1	2,8	5,0	5,8
Francia	–1,8	–0,2	0,7	0,9	1,6
Grecia	1,0	2,8	3,7	4,7	5,8
Irlanda	3,1	4,1	5,1	5,6	4,6
Italia	3,9	4,4	6,7	5,3	4,9
Luxemburgo	2,6	3,0	3,9	3,6	2,8
Países Bajos	1,7	3,8	3,9	4,1	5,0
Portugal	2,1	1,6	1,7	1,5	1,4
Reino Unido	–2,1	–0,7	1,7	4,0	4,1
Suecia	–0,8	3,7	4,8	8,0	7,4
Unión Europea	0,3	1,3	2,5	3,1	3,5

Fuente: Comisión Europea (2000), *Public Finances in EMU-2000.*

Cuadro 2.5. *Volumen de deuda pública en % del PIB (1995-1999)*

	1995	*1996*	*1997*	*1998*	*1999*
Alemania	58,3	59,8	60,9	60,7	61,0
Austria	69,4	68,3	63,9	63,5	64,6
Bélgica	132,2	128,3	123,0	117,4	114,4
Dinamarca	72,1	65,1	61,4	55,8	52,5
España	65,5	68,1	66,7	64,9	63,5
Finlandia	58,1	57,1	54,1	49,0	47,1
Francia	52,8	57,1	59,0	59,3	58,6
Grecia	110,1	111,3	108,5	105,4	104,4
Irlanda	78,9	74,1	65,3	55,6	52,4
Italia	125,3	122,2	119,8	116,3	114,9
Luxemburgo	5,8	6,2	6,0	6,4	6,2
Países Bajos	79,0	75,3	70,3	67,0	63,7
Portugal	65,9	63,6	60,3	56,5	56,7
Reino Unido	53,0	52,7	50,9	48,4	45,9
Suecia	78,0	76,0	75,0	72,4	65,5
Unión Europea	70,9	72,2	71,1	69,1	67,7

Fuente: Comisión Europea (2000), *Public Finances in EMU-2000.*

minución del peso de la deuda, que se fue generalizando en casi todos los países. De este modo, se ha producido una reducción del volumen medio de deuda en la Unión Europea, desde un 70,9% del PIB en 1995 a un 67,7% en 1999. Sin embargo, dicha reducción sigue superando el límite establecido en Maastricht, según el cual el peso de la deuda pública no puede superar el 60% del PIB. En 1999, más de la mitad de los Estados miembros registran cifras superiores a dicho límite, y en el caso de Italia, Bélgica y Grecia el volumen de deuda es mayor al 100% del PIB. No obstante, el mantenimiento de las políticas restrictivas de los últimos años hace previsible que en el año 2001 la práctica totalidad de los Estados miembros alcancen dicho nivel, con las únicas excepciones de Bélgica, Italia y Austria (Comisión Europea, 2000a).

2.2. El Sector Público en los países que han solicitado su adhesión a la Unión Europea

La mayor parte de los países que han solicitado su adhesión a la Unión Europea han debido hacer frente, en los últimos años, a la transición desde unas economías fuertemente intervenidas por el Sector Público hacia un modelo de mercado típico del Occidente europeo. En la actualidad, casi todos los países candidatos registran porcentajes de gasto e ingreso público en relación con el PIB comparables a los de la UE, si bien resultan relativamente elevados en comparación con otros países de niveles de renta similares.

A continuación se muestra la proporción que los ingresos y gastos públicos representan sobre la producción total de la economía en estos países. La información, suministrada por las autoridades nacionales a las instituciones comunitarias, está referida, no obstante, a distintos componentes del Sector Público, por lo que resulta difícil la comparación entre países. Los datos incluidos en el cuadro 2.6 señalan a Rumania, Polonia y Eslovaquia como los Estados con un porcentaje menor de ingresos y gastos públicos sobre el PIB, puesto que en los tres casos citados las cifras están referidas exclusivamente al presupuesto del Estado. Por el contrario, los datos correspondientes a Eslovenia, Hungría, Estonia y Letonia, que representan las mayores cifras del cuadro, se refieren al gobierno general consolidado. En comparación con los países pertenecientes a la Unión Europea, la magnitud de los indicadores de ingresos y gastos resulta inferior. No obstante, la dimensión del Sector Público en los países candidatos a la adhesión es, en la mayor parte de los casos, similar a la que corresponde a los Estados miembros con un menor nivel de actividad pública.

Cuadro 2.6. *Ingresos y gastos públicos en los países candidatos a la adhesión (% del PIB)*

	Ingresos totales			*Gastos totales*		
	1997	*1998*	*1999*	*1997*	*1998*	*1999*
Países de Europa Central y Oriental						
Bulgaria[1]	32,4	37,5	40,3	35,5	36,1	41,2
Eslovaquia[2]	27,7	24,8	27,8	29,5	27,5	29,7
Eslovenia[3]	42,7	42,1	43,1	42,4	43,2	43,9
Estonia[3]	40,4	38,4	36,0	38,2	38,7	40,7
Hungría[3]	44,9	43,5	43,6	49,7	48,3	47,4
Letonia[3]	41,0	40,8	36,5	40,8	41,7	40,1
Lituania[4]	32,6	34,0	32,9	33,7	39,4	40,7
Polonia[2]	25,5	23,0	21,1	26,8	25,4	23,2
Rep. Checa[5]	40,3	39,4	38,8	40,6	40,6	40,3
Rumania[2]	17,3	18,3	17,9	20,9	21,1	20,5
Países del Mediterráneo oriental						
Chipre[1]	31,7	31,8	31,9	37,1	37,3	36,9
Malta[6]	39,2	33,9	34,9	49,9	45,0	43,5
Turquía[7*]	19,6	21,0	23,9	19,4	17,1	21,8

[1] Presupuesto del Gobierno central; [2] Presupuesto del Estado; [3] Gobierno general consolidado; [4] Presupuesto nacional y fondo de la Seguridad Social; [5] Gobierno general; [6] Sector Público consolidado; [7] Gobierno consolidado. [*] Las cifras de Turquía vienen expresadas en relación con el PNB.

Fuente: Comisión Europea (2000), *Recent Fiscal Developments in the Candidate Countries.*

En términos de su evolución, es fácil comprobar que ingresos y gastos públicos han seguido sendas muy similares, salvo quizá en el caso de Estonia y Lituania en el ámbito de Europa Central y Oriental, y sin duda en el conjunto de países del Mediterráneo oriental, donde el comportamiento de ambas magnitudes a lo largo del tiempo resulta más divergente.

Desde comienzos de los años noventa hasta el presente, la reducción del tamaño de los Sectores Públicos en este conjunto de países ha sido notable. Este hecho se refleja en dos indicadores básicos: en primer lugar, el Sector Público, que en el contexto de las economías planificadas dominaba por completo la producción, ha sido sustituido en buena parte por la presencia del sector privado. En segundo lugar, una proporción muy significativa de las empresas públicas ha sido privatizada en los últimos años. En relación con el primero de estos indicadores, la figura 2.1 ilustra cómo el sector privado representa actualmente más de la mitad de la producción total en los países de Europa central y oriental candidatos a la adhesión.

Según se muestra en el gráfico, la participación del sector privado en la producción total, medida en porcentaje del PIB, supera el 70% aproximadamente para la mitad de este conjunto de países, entre los que cabe destacar la República Checa y Hungría, que mantienen un 80% de la producción total en manos privadas. Por el contrario, Eslovenia, Rumania y Bulgaria se presentan como los países con cifras más bajas, que en ningún caso superan el 60%.

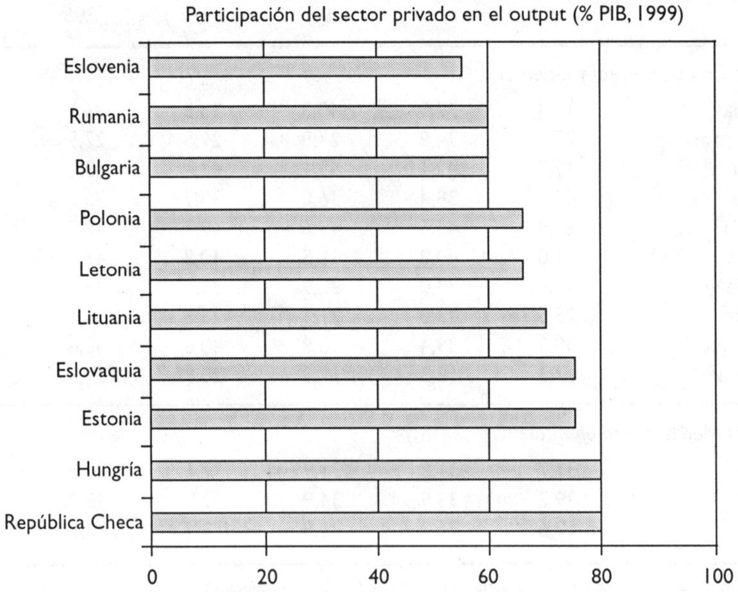

Figura 2.1. Participación del sector privado en la producción total de los PECO's (1999).
Fuente: Banco Europeo para la Reconstrucción y el Desarrollo (1999).

Por otra parte, los procesos de privatización en los países candidatos a la adhesión han constituido una de las principales características de estas economías en los últimos años. En realidad, la reducción del tamaño del Sector Público se ha visto condicionada, no sólo por las exigencias de la transición hacia los sistemas de mercado, sino también por la necesidad de alcanzar una aceptable disciplina fiscal, amenazada por las empresas públicas. Cabe destacar en este sentido el caso rumano, en el que la incapacidad de estas empresas para cumplir con sus obligaciones tributarias ha supuesto una fuente de inestabilidad macroeconómica muy importante.

En general, el proceso de privatización ha tenido una importancia notable, tanto por su amplitud como por su profundidad. En el caso de Estonia, Eslovaquia y Hungría, dicho proceso prácticamente se ha completado. De hecho, todas las pequeñas y medianas empresas han sido devueltas al sector privado, y sólo queda un número muy reducido de grandes compañías por privatizar[1]. Por su parte, en la República Checa el programa de privatizaciones se está revitalizando nuevamente, tras un masivo proceso de venta de medianas y grandes empresas que resultó ser problemático, puesto que una gran proporción de las acciones fue adquirida por bancos y fondos estatales que fracasaron en la reestructuración empresarial[2].

Otro grupo de países, formado por Polonia, Letonia, Lituania y Eslovenia, ha seguido un ritmo de privatizaciones más lento, al menos por lo que se refiere a las grandes empresas. Sin embargo, Polonia ha previsto para el futuro más próximo un programa muy ambicioso de privatización que le permitirá completar el proceso iniciado hace algunos años. Asimismo, es destacable el progreso que se ha producido en Lituania en los últimos tiempos. Finalmente, del conjunto de países de Europa central y oriental candidatos a la adhesión, los más atrasados en el proceso de privatizaciones son Bulgaria y Rumania. No obstante, y según los datos de la Comisión Europea, Bulgaria había privatizado en marzo de 2000 más del 72% de activos (excluyendo infraestructuras) pertenecientes a antiguas empresas públicas. Por su parte, las dificultades que se han producido en el desarrollo del programa de privatizaciones rumano se han debido, básicamente, a los elevados niveles de endeudamiento de sus empresas públicas[3].

Por último, los países del Mediterráneo oriental que han solicitado su adhesión a la UE han desarrollado procesos de privatización de distinta intensidad. Así, Malta se ha caracterizado por un intenso proceso privatizador, similar al ocurrido en los países de Europa central y oriental. Hasta el momento, la práctica totalidad de las inversiones públicas directas en los sectores productivos han sido privatizadas, incluyendo el sector bancario, y se prevé que este proceso continúe en los próximos años. Sin embargo, en Chipre el Sector Público sigue manteniendo su presencia en actividades que podrían estar en manos privadas, y ha sido más reticente a profundizar en el programa de privatización. Finalmente, en Turquía los ingresos por privatizaciones sólo han comenzado a cobrar importancia muy recientemente.

Los países candidatos a la adhesión han hecho, durante los últimos años, importantes esfuerzos en el logro de la estabilidad macroeconómica. No obstante, no todos ellos han logrado sus objetivos en términos de consolidación fiscal con el mismo grado de éxito, como se comprobará con más detalle en el capítulo 8. Así, Bulgaria es el país que ha conseguido un ajuste fiscal más notable, como consecuencia de la estricta disciplina impuesta por el acuerdo monetario, mientras Polonia y Eslovenia también han logrado mantener un grado importante de estabilidad fiscal. Por el contrario, los países bálticos se han visto en general seriamente afectados por el impacto de la crisis rusa, que ha tenido un reflejo notorio en sus respectivos déficit. Sin embargo, cabe destacar el esfuerzo que estos países han realizado en el último año, como en el caso de Estonia (que entre 1999 y el año 2000 reducirá su déficit, según las previsiones, del 4,7% al 1,1%) y, especialmente, de Lituania (que tiene previsto reducir su déficit del 7,8% al 2,8% en el año 2000)[4]. Por su parte, Rumania y Turquía aún se enfrentan al reto de lograr la estabilidad fiscal, si bien en el último caso el programa diseñado por el Fondo Monetario Internacional debería forzar la reducción del déficit de un modo significativo a medio plazo.

Finalmente, Chipre y Malta han de hacer frente a desequilibrios fiscales notables que precisan de atención urgente. En los últimos años, el déficit ha experimentado importantes incrementos en Malta, lo que ha originado una rápida expansión de los niveles de deuda pública. Para romper esta tendencia insostenible en el futuro y recuperar la estabilidad de las finanzas públicas se ha previsto la reforma parcial del sistema fiscal. Además, los ingresos derivados del programa de privatización permitirán controlar, previsiblemente, los niveles de deuda. Otros países candidatos a la adhesión también están empleando las ganancias de la privatización para reducir el volumen de deuda pública, rebajando así el futuro pago de intereses y reforzando la sostenibilidad fiscal a medio plazo. No obstante, es de esperar que las ganancias de la privatización comiencen a decrecer a medida que se vayan completando las ventas de las empresas más valiosas.

Por lo que se refiere al endeudamiento del Sector Público, resulta relativamente moderado para el conjunto de países candidatos, salvo para Bulgaria y Turquía. En el primer caso la deuda, que resulta elevada en comparación con la mayor parte de economías en transición, impone una carga notable sobre el presupuesto. No obstante, en los dos últimos años se ha producido una caída importante en el porcentaje de deuda sobre PIB, como consecuencia de la mayor tasa de crecimiento de la economía y de los esfuerzos dirigidos a la consolidación fiscal. Como es lógico, la política fiscal de los últimos años ha determinado los niveles de deuda pública actuales.

Así, los países que han llevado a cabo políticas fiscales prudentes –como en el caso de la República Checa, entre otros– han logrado niveles de deuda relativamente reducidos. Por el contrario, la acumulación de los déficit fiscales en otros países –sirva como ejemplo el caso de Chipre– les ha conducido hacia un crecimiento de la deuda total.

En general, los países candidatos a la adhesión han realizado progresos considerables en el saneamiento de sus economías (cuadro 2.7). No obstante, en este momento mantienen el compromiso de continuar con el proceso de consolidación fiscal y con la reforma estructural de sus Sectores Públicos. Aunque ya se ha recorrido una parte importante del camino hacia la convergencia con los Estados miembros de la UE, aún queda mucho por avanzar.

Cuadro 2.7. *Déficit/superávit del Gobierno en los países candidatos a la adhesión (%PIB)*

	1997	1998	1999
Países de Europa Central y Oriental			
Bulgaria[1]	–3,9	–1,5	–1,0
Eslovaquia[2]	–1,8	–2,7	–3,4
Eslovenia[3]	–1,2	–0,7	–0,6
Estonia[3]	2,2	–0,3	–4,7
Hungría[3]	–4,8	–4,7	–4,0
Letonia[3]	0,2	–0,8	–2,8
Lituania[4]	–1,1	–5,4	–8,6
Polonia[2]	–1,3	–2,4	–3,5
Rep. Checa[5]	–1,2	–1,5	–1,9
Rumania[2]	–3,6	–2,8	–3,4
Países del Mediterráneo oriental			
Chipre[1]	–5,3	–5,5	–4,1
Malta[6]	–10,7	–11,1	–8,5
Turquía[7]	–7,5	–8,5	–11,5

[1] Presupuesto del Gobierno central; [2] Presupuesto del Estado; [3] Gobierno general consolidado; [4] Presupuesto nacional y fondo de la Seguridad Social; [5] Gobierno general; [6] Sector Público consolidado; [7] Gobierno consolidado. Las definiciones del déficit varían entre países, por lo que las cifras mostradas no resultan estrictamente comparables. Los datos correspondientes a Turquía están expresados en porcentajes del PNB.

Fuente: Comisión Europea (2000), *Recent Fiscal Developments in the Candidate Countries.*

El proceso de adhesión a la UE alterará el volumen de gastos e ingresos públicos de estos países que, previsiblemente, se incrementará. En el ámbito del gasto público, son varios los factores que presionan al alza los costes. Entre ellos, cabe citar la necesidad de cumplir con los requerimientos legales e institucionales impuestos por las autoridades comunitarias, o el necesario acercamiento a los estándares medioambientales de la UE[5]. Además, la mayoría de estos países precisan renovar unas infraestructuras envejecidas y, en consecuencia, deberán aumentar la inversión pública. Asimismo, algunos de los países candidatos han pasado a formar parte de la OTAN, y se han comprometido a aumentar el gasto en defensa en los próximos años, sin contar con los costes que ocasionará la reforma de los sistemas de protección social, afectados seriamente por los cambios en la estructura demográfica. Por el lado de los ingresos, es de esperar que los nuevos Estados miembros tengan acceso a un nivel importante de fondos estructurales y de subvenciones al sector agrícola. Por último, la adhesión a la UE afectará previsiblemente al funcionamiento general del Sector Público en los países candidatos, a través del refuerzo de las instituciones que se está llevando a cabo en la etapa previa a la adhesión. De este modo, se espera que se produzcan importantes mejoras en la administración de los impuestos y de los gastos y, en general, en los niveles de eficiencia del Sector Público.

En cualquier caso, los riesgos fiscales y la incertidumbre a la que se enfrentan los países candidatos aconsejan mantener una política fiscal conservadora, según el Fondo Monetario Internacional. La elevada proporción de gasto público que registran casi todos estos países, junto con las presiones fiscales y de deuda que actualmente afectan a algunos de ellos, reducirá su margen de maniobra a la hora de enfrentarse a los gastos relacionados con la adhesión o a otros riesgos de carácter fiscal.

2.3. El Sector Público en el resto de países europeos

La mayor parte de los países europeos restantes también se encuentra inmersa en un proceso de transición desde el modelo de economía socialista hacia el modelo de economía de mercado. Por lo tanto, comparten buena parte de los rasgos que han caracterizado la evolución de los Sectores Públicos en los países candidatos a la adhesión. El cuadro 2.8 muestra cómo la proporción que los ingresos y gastos públicos representan en relación con el PIB resulta comparable a la correspondiente a los PECO's, si bien las cifras tienden a ser algo más bajas en este caso. Croacia, Bielorrusia y Macedonia destacan, no obstante, por sus elevados porcentajes de gasto e ingreso.

Cuadro 2.8. *Ingresos y gastos públicos en el resto de países europeos*

	Ingresos totales				*Gastos totales*			
	1995	*1996*	*1997*	*1998*	*1995*	*1996*	*1997*	*1998*
Países de Europa Central y Oriental								
Albania	23,9	18,3	16,9	20,3	34,3	30,3	29,4	30,7
Bielorrusia		42,4		44,8*		44,0		48,3*
Bosnia-Herzegovina		39,8	31,4			43,4	32,6	
Croacia	44,1	45,4	45,0		45	45,8	46,3	
Macedonia		40,9	38,9	37,2*		41,5	39,4	37,9*
Moldavia	33,9	32,1	36,3	34,6	38,8	40,2	42,8	37,3
Rusia	33,5	33,0	35,5	31,7	39,6	41,9	43,2	39,7
Ucrania	39,1	37,2	38,0		43,9	40,4	43,6	
Yugoslavia								
Otros países de Europa Occidental								
Islandia	36,8	37,5	37,4	37,0	39,8	39,0	37,4	36,6
Noruega	48,2	51,9	53,5	49,0	47,7	46,2	46,1	46,1
Suiza	9,9	10,5	10,5	12,4	11,2	12,1	12,0	12,3

* Datos no definitivos.
Fuente: Fondo Monetario Internacional (varios años).

Por su parte, en el ámbito de los países de Europa Occidental no incluidos en la Unión Europea destaca el elevado peso del Sector Público en Noruega, en línea con el resto de países escandinavos. Por el contrario, Suiza aparece como el país con una menor presencia del Sector Público en la economía, con cifras muy por debajo de las correspondientes a la media del conjunto de países analizados.

Otro de los rasgos comunes entre los PECO's y los países de Europa Central y Oriental analizados en este epígrafe corresponde al capítulo de las privatizaciones, que se han desarrollado intensamente en los últimos años. Por lo se refiere a este ámbito, cabe destacar que el proceso de devolución al sector privado de las empresas públicas ha seguido ritmos distintos según la dimensión de las mismas y los países. Los mayores avances se han producido en el ámbito de la privatización de las pequeñas empresas, proceso que prácticamente se ha completado en Croacia, y que ha alcanzado niveles muy elevados en Albania, Macedonia y Rusia. En cuanto a las empresas de gran dimensión, el proceso de privatización se ha desarrollado más lentamente, especialmente en Ucrania, Albania y Bosnia-Herzegovina[6].

Por lo que se refiere a los niveles de déficit, los datos del cuadro 2.9 muestran la importancia de los problemas financieros del Sector Público en la mayor parte de los países de Europa Central y Oriental. Dichos niveles resultan, en términos generales, muy elevados, especialmente en algunos casos, como en Rusia o Albania. No obstante, cabe destacar el logro alcanzado por ciertos países, especialmente por Macedonia, que ha conseguido reducir considerablemente el déficit gracias a la puesta en práctica de una política fiscal muy estricta.

Cuadro 2.9. *Déficit/superávit total en otros países europeos (% PIB)*

	1995	1996	1997	1998
Países de Europa Central y Oriental				
Albania	−10,4	−12,0	−12,5	−10,4
Bielorrusia		−1,6		−3,5
Bosnia–Herzegovina		−3,6	−1,2	
Croacia	−0,9	−0,4	−1,3	
Macedonia		−0,6	−0,5	−0,7
Moldavia	−4,9	−8,1	−6,5	−2,7
Rusia	−6,1	−8,9	−7,7	−8,0
Ucrania	−4,8	−3,2	−5,6	
Yugoslavia				
Otros países de Europa Occidental				
Islandia	−3,0	−1,5	0,0	0,4
Noruega	0,5	5,6	7,5	2,9
Suiza	−1,3	−1,8	−1,5	0,0

Fuente: Fondo Monetario Internacional (varios años).

Durante los últimos años, los esfuerzos de este conjunto de países en el saneamiento de las finanzas públicas han sido muy significativos. No obstante, el éxito de la política fiscal, que básicamente ha tratado de frenar la caída de los ingresos y de reducir el tamaño del Sector Público y de los gastos improductivos, no siempre ha sido total. Como se estudiará a lo largo de los capítulos que siguen, estos países se han enfrentado a serias dificultades en el mantenimiento de niveles de recaudación impositiva aceptables, y han padecido la presión creciente de los gastos sociales y de reestructuración de sus economías. En cualquier caso, han dado pasos importantes en el camino hacia la modernización de sus respectivos sistemas económicos y, en particular, de sus Sectores Públicos.

La situación de los países de Europa Central y Oriental contrasta notoriamente con la que corresponde al grupo de Estados de Europa Occidental incluidos en el cuadro anterior. Tal y como indican las cifras mostradas, las finanzas públicas de estos países son las más saneadas de todo el continente, especialmente en el caso de Noruega, que presenta un superávit notable en los últimos años.

CAPÍTULO TRES

El presupuesto de la Unión Europea y las nuevas perspectivas financieras

EL AMPLIO CAMPO de actuaciones realizadas por la Unión Europea y el funcionamiento de las propias instituciones comunitarias precisa de unos medios materiales y financieros para la consecución de sus objetivos. De este modo, el presupuesto comunitario se constituye como pieza fundamental en el desarrollo europeo. Este instrumento ha ido evolucionando en su dimensión y composición, reflejando así los cambios que se han producido en la Unión Europea desde su creación, tanto desde el punto de vista normativo como en la relevancia presupuestaria de algunas competencias asumidas, en el marco de una Unión ampliada.

El presupuesto europeo ha constituido en muchas ocasiones el punto de referencia del grado de avance real en el proceso de integración europea. La estabilidad presupuestaria alcanzada desde 1988 por la aprobación de escenarios financieros plurianuales ha permitido desarrollar las reformas económicas e institucionales que afectan a la construcción de una unión económica y monetaria sin interferencias financieras. Por otro lado, las sucesivas revisiones de los escenarios presupuestarios han contribuido a mejorar el grado de cohesión económica y social, complementando así el progreso económico derivado de la creación de un mercado interior.

Sus características básicas, la evolución que ha experimentado el presupuesto europeo en los últimos años y el alcance y las implicaciones de las últimas perspectivas financieras aprobadas en la Cumbre de Berlín en 1999, constituyen el contenido básico de este capítulo. La fijación de un horizonte presupuestario hasta 2006 permite, además, analizar el nuevo proceso de ampliación que caracterizará a la Unión Europea en los próximos años.

3.1. Las políticas de ingresos y gastos de la Unión Europea y la reforma del presupuesto comunitario

3.1.1. Características generales

El presupuesto general fue instituido por el Tratado de Fusión de 8 de abril de 1965, por el que se constituye un Consejo único y una Comisión única de las Comunidades Europeas, que sustituyó a partir de 1968 a los presupuestos de las distintas instituciones existentes (CECA, CEE y Euratom). Se rige por los tratados fundacionales y por los reglamentos financieros, principalmente el de 21 de diciembre de 1977. Su estructura está dividida en un estado general de ingresos y un estado de ingresos y gastos, que a su vez se halla dividido en seis secciones: (I) Parlamento, (II) Consejo, (III) Comisión (donde se distingue entre una parte A de gastos de personal y funcionamiento y una parte B de gastos de operaciones, que a su vez se divide en subsecciones que corresponden a los grandes ámbitos de actividades), (IV) Tribunal de Justicia, (V) Tribunal de Cuentas y (VI) Comité Económico y Social y Comité de las Regiones. Se pueden destacar una serie de características principales en el presupuesto europeo, que se sintetizan en los siguientes puntos (López y Utrilla, 1998):

— Se puede considerar que el presupuesto europeo, a diferencia de los presupuestos de organismos internacionales, es fundamentalmente operativo, traduciendo en programas de ingresos y gastos las funciones y competencias concretas atribuidas a la Unión. Esta característica se pone de manifiesto tanto desde la perspectiva de los ingresos como de los gastos. En efecto, la financiación de los programas de gasto, como se verá posteriormente, se realiza a través de un sistema de recursos propios de la UE, a diferencia de las cuotas participativas características de los organismos internacionales. Por otro lado, el destino de los recursos se canaliza en su mayor parte hacia la financiación de acciones y políticas concretas. En este sentido, a diferencia del alto porcentaje que los organismos internacionales destinan a los gastos de funcionamiento, la Unión apenas dedica un 5% de sus créditos a este fin. En consecuencia, la UE realiza a través de su presupuesto una parte importante de sus funciones y competencias, acercando éste a las características propias de los presupuestos nacionales.

— La segunda característica del presupuesto europeo es su reducida dimensión relativa. Pese a su importancia cuantitativa en términos absolutos –aproximadamente 15,4 billones de pesetas en créditos de compromiso previstos inicialmente para 2000– su comparación con otras magnitudes de referencia en el mismo ámbito (PNB, presupuestos nacionales) muestra los reducidos medios con los que cuenta la Unión Europea para desarrollar el conjunto de sus competencias. Además, la aplicación del principio de equilibrio presupuestario entre ingresos y gastos impide su actuación estabilizadora, a través de la utilización del saldo presupuestario de acuerdo con la coyuntura económica.

— La tercera característica afecta al procedimiento institucional adoptado y está relacionada con la aplicación del principio de competencia. La singular estructura institucional de la Unión Europea encuentra en el proceso presupuestario el principal rasgo característico, con algunas limitaciones, de las democracias parlamentarias, otorgando un importante papel al Parlamento Europeo en la aprobación del presupuesto. Con ello, el presupuesto europeo se configura a través de su procedimiento de discusión y aprobación, en una muestra de las funciones atribuidas al Parlamento, como representante directo de la soberanía popular, y al Consejo de Ministros.

Las normas generales que han regulado los aspectos financieros y presupuestarios de la UE están recogidas en los tratados fundacionales[1], los Tratados de Bruselas y Luxemburgo[2], las Actas de Adhesión de las sucesivas ampliaciones comunitarias, las decisiones sobre recursos propios[3] y un conjunto de normas de derecho complementario que regulan el funcionamiento del Presupuesto General de la Unión y del presupuesto de operaciones de la CECA[4].

Las necesidades financieras de la Unión Europea, originadas como consecuencia de las sucesivas ampliaciones, de las nuevas competencias que ha ido asumiendo y del mayor coste presupuestario de algunas políticas tradicionales, como la agrícola, han generado numerosas dificultades institucionales y económicas a lo largo de la historia del presupuesto comunitario. El juego de equilibrios que ha de mantener está en el origen de muchas de sus limitaciones. Así, el mecanismo presupuestario ha de conjugar, desde los ingresos, la suficiencia de recursos con un cierto grado de equidad y, desde el gasto, una disciplina del gasto agrícola con un refuerzo de la cohesión económica y social. Todo ello, en el marco de un estricto equilibrio presupuestario global y un cierto grado de correspondencia entre las aportaciones de cada Estado y los programas de gasto de los que se beneficia.

En este contexto restrictivo la entonces Comunidad Europea, en el Consejo Europeo de Bruselas de febrero de 1988, emprendió una reforma presupuestaria basada en tres puntos esenciales:

1. Garantizar el desarrollo de las políticas comunitarias, al definirse un marco plurianual estable hasta 1992, con unos límites globales al crecimiento de los gastos, fijándolos para ese año en el 1,2% del PNB comunitario para los créditos de pago, y en el 1,3% para los créditos de compromiso. De acuerdo con el principio de equilibrio presupuestario ese límite representa igualmente un tope máximo para los recursos propios.
2. Introducir un nuevo recurso complementario en función del PNB de cada Estado miembro, que garantizase la suficiencia del sistema intentando establecer algunos elementos redistributivos en la financiación del presupuesto comunitario.
3. Reorientar el peso de las distintas políticas de la Comunidad que encuentran su reflejo en el presupuesto, dotando proporcionalmente de mayores recursos a las acciones estructurales y limitando el crecimiento del gasto agrícola.

La adopción de estas orientaciones, además de desbloquear la aprobación del presupuesto, sirvió entonces para articular un acuerdo interinstitucional que lograse un consenso sobre las previsiones financieras hasta 1992, así como para determinar una disciplina presupuestaria en los distintos tipos de gasto, en función de las competencias propias de cada institución.

La finalización del período establecido de vigencia de las perspectivas financieras, junto con los acuerdos alcanzados en la Cumbre de Maastricht, hicieron necesaria nuevamente la previsión de un marco presupuestario estable para el período 1993-1999, que incorporase la cuantificación de las nuevas necesidades de gastos establecidas para este período. El Consejo Europeo de Edimburgo de diciembre de 1992 aprobó las nuevas perspectivas financieras, así como otros aspectos relacionados con el presupuesto europeo.

Desde la vertiente de los ingresos, se establecen los límites máximos anuales de los recursos públicos hasta 1999. Los incrementos globales resultaban sensiblemente inferiores a los propuestos inicialmente por la propia Comisión, y se alcanzaban en un período más prolongado de tiempo, atenuándose así el crecimiento total presupuestario. El límite máximo se fijaba en función de un porcentaje sobre el PNB comunitario, diferenciándose entre el 1,27% establecido para los créditos de pago en 1999 y el 1,335% para los créditos de compromiso.

En materia de gastos, el Consejo Europeo reafirmaba los principios generales de su orientación, basados en la determinación de un nivel que permita una adecuada financiación de sus políticas, en la convicción de robustecer la cohesión económica y social, y en la confirmación de que todas las partidas de gasto estén sujetas a una adecuada disciplina financiera y presupuestaria. Estos principios generales requerían para su cumplimiento reforzar los criterios de rentabilidad en la utilización de los recursos comunitarios, a través de la evaluación y la revisión periódica de las operaciones comunitarias.

El marco financiero global entonces acordado ponía especial énfasis en la disciplina presupuestaria en todas las políticas, como garantía de una adecuada relación entre compromisos, pagos y recursos propios disponibles. Así, en la medida en que el objetivo de las ayudas presupuestarias fuese servir de estímulo e incentivo a favor de normativas o medidas de coordinación, estas acciones deberían tener un carácter temporal o, al menos, revisar periódicamente su justificación desde el punto de vista de la subsidiariedad. Igualmente, dado el volumen del presupuesto agrícola, resultaba especialmente importante controlar de manera efectiva la producción y el gasto agrícola, reforzándose la acción de los estabilizadores.

El Consejo Europeo de Berlín, celebrado el 24 y 25 de marzo de 1999, ha aprobado unas nuevas perspectivas financieras que cubrirán el período de 2000 a 2006, continuando así con una programación presupuestaria a medio plazo. El marco presupuestario aprobado rompe la tendencia incrementalista del presupuesto en relación con el tamaño de la economía europea para los actuales socios comunitarios, reduciendo los gastos previstos desde el 1,25% del PNB en 1999 al 0,97% en 2006. Esta disminución relativa en el gasto no se produce por igual en todas las políticas de gasto, aumentando el porcentaje de gasto agrícola previsto para el final del período, hasta representar el 46,2% del total frente al 43,7% actual. Las acciones estructurales perderán peso en la estructura del gasto comunitario, pasando del 37,7% de 1999 al 32,3% del gasto total en 2006, concentrando más sus actuaciones en objetivos prioritarios más concretos, y beneficiando territorialmente a un menor porcentaje de la población europea.

La financiación del presupuesto también se modifica en la Cumbre de Berlín, revisando el sistema de compensación a Gran Bretaña y reduciendo la contribución relativa de los países con un mayor saldo desfavorable, como es el caso de Austria, Alemania, Países Bajos y Suecia. Igualmente, se incrementa la retención efectuada por los Estados miembros por la gestión de los recursos propios tradicionales hasta el 25% y, desde 2002, se proseguirá la reducción del tipo máximo aplicado por IVA hasta situarlo en un 0,5% a partir de 2004.

Finalmente, se articula una previsión presupuestaria de los gastos de preadhesión y adhesión de los nuevos Estados miembros durante el período considerado.

El establecimiento de unos marcos presupuestarios plurianuales ha permitido aprobar sin sobresaltos los presupuestos en los últimos años, en línea con las perspectivas financieras aprobadas para cada período. Para el año 2000, el presupuesto comunitario asciende, como puede comprobarse en el cuadro 3.1, a 93.280 millones de euros en créditos de compromiso, lo que representa una reducción del 3,4% con respecto al año anterior. Asimismo, los créditos de pago ascendían a 89.387 millones de euros, con un aumento del 4,5% respecto a 1999. Esta cantidad supone aproximadamente un 1,10% del PNB de la Unión Europea. La distribución de las principales partidas de gasto otorga a la Política Agrícola Común la mayor cantidad de recursos, equivalente a 41.469 millones de euros (44,5% del total), cantidad superior a la de años anteriores. Las políticas estructurales absorben 32.250 millones de euros (34,6%), con una disminución del 17,8% respecto al presupuesto de 1999. Dentro de estas actuaciones los recursos destinados a los Fondos estructurales (29.474 millones de euros) constituyen la principal partida, pese a la disminución experimentada respecto al año anterior. El presupuesto inicialmente previsto para el Fondo de Cohesión asciende a 2.659 millones de euros, un 14,7% menos que el año anterior. Por su parte, las políticas internas ascienden a 5.765 millones, con un aumento del 2,9% respecto a 1999. Las acciones en el exterior suponen unos créditos de compromiso de 7.023 millones de euros, un 14,4% más que en 1999, y el resto corresponde a gastos administrativos de las distintas instituciones y a reservas.

Cuadro 3.1. *Presupuestos de la Unión Europea para el año 2000*

Gastos	*M. euros*	*%*	*Ingresos*	*M. euros*	*%*
Política agrícola común	41.469	44,45	Exacciones reguladoras agrarias y azúcar	2.265	2,53
Acciones estructurales	32.250	34,57	Derechos de aduana	10.844	12,13
Políticas internas	5.765	6,18	IVA	32.555	36,42
Acciones exteriores	7.023	7,53	Recurso complementario	43.050	48,16
Gastos administrativos	4.703	5,04	Otros	673	0,76
Reservas	2.070	2,23			
Total compromisos	93.280	100,00			
Total pagos	89.387	95,83	*Total ingresos*	89.387	100,00

Fuente: Comisión Europea.

El proyecto de presupuesto para 2001 establecido por el Consejo prevé un importe de créditos de compromiso de 95.860 millones de euros, con un aumento del 2,7% con respecto al presupuesto 2000, y un importe de créditos de pago de 92.499 millones de euros, lo que representa un 3,5% más que el año anterior. Los dos principales bloques de gasto tienen una evolución diferenciada, con un aumento del gasto agrícola (6,5%) muy superior al de las acciones estructurales (2,1%). El mayor aumento registrado se da en los créditos de preadhesión de la rúbrica 7, con un 10,9% en créditos de pago, lo que traduce la prioridad que el Consejo, junto al Parlamento y a la Comisión, conceden a esta categoría de gastos.

3.1.2. La financiación del presupuesto comunitario

El sistema de ingresos de la Unión Europea ha ido evolucionando a lo largo de los años transcurridos desde su creación, hasta configurar el actual sistema de recursos propios. De hecho, hasta 1974, la financiación de la Comunidad se basó en un conjunto de contribuciones financieras abonadas por los Estados miembros, respondiendo a la estructura financiera característica de cualquier organismo internacional.

La distribución de estas contribuciones entre los Estados inicialmente firmantes del Tratado de Roma no era homogénea, sino que tomaba en consideración en cierto modo su capacidad contributiva, y el beneficio obtenido por cada país de las políticas comunitarias. La estructura resultante era compleja, como lo prueba la existencia de nueve claves distintas de reparto de las contribuciones, en función de las políticas a financiar.

La aplicación progresiva del sistema de recursos propios establecido en 1970[5] durante los ejercicios presupuestarios comprendidos entre 1971 y 1980, vino a dotar a las instituciones comunitarias de unos recursos estables vinculados directamente a la Comunidad. Estos recursos se basaban, de acuerdo con la Decisión de 21 de abril de 1970, en los siguientes ingresos:

— Las exacciones, primas, sumas suplementarias o compensatorias, y los demás derechos establecidos o que se pudieran establecer por las instituciones comunitarias sobre los intercambios con los países no miembros en el marco de la Política Agrícola Común, así como las cotizaciones y otros derechos previstos en el marco de la organización de los mercados en el sector del azúcar y la isoglucosa.

— Los ingresos derivados de los derechos del arancel aduanero común y los demás derechos establecidos o que se pudiesen establecer sobre los intercambios comerciales de los países no miembros.

— Los recursos provenientes del impuesto sobre el valor añadido obtenidos por un tipo impositivo que no podía exceder de un 1% de una base determinada uniformemente según reglas comunitarias.

— Los ingresos provenientes de otros impuestos, no especificados, que se pudieran instituir en el marco de una política común.

La rigidez a que se sometía al nuevo sistema de recursos propios, junto con el cumplimiento del equilibrio presupuestario real, dio lugar a restricciones en las políticas de gasto de una Comunidad ampliada que tenía que hacer frente a nuevas necesidades. El agotamiento del sistema de recursos provocó la reforma de 1985, que elevaba hasta el 1,4% el tipo uniforme sobre la base armonizada del IVA, garantizando una momentánea suficiencia en la financiación comunitaria previa a la siguiente ampliación.

La evolución experimentada en el sistema de ingresos europeos ha mostrado un agotamiento de los recursos propios tradicionales –exacciones y derechos de aduana– que es previsible que continúe en el futuro. La insuficiencia general del sistema para hacer frente a las nuevas necesidades de gasto ha hecho nuevamente necesario reformar el sistema de recursos, introduciendo fuentes de ingresos con mayor capacidad recaudatoria, y tratando de vincular las aportaciones de los Estados miembros con magnitudes que guarden relación con el grado de desarrollo de las distintas economías. Así, además de incluir en el sistema de recursos los derechos de aduana sobre los productos regulados por la CECA, se procedió en 1988[6] a:

— Fijar en un 1,4% el tipo máximo que se aplique a la base imponible uniforme del IVA de cada Estado miembro, nivelada en su caso al 55% de su PNB. En consecuencia, la base imponible tomada en cuenta en cada Estado para su aportación no podrá ser superior a dicho porcentaje. Con ello se pretendía establecer un límite que disminuyese la contribución relativa de los países con mayor propensión al consumo, que se corresponden normalmente con aquéllos de menor grado de desarrollo.
— Introducir un nuevo recurso propio complementario que permita garantizar el equilibrio presupuestario entre ingresos y gastos con los límites previstos en las perspectivas financieras, basado en el Producto Nacional Bruto a precios de mercado de cada Estado miembro. Su cuantía se fija anualmente, teniendo en cuenta todos los demás ingresos y gastos, en el marco del procedimiento presupuestario.

El Consejo de Edimburgo acordó establecer modificaciones en la estructura de los recursos propios, orientadas a corregir en cierto grado la regresividad manifestada en la financiación europea. Así, se han introducido las siguientes correcciones:

— Reducir escalonadamente durante el período 1995-1999 el límite máximo del tipo uniforme aplicado en el recurso IVA del 1,4% al 1%.
— Limitar, a partir de 1995, la base de evaluación para el recurso IVA al 50% del PNB de cada Estado miembro cuyo PNB per cápita sea inferior al 90% de la media de la Unión. Esta modificación se introducirá también de forma escalonada en tramos iguales para los demás Estados miembros en el período 1995-1999.

Además, el Consejo estimó conveniente el estudio de la posibilidad de introducir un tipo uniforme fijo para el recurso IVA. Asimismo, se tomaba en consideración el deseo de algunos Estados miembros de que se estudiase la posibilidad de introducir un quinto recurso, encargando al respecto la elaboración de un informe a la Comisión para cuando terminase el período de vigencia de las nuevas previsiones financieras. Finalmente, se mantenía el actual sistema de corrección del desequilibrio presupuestario del Reino Unido.

Cuadro 3.2. *Contribuciones nacionales por recursos propios*

	1995		*1996*		*1997*		*1998*		*1999*	
	*Mecus**	%	*Mecus*	%	*Mecus*	%	*Mecus*	%	*Mecus*	%
Alemania	17.444,1	32,7	17.242,4	30,0	17.784,7	29,1	17.372,7	25,5	17.880,9	26,0
Austria	1.541,0	2,9	1.610,2	2,8	1.856,0	3,0	1.844,2	2,7	1.809,1	2,6
Bélgica	1.676,6	3,1	1.765,1	3,1	1.922,5	3,1	1.989,5	2,9	2.093,2	3,0
Dinamarca	1.009,0	1,9	1.103,3	1,9	1.217,2	2,0	1.399,7	2,1	1.359,8	2,0
España	2.918,1	5,5	3.924,6	6,8	4.736,0	7,7	5.015,9	7,4	5.412,5	7,9
Finlandia	750,3	1,4	812,2	1,4	917,6	1,5	1.006,0	1,5	1.082,5	1,6
Francia	10.165,4	19,0	10.880,7	18,9	11.635,1	19,0	12.082,4	17,7	12.507,6	18,2
Grecia	833,0	1,6	956,1	1,7	1.014,7	1,7	1.146,4	1,7	1.161,0	1,7
Irlanda	436,7	0,8	474,8	0,8	462,3	0,8	787,7	1,2	884,9	1,3
Italia	5.227,7	9,8	7.957,1	13,8	7.546,7	12,3	9.313,7	13,7	9.487,3	13,8
Luxemburgo	147,7	0,3	142,3	0,2	148,7	0,2	194,7	0,3	173,8	0,3
Países Bajos	2.685,9	5,0	2.826,2	4,9	3.109,2	5,1	3.414,0	5,0	3.479,3	5,1
Portugal	659,1	1,2	716,1	1,2	922,7	1,5	926,7	1,4	1.043,0	1,5
Reino Unido	6.572,8	12,3	5.518,3	9,6	5.884,2	9,6	9.645,2	14,2	8.305,2	12,1
Suecia	1.307,0	2,4	1.585,6	2,8	1.963,1	3,2	1.999,4	2,9	1.993,2	2,9
Total	53.374,4	100,0	57.515,1	100,0	61.120,7	100,0	68.138,5	100,0	68.673,2	100,0

* Millones de ecus.
Fuente: Comisión Europea.

Cuadro 3.3. *Recursos propios totales*

	1995		*1996*		*1997*		*1998*		*1999*	
	*Mecus**	%	*Mecus*	%	*Mecus*	%	*Mecus*	%	*Mecus*	%
Alemania	21.324,1	31,4	20.742,6	29,2	21.217,3	28,2	20.633,0	25,1	21.069,0	25,5
Austria	1.762,9	2,6	1.874,0	2,6	2.110,4	2,8	2.085,8	2,5	2.053,7	2,5
Bélgica	2.680,1	4,0	2.750,9	3,9	2.971,4	3,9	3.130,9	3,8	3.196,2	3,9
Dinamarca	1.295,4	1,9	1.368,9	1,9	1.505,8	2,0	1.694,7	2,1	1.656,2	2,0
España	3.645,2	5,4	4.547,2	6,4	5.367,6	7,1	5.752,4	7,0	6.231,3	7,6
Finlandia	887,4	1,3	964,0	1,4	1.061,9	1,4	1.145,8	1,4	1.210,7	1,5
Francia	11.876,8	17,5	12.423,3	17,5	13.185,9	17,5	13.584,3	16,5	13.993,8	17,0
Grecia	985,2	1,5	1.106,0	1,6	1.178,4	1,6	1.310,3	1,6	1.348,8	1,6
Irlanda	664,8	1,0	681,5	1,0	687,0	0,9	984,7	1,2	1.059,7	1,3
Italia	6.413,7	9,5	9.004,7	12,7	8.667,1	11,5	10.581,4	12,9	10.765,8	13,0
Luxemburgo	167,6	0,2	160,7	0,2	170,7	0,2	216,7	0,3	194,2	0,2
Países Bajos	4.349,6	6,4	4.435,5	6,2	4.837,6	6,4	5.104,5	6,2	5.091,4	6,2
Portugal	864,9	1,3	851,7	1,2	1.077,8	1,4	1.104,6	1,3	1.227,6	1,5
Reino Unido	9.251,6	13,6	8.218,6	11,6	8.928,1	11,9	12.537,2	15,2	11.083,5	13,4
Suecia	1.658,3	2,4	1.969,0	2,8	2.326,0	3,1	2.382,7	2,9	2.348,8	2,8
Total	67.827,6	100,0	71.098,7	100,0	75.293,0	100,0	82.249,2	100,0	82.530,8	100,0

* Millones de ecus.

Fuente: Comisión Europea.

La evolución de las distintas fuentes de ingresos comunitarios pone de manifiesto la relevancia del cambio en la composición de la estructura de financiación. Así, en 1981 los recursos propios tradicionales suponían más del 44,1% del total, el IVA aportaba el 49,8%, y el 6,1% restante provenía de otras fuentes de menor importancia. Sin embargo, en 1999 los recursos propios tradicionales sólo aportaban un 16,1%, el IVA el 35,5%, y el nuevo recurso en función del PNB el 45,9%, mientras el resto corresponde a otros ingresos. Esta evolución pone de manifiesto, como ya se ha señalado, la pérdida de significación de los llamados recursos tradicionales, mayor aún si considerásemos un período más amplio de referencia. Asimismo, refleja la creciente importancia de ingresos con mayor capacidad recaudatoria, especialmente del llamado cuarto recurso.

Desde una perspectiva nacional, la contribución de los distintos Estados miembros a la financiación del presupuesto resulta muy desigual (cuadros 3.2 y 3.3). De los 82.531 millones de euros de aportaciones de los Estados miembros finalmente realizadas en 1999, los principales contribuyentes son Alemania (25,5%), Francia (17%), el Reino Unido (13,4%) e Italia (13%), mientras los otros 11 Estados miembros aportan conjuntamente sólo el 31% restante. Si consideramos las contribuciones nacionales por recursos propios, sin tener en cuenta los derechos que pertenecen directamente a la Unión Europea, los porcentajes de los principales contribuyentes aumentan, salvo en el caso del Reino Unido, donde los derechos de aduanas recaudados son proporcionalmente mayores.

Como es sabido, la posición relativamente favorable de Gran Bretaña responde al mantenimiento de un sistema particular de compensación a sus aportaciones al presupuesto europeo, justificada por la situación de desequilibrio estructural en sus relaciones financieras con la Unión. Este desequilibrio, imputable a la escasa significación de su agricultura y a la elevada proporción de su base IVA en relación con el PNB, ha sido fuente permanente de discusión y búsqueda de compromisos por parte de los socios comunitarios. Después de la reforma de 1988 el procedimiento adoptado trata de compensar dos terceras partes de su desequilibrio presupuestario, repartiéndose su coste entre los Estados restantes en función de su contribución por el cuarto recurso basado en el PNB. La única excepción corresponde a Alemania, que aporta únicamente dos tercios de la cuota que le correspondería.

3.1.3. Las políticas de gasto del presupuesto comunitario

Los acuerdos alcanzados en la Cumbre de Edimburgo se centraron en los siguientes aspectos en materia de gasto:

- Agricultura: Se mantenían los índices que limitan el crecimiento del gasto agrícola, reafirmándose la importancia de una disciplina presupuestaria y un control financiero adecuados sector por sector, acordes con la Política Agrícola Común reformada. En 1999 los créditos para compromisos suponían el 45,7% del total.
- Acciones estructurales: Se potenciaban la cohesión económica y social, incrementando los recursos destinados a la financiación de las acciones estructurales hasta alcanzar los 30.000 millones de ecus en 1999, (35,7% del total), lo que supuso un aumento del 41% en términos reales con respecto a 1993. En cumplimiento

de los acuerdos de Maastricht las acciones estructurales se centran prioritariamente en los Estados miembros menos prósperos, en las regiones ultraperiféricas y en las zonas rurales de la Unión. Con este objetivo, los cuatro Estados beneficiarios del Fondo de Cohesión veían duplicados los créditos de compromiso, con arreglo al Objetivo 1 y al propio Fondo de Cohesión, entre 1992 y 1999.

Este nuevo fondo se dotaba con unos recursos globales para el conjunto del período de 15.150 millones de ecus, y se distribuía entre cuatro países de la Unión: Grecia, Portugal, Irlanda y España. Estos cuatro Estados miembros tenían un PNB per cápita inferior al 90% de la media europea, y, además, habían presentado programas encaminados a la consecución de las condiciones de convergencia establecidas en el Tratado de la Unión Europea. Los proyectos subvencionables se centran en acciones de carácter no sustitutivo en materia de medio ambiente e infraestructuras de transportes de interés común, fijándose la tasa de cofinanciación entre el 80% y el 85% del coste total. La distribución entre los Estados beneficiarios se basa en criterios precisos y objetivos, como población, PNB per cápita y superficie, considerando además otros factores socioeconómicos, como carencias en materias de infraestructuras de transporte[7].

Los fondos estructurales se incrementaban un 38,5% en el nuevo período, estableciéndose las siguientes directrices:

- Aumentar la proporción de los recursos disponibles para compromisos correspondientes al Objetivo 1, hasta absorber más del 70% del total.
- Mantener las proporciones actuales en los compromisos de los créditos destinados a los Objetivos 2, 3, 4 y 5b. Los compromisos correspondientes al Objetivo 5a, fuera de las regiones del Objetivo 1 y el Objetivo 5b, no aumentaban en términos reales.
- La asignación para iniciativas comunitarias estaría comprendida entre el 5% y el 10% de los recursos totales destinados a los fondos estructurales. Éstas se centrarían principalmente en promover la cooperación transfronteriza, transnacional e interregional, y asistencia a las regiones ultraperiféricas, de conformidad con el principio de subsidiariedad.
- Se debían tener en cuenta en la asignación de los recursos y en la decisión de la tasa de cofinanciación: el grado de prosperidad nacional y regional, la población de las regiones y la gravedad relativa de los problemas estructurales –incluido el nivel de desempleo– y, para los objetivos correspondientes, las necesidades de desarrollo rural.
- Los fondos estructurales deberían seguir orientándose con arreglo a los principios básicos ya establecidos: concentración, programación, asociación y adicionalidad, mejorándose los procedimientos de decisión, gestión y control.
- Se incluían los nuevos Länder alemanes y Berlín Este, así como las regiones y zonas que cumplían los requisitos previstos de Austria, Finlandia y Suecia.

— Políticas internas: Representaban aproximadamente el 6%, con un incremento superior al 29% entre 1993 y 1999, absorbiendo los gastos correspondientes a I+D entre la mitad y los dos tercios de la cifra total. Esta política prioritaria debería seguir centrada en la investigación general precompetitiva y aplicarse multisectorialmente.

— Políticas externas: Suponían casi el 7,4% de los créditos totales, y se incrementaban en un 39,3% en el período 1993-1999, manteniendo un equilibrio adecuado en la distribución geográfica de los compromisos de la Unión. Dentro de este total se constituían dos reservas. La primera de ellas se dotaba con el fin de lograr un margen de flexibilidad, que permitiese dar una rápida respuesta a necesidades de ayuda de urgencia no recurrentes en terceros países, relacionadas con acontecimientos no previsibles. La segunda reserva se constituía para permitir la financiación de un fondo de garantía de préstamos.

— Administración: Los recursos administrativos crecían a un menor ritmo, representando al final del período el 4,6% de los compromisos de crédito totales. Ante estas limitaciones, el Consejo Europeo recomendó aplicar los principios de disciplina presupuestaria a todas las instituciones por igual.

Los gastos agrícolas de intervención realizados a través del FEOGA-Garantía han venido absorbiendo la mayor parte de los recursos presupuestarios a lo largo de los últimos años. La Política Agrícola Común tuvo en sus inicios unos objetivos claros: seguridad en los suministros, estabilidad de los ingresos de los agricultores y precios bajos para los consumidores. Esta orientación original hacia el equilibrio entre las funciones de asignación y redistribución ha evolucionado, sin embargo, de tal forma que sus efectos sobre la distribución espacial y sectorial de la renta se han convertido en su faceta más significativa, alterando considerablemente la eficacia del sistema.

La magnitud alcanzada por el gasto agrícola de garantía ha provocado importantes desajustes en su orientación y eficacia. Dicha magnitud ha estado condicionada tanto por la acumulación de excedentes estructurales, originados como consecuencia del distinto ritmo de crecimiento del consumo y la producción, como por el apoyo a las exportaciones, tendente a compensar la diferencia entre los precios comunitarios y los cambios de las monedas mundiales. La disciplina presupuestaria acordada tras la reforma de 1988 pretendía asegurar una evolución más equilibrada y mejor controlada de estos gastos, a través de la adopción de una serie de medidas:

— Limitación del ritmo anual de progresión de los gastos de garantía de los precios al 74% del crecimiento del PNB comunitario.

— Depreciación sistemática del valor contable de las existencias agrícolas.

— Refuerzo del sistema de estabilizadores que limitan la intervención financiera de la Comunidad cuando se ha excedido un tope de producción.

— La inscripción anual en el presupuesto de una reserva monetaria en forma de créditos provisionales, tendentes a hacer frente a los movimientos importantes e imprevistos de la paridad dólar/ecu en los mercados internacionales.

Este conjunto de medidas, que han entrado en vigor paulatinamente, ha supuesto un cambio en la tendencia de la proporción que el gasto agrícola ha mantenido en el último período, conservando, no obstante, un peso muy significativo, dadas las dificultades para llevar a cabo una reforma sustancial de la Política Agrícola Común.

Las acciones estructurales constituyen la otra gran partida del gasto europeo, aumentando significativamente en el último período. Esta presencia creciente se corresponde con la naturaleza de los grandes desequilibrios existentes en la Unión Europea. El fuerte impacto de la crisis económica sobre el tejido industrial europeo ha tenido una incidencia desigual, concentrándose en zonas y regiones con estructuras productivas tradicionales y con escasa diversificación. Por otro lado, las sucesivas ampliaciones de la Unión, incluidos los cinco Länder alemanes y algunas regiones de los últimos tres Estados adheridos, han ido incorporando economías con problemas estructurales en sus sectores productivos, que se caracterizan por tres rasgos específicos:

— La fuerte presencia comparativa del sector primario, con una baja productividad y desproporción entre la fuerza de trabajo incorporada y el valor añadido resultante.
— Una insuficiencia del mercado de trabajo para absorber la población activa existente, originando tasas de paro elevadas y falta de capacitación de la mano de obra.
— Las desigualdades espaciales existentes en el desarrollo económico y en la dotación de infraestructuras básicas.

Estas circunstancias han hecho tomar conciencia a la Unión Europea de la necesidad de realizar acciones de carácter estructural que sirvan para evitar o, al menos, corregir, la profundización de las divergencias existentes. Para ello, el principal instrumento está constituido por la actuación integrada de los fondos estructurales actuales[8] en los Marcos de Apoyo Comunitario y por la creación de un nuevo Fondo de Cohesión.

En consecuencia, el acuerdo alcanzado para potenciar la dotación de los fondos estructurales, coordinar sus acciones entre sí y con otros instrumentos financieros, y racionalizar los procedimientos de gestión y control incorporados a los mismos, planteó un cambio en la importancia concedida a las acciones estructurales comunitarias. Cambio que ya tuvo su primer reflejo presupuestario en el compromiso alcanzado sobre la duplicación de los créditos asignados a este fin entre 1987 y 1993. La potenciación de las acciones estructurales llevada a cabo a través de la reforma de estos fondos se fundamenta, asimismo, en una más adecuada selección de prioridades y en la concentración geográfica de las actuaciones. Los objetivos a lograr en este contexto se resumen en los siguientes:

1. Fomentar el desarrollo y el ajuste estructural de las regiones menos desarrolladas.
2. Reconvertir las regiones, zonas fronterizas o partes de regiones, incluyendo las cuencas de empleo y los núcleos urbanos, gravemente afectados por el declive industrial.
3. Combatir el paro de larga duración y facilitar la inserción profesional de los jóvenes y de las personas especialmente expuestas a la exclusión del mercado laboral.
4. Facilitar la adaptación de los trabajadores a las mutaciones industriales y a la evolución de los sistemas productivos.
5. Y, en la perspectiva de la reforma emprendida de la Política Agrícola Común:

a) Acelerar la adaptación de las estructuras agrarias y ayudar a la modernización y reestructuración de la pesca.
b) Fomentar el desarrollo y el ajuste estructural de las zonas rurales.

La variedad y amplitud de estos 5 objetivos, además de un sexto referido a zonas desérticas, pone de relieve la dificultad de abordarlos convenientemente a través de una política europea de subvenciones y préstamos limitada, aunque complementaria de las acciones nacionales.

Como se ha señalado, la introducción de un nuevo Fondo de Cohesión del que se benefician a partir de 1993 los Estados miembros con menor grado de desarrollo –PNB por habitante inferior al 90% de la media comunitaria–, posibilita el destino de recursos complementarios del presupuesto europeo al fortalecimiento de la cohesión económica y social, e impulsa la convergencia real de las economías europeas. Las medidas estructurales representaban el 40,5% de los compromisos de gasto aprobados en 1999 y el 35,8% de los pagos previstos, con un crecimiento respecto a 1998 del 16,5% y 6,8%, respectivamente.

El resto de los programas de gasto, al margen de los recursos destinados al funcionamiento institucional, reembolsos a las Administraciones nacionales y créditos destinados a la constitución de la reserva monetaria, están dirigidos a financiar otras políticas plurianuales –Programas Integrados Mediterráneos e Investigación y Desarrollo– y a un conjunto de acciones como: desarrollo, pesca, medio ambiente, mercado interior, energía, transportes, información y cultura, etc. Estas políticas han presentado hasta la actualidad un escaso relieve presupuestario, y su evolución depende de la dimensión económica otorgada a la potenciación de la acción exterior de la Unión y del desarrollo del mercado único.

La distribución del gasto europeo entre los distintos Estados miembros permite analizar desde una nueva perspectiva la incidencia espacial de los programas realizados (cuadro 3.4). De los pagos efectuados asignables a los Estados miembros en 1999, Francia, con el 16,3% de los gastos totales, era el principal destinatario del presupuesto, seguido de España (16,1%) y Alemania (12,4%). Por el contrario, Luxemburgo, Dinamarca, Austria, Finlandia, Suecia y Países Bajos tenían una participación conjunta del 9,3% de los pagos efectuados.

Estos porcentajes ocultan, sin embargo, una participación en las distintas políticas de gasto muy desiguales en cada Estado. Si consideramos únicamente el gasto operativo, eliminando los gastos de administración (cuadro 3.5), el principal destinatario es España (18,3%). Por políticas de gasto, el destinado a la agricultura, que representa el 56,2% de los gastos operativos, tiene un gran peso en Dinamarca (83%), en Países Bajos (75%) o en Francia (73,5%), mientras que las acciones estructurales, que representan el 37,7% de los gastos, tienen un peso mayor en los gastos destinados a Portugal (79%). En términos absolutos, el principal destinatario del gasto agrícola es Francia (23,8%), mientras España absorbe la mayor proporción de gastos en acciones estructurales (27,8%) y Alemania lo hace en el resto de políticas internas (17,4%) que tienen un menor peso en el gasto total, donde representan apenas un 6%.

Si se considera el saldo presupuestario operativo[9] (cuadro 3.6), España, Grecia, Portugal e Irlanda muestran un saldo positivo y especialmente relevante en términos absolutos, mientras Alemania, Reino Unido y Países Bajos presentan saldos negativos. En términos relativos, esto es, cuando se relaciona el saldo con la dimensión de las distintas economías, las relaciones presupuestarias con la Unión Europea son muy positivas en Grecia (3,2% de su PNB), Portugal (2,79%) e Irlanda (2,5%), mientras que los saldos desfavorables sólo superan el 0,5% del PNB en Países Bajos (-0,57%) y Luxemburgo (–0,55%).

Cuadro 3.4. *Gastos totales de la Unión Europea en los Estados miembros*

	1995		*1996*		*1997*		*1998*		*1999*	
	Mecus	%	*Mecus*	%	*Mecus*	%	*Mecus*	%	*Mecus*	%
Alemania	8.125,7	12,1	10.214,4	13,3	10.273,8	12,8	10.408,4	12,9	9.994,5	12,4
Austria	902,3	1,3	1.660,5	2,2	1.386,8	1,7	1.329,5	1,6	1.242,0	1,5
Bélgica	4.398,3	6,6	4.166,8	5,4	4.050,9	5,0	3.932,7	4,9	4.179,7	5,2
Dinamarca	1.640,4	2,5	1.616,7	2,1	1.574,4	2,0	1.514,3	1,9	1.553,8	1,9
España	10.898,4	16,0	10.661,5	13,9	11.303,6	14,1	12.449,5	15,4	12.965,1	16,1
Finlandia	753,4	1,1	1.052,0	1,4	1.118,0	1,4	975,1	1,2	936,4	1,2
Francia	10.336,7	15,5	12.285,7	16,0	12.404,8	15,5	12.052,0	14,9	13.115,7	16,3
Grecia	4.513,4	6,7	5.187,0	6,7	5.550,2	6,9	5.957,5	7,4	5.026,9	6,3
Irlanda	2.578,3	3,9	2.997,7	3,9	3.363,7	4,2	3.226,8	4,0	2.909,7	3,6
Italia	5.741,0	8,6	7.852,2	10,2	8.605,8	10,7	8.490,1	10,5	9.080,8	11,3
Luxemburgo	861,7	1,3	948,4	1,2	896,1	1,1	909,3	1,1	833,2	1,0
Países Bajos	2.428,3	3,6	2.103,7	2,7	2.561,4	3,2	2.099,1	2,6	1.787,7	2,2
Portugal	3306	4,9	3.701,4	4,8	3.799,6	4,7	4.007,4	5,0	3.940,4	4,9
Reino Unido	4.612,4	6,9	6.112,4	8,0	7.129,3	8,9	6.981,4	8,6	5.919,0	7,4
Suecia	760,7	1,1	1.312,5	1,7	1.196,6	1,5	1.343,7	1,7	1.164,6	1,5
Total UE	61.857,1	92,5	71.872,7	93,5	75.214,9	93,7	75.676,8	93,8	74.649,5	93,0
Otros	5.043,9	7,5	4.993,9	6,5	5.021,5	6,3	5.036,1	6,2	5.660,1	7,0
Total	66.901,0	100,0	76.866,6	100,0	80.236,4	100,0	80.713,0	100,0	80.309,6	100,0

Fuente: Comisión Europea.

Cuadro 3.5. *Gastos operativos de la Unión Europea en los Estados miembros*

	1995		*1996*		*1997*		*1998*		*1999*	
	Mecus	%	*Mecus*	%	*Mecus*	%	*Mecus*	%	*Mecus*	%
Alemania	8.008,9	13,7	10.088,8	14,8	10.141,1	14,2	10.275,3	14,3	9.852,7	13,9
Austria	899,3	1,5	1.649,4	2,4	1.374,6	1,9	1.313,1	1,8	1.226,1	1,7
Bélgica	2.298,9	3,9	2.114,5	3,1	1.833,8	2,6	1.688,1	2,3	1.831,5	2,6
Dinamarca	1.606,9	2,7	1.584,8	2,3	1.542,4	2,2	1.481,1	2,1	1.516,8	2,1
España	10.871,7	18,6	10.635,0	15,6	11.278,6	15,8	12.424,5	17,3	12.932,9	18,3
Finlandia	750,8	1,3	1.038,0	1,5	1.104,2	1,5	957,0	1,3	915,1	1,3
Francia	10.193,2	17,4	12.110,8	17,7	12.214,2	17,1	11.859,3	16,5	12.854,7	18,2
Grecia	4.501,0	7,7	5.175,5	7,6	5.538,2	7,7	5.943,4	8,3	5.008,6	7,1
Irlanda	2.567,1	4,4	2.986,2	4,4	3.350,9	4,7	3.209,6	4,5	2.886,3	4,1
Italia	5.662,3	9,7	7.765,0	11,4	8.514,0	11,9	8.395,4	11,7	8.972,8	12,7
Luxemburgo	106,8	0,2	123,4	0,2	118,3	0,2	128,5	0,2	93,3	0,1
Países Bajos	2.386,9	4,1	2.064,3	3,0	2.520,4	3,5	2.056,2	2,9	1.740,8	2,5
Portugal	3.293,0	5,6	3.690,3	5,4	3.788,6	5,3	3.995,0	5,6	3.927,7	5,6
Reino Unido	4.540,1	7,8	6.040,8	8,8	7.045,4	9,8	6.882,3	9,6	5.800,2	8,2
Suecia	757,5	1,3	1.296,8	1,9	1.181,3	1,7	1.326,1	1,8	1.146,6	1,6
Total	58.444,5	100,0	68.363,7	100,0	71.545,9	100,0	71.934,8	100,0	70.706,0	100,0

Fuente: Comisión Europea.

Cuadro 3.6. *Saldo presupuestario operativo en los países de la Unión Europea*

	1995		*1996*		*1997*		*1998*		*1999*	
	Mecus	%	*Mecus*	%	*Mecus*	%	*Mecus*	%	*Mecus*	%
Alemania	–12.207,8	–0,66	–11.457,9	–0,62	–11.588,8	–0,63	–8.962,7	–0,47	–9.478,9	–0,49
Austria	–886,5	–0,50	–362,7	–0,20	–886,1	–0,49	–724,3	–0,38	–725,6	–0,38
Bélgica	355,8	0,17	–91,2	–0,04	–505,1	–0,23	–508,4	–0,23	–426,4	–0,18
Dinamarca	437,6	0,35	206,1	0,16	61,8	0,05	–64,9	–0,04	50,0	0,03
España	7.489,7	1,75	5.730,7	1,26	5.512,2	1,18	6.881,5	1,37	7.090,7	1,31
Finlandia	–118,6	–0,13	23,1	0,02	–12,4	–0,01	–154,2	–0,14	–252,8	–0,22
Francia	–1.587,8	–0,14	–1.486,0	–0,12	–1.947,9	–0,16	–1.486,7	–0,12	–640,6	–0,05
Grecia	3.535,9	4,00	3.980,7	4,10	4.302,5	4,06	4.676,3	4,31	3.755,6	3,20
Irlanda	2.061,1	4,82	2.392,9	5,02	2.788,0	5,04	2.337,8	3,69	1.930,5	2,50
Italia	–396,3	–0,05	–2.178,5	–0,23	–655,8	–0,07	–1.888,2	–0,18	–1.260,2	–0,12
Luxemburgo	–64,4	–0,45	–54,5	–0,38	–62,8	–0,42	–86,8	–0,52	–94,3	–0,55
Países Bajos	–725,9	–0,24	–1.467,4	–0,47	–1.265,1	–0,40	–1.716,3	–0,50	–2.014,2	–0,57
Portugal	2.529,2	3,19	2.795,4	3,35	2.664,4	3,06	2.971,0	3,15	2.802,0	2,79
Reino Unido	–3.077,4	–0,36	–855,0	–0,09	–742,4	–0,07	–4.193,7	–0,34	–3.506,8	–0,26
Suecia	–757,2	–0,45	–684,6	–0,36	–1.210,2	–0,63	–883,4	–0,45	–1.004,6	–0,47
Total	–3.412,6	–0,05	–3.509,0	–0,05	–3.547,7	–0,05	–3.802,9	–0,05	–3.775,7	–0,05

Fuente: Comisión Europea.

3.2. Las perspectivas financieras para una Unión Europea ampliada

3.2.1. El marco de referencia: la Agenda 2000

La Comisión Europea presentó en julio de 1997 la Comunicación "Agenda 2000", en respuesta a la petición formulada por el Consejo Europeo de Madrid de diciembre de 1995. Se trataba en ella de las perspectivas generales de desarrollo de la Unión Europea y de sus distintas políticas de cara al próximo siglo, de los problemas horizontales relacionados con la ampliación y del futuro marco financiero en el que se tendrá en cuenta la perspectiva de una Unión ampliada más allá del año 2000. De acuerdo con su contenido, la Comisión consideró que debería mantenerse claramente la prioridad política de la cohesión económica y social, máxime teniendo en cuenta la perspectiva de la ampliación a países nuevos que presentan niveles de desarrollo muy distintos. El nuevo marco financiero inicialmente propuesto por la Comisión debía permitir la financiación de las necesidades fundamentales de la UE a medio plazo, respetando al mismo tiempo el límite máximo de los recursos propios fijado para 1999, establecido en el 1,27% del PNB de la UE. La Comisión consideraba, además, que el sistema de financiación había funcionado de forma adecuada en los últimos años, y no preveía variaciones importantes de la situación presupuestaria de los Estados miembros.

La propuesta de la Comisión consideraba preciso mantener en un 0,46% del PNB la contribución presupuestaria de la UE a la cohesión económica y social durante el ejercicio siguiente (2000-2006), para conseguir un desarrollo armonioso de la Unión y facilitar la necesaria adaptación de los recursos humanos. Dentro de las perspectivas financieras, se reservaban 275.000 millones de ecus (a precios de 1997) para los fondos estructurales y el Fondo de Cohesión, frente a los 200.000 millones de ecus correspondientes al período 1993-1999. Dentro del marco de referencia propuesto por la Comisión, el límite máximo total de los gastos (en créditos de compromiso) aumentaría, en términos reales, en un 17% del año 1999 al 2006, es decir, a un ritmo inferior al de la progresión esperada del PIB (24%, incluida la incidencia de una primera ampliación). En consecuencia, quedaría un margen importante al final del período entre el total de los créditos para pagos y el límite máximo de los recursos propios.

Con este marco de referencia, las instituciones comunitarias y los Estados miembros plantearon, a través de estudios y propuestas concretas, distintas modificaciones relacionadas con la dimensión del gasto, la evolución de sus principales componentes y la estructura de recursos propios, encaminadas fundamentalmente a limitar los desequilibrios en los saldos presupuestarios que mantienen algunos Estados.

Inicialmente, la Agenda 2000 no contenía recomendaciones específicas de modificaciones en el sistema de recursos propios de la Unión Europea. No obstante, al considerar que el modelo de financiación había evolucionado en líneas generales correctamente, tanto el Tribunal de Cuentas como la Comisión Europea elaboraron con posterioridad una serie de informes que incluían la posibilidad de modificarlo. La primera posición fundamentada relacionada con la reforma del sistema de recursos propios fue la desarrollada por el Tribunal de Cuentas. Sus críticas se centraban en el papel del IVA como contribución nacional, ya que el impuesto no está a cargo de los contribuyentes sino de los Estados miembros, y su relación con la realidad fiscal es muy limitada. Además, consideraba que el conjunto de los recursos propios, pese a su aparente claridad, no contribuía a hacer transparente el sistema, ya que su cálculo provisional y definitivo es de una complejidad considerable, además de estar sujeto a efectos cíclicos y coyunturales.

El análisis de la Comisión sobre el funcionamiento del sistema de recursos propios hasta entonces vigente resultaba sustancialmente positivo respecto a dos variables básicas a considerar: la suficiencia de recursos y la equidad en el reparto de la carga tributaria entre los Estados miembros. Desde la perspectiva de la adecuación de los ingresos para financiar los planes de gasto, el sistema parece comportarse correctamente, ya que el recurso establecido en 1988 en función del PNB de cada Estado miembro equilibra automáticamente los recursos disponibles a las necesidades anuales de gasto. Por otro lado, desde el punto de vista de la equidad, el sistema actualmente existente ha corregido el efecto regresivo introducido en la financiación por la existencia de los recursos propios tradicionales y la aportación por IVA, al limitar el peso de estos recursos en los ingresos totales obtenidos, así como por la vinculación del IVA al PNB de los distintos Estados miembros.

Junto a estos elementos positivos del sistema de financiación la Comisión Europea señalaba sus principales carencias, en línea, básicamente, con la posición del Tribunal de Cuentas. Éstas se centraban en la menor autonomía del sistema, su falta de transparencia y el relativamente alto coste-eficacia del mismo.

El alto porcentaje de gastos financiados a través de las aportaciones por IVA y PNB y la forma de calcular éstas determinan que la Unión Europea dependa en exceso, a juicio de la Comisión, de meras transferencias de los Estados miembros. Dichas transferencias son consideradas como contribuciones nacionales que no tienen en cuenta la naturaleza de los hechos imponibles que las determinan. Esa ausencia de autonomía financiera restringe el grado de discrecionalidad de los responsables comunitarios a la hora de determinar los gastos, entremezclándose los problemas de financiación de la Unión Europea con las políticas presupuestarias de los distintos Estados miembros.

El modelo financiero vigente no se caracteriza tampoco por su simplicidad y transparencia. Los recursos más importantes están constituidos por contribuciones financieras sometidas a cálculos complejos de carácter estadístico y no fiscal, restando visibilidad a los ingresos por parte de los ciudadanos europeos. Finalmente, el sistema establecido tiene un coste administrativo de gestión importante. El cobro de los recursos propios tradicionales corresponde a los distintos Estados miembros, que tienen escasos incentivos a realizar una gestión eficiente, ya que mermas en la recaudación obtenida se traducen en mayores aportaciones globales por el cuarto recurso. En consecuencia, el coste de eficacia de un Estado se reparte entre todos los países miembros. La supervisión multilateral establecida por las autoridades comunitarias con el fin de evitar el fraude y las irregularidades resulta así excesivamente compleja y costosa en términos administrativos.

De acuerdo con este análisis, la Comisión Europea revisó las principales opciones disponibles para el diseño de un nuevo sistema de contribuciones, con dos objetivos alternativos: alcanzar una simplificación del régimen actual de contribuciones, o ampliar la base fiscal actualmente existente incorporando nuevos recursos.

En el primer caso, la financiación podría simplificarse sustituyendo el recurso IVA, o incluso los recursos propios tradicionales, por aportaciones basadas en la capacidad contributiva de los Estados miembros, aproximada a través del tamaño de sus economías. Con ello, la financiación europea ganaría en equidad y se simplificaría considerablemente. Alternativamente, se podría variar la naturaleza de la contribución actual por IVA a través de su sustitución por un recurso IVA modificado que tuviese en cuenta bases fiscales reales, incrementando con ello la autonomía financiera y la transparencia del sistema de financiación. Entre las opciones posibles, el informe de la Comisión se decantaba por la posibilidad de establecer una modificación del recurso IVA. El nuevo recurso propio estaría basado en un tipo IVA común en todos los Estados miembros, con dos alternativas diferentes según los bienes y servicios gravados. En particular, se establecerían unos tipos impositivos del 1,5% y el 3% que gravarían una base armonizada. Así, el total de los ingresos por IVA en cualquier Estado miembro se dividiría entre los ingresos nacionales y los recursos destinados a la Unión Europea. Habría, pues, un tipo combinado del IVA cuya parte europea se haría constar específicamente en la factura pagada por cada contribuyente, y que sería determinada por las autoridades comunitarias. La previsible falta de equidad del sistema se podría corregir con la introducción simultánea de un mecanismo de nivelación, consistente en fijar anualmente todos los recursos presupuestarios obtenidos por la Unión Europea como una parte fija de su PNB.

Alternativamente a esta propuesta, el informe de la Comisión contemplaba otras posibilidades de incorporar instrumentos fiscales y/o financieros, que guardan relación con las repercusiones exteriores de determinados hechos impositivos[10] y con la imposibilidad de definir nacionalmente la base imponible como consecuencia de la localización arbitraria de los ingresos fiscales[11]. Así, se revisan los pros y contras de distintos recursos que se han propuesto en distintas ocasiones para formar parte del cuadro de ingresos comunitarios, sin que la Comisión se decantase por ninguno específicamente.

En contraposición con la propuesta española, apoyada por Grecia y Portugal, de introducir progresividad en el sistema de recursos propios, la Comisión se pronuncia negativamente sobre la consideración de tener más en cuenta la capacidad contributiva de los distintos Estados miembros en la financiación comunitaria. Las razones para el rechazo de la propuesta española se basaban en la conveniencia de determinar únicamente el efecto solidario de la política presupuestaria a través de las políticas de gasto. Su carácter redistributivo se deriva de su vinculación directa con el logro de la convergencia real entre las economías por la mayor garantía de discrecionalidad que ofrecen, y del efecto de arrastre que generan al estar cofinanciadas por los países destinatarios.

El informe de la Comisión se pronunciaba finalmente sobre los planteamientos utilizados por algunos Estados miembros, encaminados a corregir los desequilibrios presupuestarios excesivos, y analiza el alcance de los mismos a medio plazo como consecuencia de la implantación de la Agenda 2000. En línea con la posición del Tribunal de Cuentas, mantiene una opinión crítica con la fijación del concepto de saldo fiscal como variable de referencia para determinar el tratamiento presupuestario y económico que recibe cada Estado miembro en sus relaciones con la Unión Europea. Si en el caso del sistema de recursos propios parece claro que la traslación impositiva opera en los recursos propios tradicionales, por el lado del gasto los flujos presupuestarios registrados contablemente no permiten identificar automáticamente las repercusiones sobre el conjunto de la Unión Europea. Con la futura ampliación de la Unión hacia el este y la aplicación de la estructura del gasto que se desprende de la Agenda 2000, los saldos presupuestarios de los actuales miembros empeorarán en aproximadamente una media del 0,15% de su PNB. De los cuatro países que mantienen en la actualidad fuertes desequilibrios financieros, sólo los Países Bajos experimentarán un deterioro mayor por los efectos de la reforma de la PAC. En Alemania, Austria y Suecia se espera un deterioro menor que el del impacto medio de la ampliación.

El informe de la Comisión se decantaba finalmente por tres opciones posibles dentro del marco de reforma establecido. En el sistema de recursos propios se planteaba una simplificación de la estructura de financiación, basada en las contribuciones de los Estados miembros en función del PNB, junto con la paulatina desaparición del mecanismo de corrección existente para el Reino Unido. El problema de los desequilibrios presupuestarios se podría abordar, a juicio de la Comisión, introduciendo un sistema de reembolso parcial del gasto de la Política Agraria Común dirigido a las ayudas directas a la renta. Su justificación se apoya en el hecho de que, siendo el gasto agrícola y las acciones estructurales las principales actuaciones comunitarias, no parecería acertado contrarrestar los efectos redistributivos asociados a los gastos estructurales, dada su finalidad. Por el contrario, el gasto agrícola en el presupuesto comunitario podría reducirse reembolsando una parte del gasto nacional que va directamente a beneficiarios individuales, mientras se mantiene el reembolso total a los presupuestos nacionales de los gastos de apoyo a los mercados. En la medida en la que, comparativamente, los Estados con mayores desequilibrios en sus saldos presupuestarios mantienen una participación menor en este tipo de gasto agrícola directo, se conseguiría disminuir sus déficit a la vez que se limita el crecimiento del presupuesto comunitario.

Otra posibilidad considerada en el informe consistía en aplicar un mecanismo generalizado de corrección a todos los Estados miembros con amplios desequilibrios presupuestarios con la Unión Europea, teniendo en cuenta que su financiación incide en los saldos que mantienen el resto de los Estados. Aplicar el sistema de corrección del desequilibrio británico actual a los otros cuatro Estados resultaría excesivamente costoso, ya que el importe de la corrección se multiplicaría por tres o por cuatro, y su coste recaería fundamentalmente entre los países con niveles de desarrollo menores (que representan menos de la quinta parte de la economía comunitaria). Los planteamientos sugeridos por la Comisión apuntaban al establecimiento de un mecanismo de corrección de los desequilibrios que superen una determinada cuantía, pero con una cobertura menor de los saldos deficitarios y tras la redefinición de los ingresos y gastos computables para determinar dichos saldos. Otra alternativa consistiría en modificar el procedimiento utilizado para determinar la financiación de las compensaciones, a las que deberían contribuir los Estados beneficiarios de las mismas, salvo en la propia. Todas estas posibilidades introducen una cierta flexibilidad en los mecanismos compensadores que, en todo caso, supondrían una mayor complejidad presupuestaria que restaría transparencia al sistema e, inevitablemente, variaría la situación actual del Reino Unido.

3.2.2. Los resultados de la Cumbre de Berlín

Como ya se ha señalado, el Consejo Europeo de Berlín, celebrado el 24 y 25 de marzo de 1999, ha aprobado unas nuevas perspectivas financieras que cubrirán el período de 2000 a 2006. En su elaboración, en precios constantes de 1999 con ajustes técnicos anuales automáticos para la inflación, se parte de la hipótesis de que la adhesión de nuevos Estados dará comienzo en el 2002. No obstante, se confirma el requisito establecido en las conclusiones del Consejo Europeo de Cardiff, por el cual la presentación y ejecución del marco financiero debe establecerse una clara distinción entre el correspondiente a la Unión en su constitución actual, y el correspondiente a los futuros países miembros antes y después de la adhesión. El total de créditos para compromisos asciende a 644.710 millones de euros de 1999, con unos pagos previstos de 640.470 millones. Si se tiene en cuenta los créditos disponibles para la adhesión, el límite máximo de créditos para pagos en el conjunto del período ascendería a 685.870 millones de euros, más de 114 billones de pesetas en 7 años.

Las cantidades previstas rompen la tendencia creciente que habían marcado las actuales perspectivas financieras. Así, en 1999 los créditos de compromiso máximos disponibles ascendían a 103.384 millones de euros, frente a 91.995 millones previstos para el año 2000. Esto supone una disminución del 11%, porcentaje que se reduce al 7,3% si se consideran los créditos para pagos. La disminución en los gastos previstos supone pasar del 1,25% del PNB de 1999 al 1,13% en el año 2000 y al 0,97% en el 2006. Estos porcentajes resultan inferiores a los existentes en todos los años del período anterior, establecidos en un mínimo del 1,20% del PNB comunitario. Así, como media anual de los nuevos escenarios, los créditos de compromiso supondrán un 1,08% del PNB comunitario frente al 1,28% del período anterior.

Por políticas de gasto, la distribución de las distintas rúbricas a lo largo del período 2000-2006 es la siguiente. En el capítulo agrícola los importes no deberán exceder de 297.740 millones de euros. El gasto previsto para el 2000 resulta inferior en un 9,4% respecto a las perspectivas de 1999, aunque la proporción de gasto destinado a la agricultura aumenta del 43,7% en 1999 al 44,5% en el 2000 y al 46,2% en el 2006. En términos relativos, el gasto agrícola total pasa de suponer el 0,58% del PNB en 1999 al 0,52% en el 2000 y al 0,45% en el 2006, con una media para el conjunto del período del 0,50%, un 16,36% menos que en el período anterior.

El acuerdo alcanzado sobre intervenciones de carácter estructural pretende dotar a los fondos estructurales y de cohesión de más eficacia para alcanzar el objetivo de la cohesión económica y social consagrado en el Tratado de Amsterdam. La mayor concentración de la ayuda de los fondos estructurales en las zonas más necesitadas se logrará mediante una reducción sustancial del número de objetivos a tres en total. El importe total de los fondos estructurales y de cohesión inscritos bajo la rúbrica 2 deberá ser, en total, de 213.000 millones de euros a lo largo del período considerado. El gasto previsto para el 2000 resulta inferior en un 17,9% respecto a las perspectivas de 1999, y su proporción sobre los créditos de compromisos totales disminuye del 37,7% en 1999 al 34,8% en el 2000 y al 32,3% en el 2006. En términos relativos, el gasto en acciones estructurales pasa de suponer el 0,50% del PNB en 1999 al 0,40% en el 2000 y el 0,32% en el 2006, con una media para el conjunto del período del 0,36%, un 19,55% inferior al del período anterior.

El Consejo Europeo considera que el nivel adecuado de los créditos de compromiso que hay que consignar en las perspectivas financieras para los fondos estructurales, incluidos el apoyo transitorio, las iniciativas comunitarias y las acciones innovadoras, deberá ser de 195.010 millones de euros. Estas cantidades suponen un descenso sustancial de las consignadas en las perspectivas financieras para 1999. Así, en el año 2000 la disminución es del 18% respecto a este año y en el 2006 llegará al 25,7%. En términos relativos supone destinar una media del 0,33% del PNB, un 19,46% menos que en el período anterior.

El 69,7% de los fondos estructurales se asignará al objetivo 1 e incluirá un 4,3% para apoyo transitorio. El 11,5% se asignará al objetivo 2 e incluirá el 1,4% para apoyo transitorio. El 12,3% de los fondos estructurales se asignará al objetivo 3. Además de estos objetivos, las acciones relativas al sector de la pesca que se lleven a cabo fuera de las regiones del objetivo 1 recibirán una aportación del Instrumento Financiero de Orientación de la Pesca (IFOP), que ascenderá a 1.100 millones de euros a lo largo del período, de los que 875 millones procederán de la rúbrica agrícola.

Las iniciativas comunitarias y acciones innovadoras completan el conjunto de recursos fijados para fondos estructurales. Las actuales iniciativas comunitarias se reducirán en número a las tres siguientes: INTERREG (cooperación transfronteriza, transnacional e interregional), EQUAL (cooperación transnacional en la lucha contra toda forma de discriminación y desigualdad en el mercado laboral) y LEADER (desarrollo rural). Finalmente, el 1% de las dotaciones para los fondos estructurales deberá reservarse para acciones innovadoras y asistencia técnica. También se prestará apoyo transitorio a las regiones y zonas que ya no reúnan los criterios pertinentes para optar a la ayuda. La dotación financiera global con cargo a los fondos estructurales en concepto de apoyo transitorio deberá ser de 11.142 millones de euros.

El Consejo Europeo considera que, hoy día, siguen siendo válidos los objetivos fundamentales del Fondo de Cohesión, que se creó para promover la cohesión económica y social en la Unión y la solidaridad entre los Estados miembros. El nivel global de recursos disponibles para asignar al Fondo de Cohesión deberá ser de 18.000 millones de euros, lo que supone dedicar, de media, el 0,03% del PNB comunitario (un 18,26% menos que en el período anterior). En el año 2003 se revisará la idoneidad para acogerse al Fondo con arreglo al criterio del 90% del PNB medio. En caso de que un Estado miembro haya dejado de cumplir los criterios para acogerse a esta ayuda, los recursos del Fondo de Cohesión se reducirán en consecuencia. Por lo que respecta al criterio de convergencia económica, seguirán siendo de aplicación las disposiciones actuales sobre condicionalidad macroeconómica.

El resto de políticas absorberán un total de 133.960 millones de euros en el período señalado, lo que supone un descenso del 8,8% como media respecto a las perspectivas anteriores.

Respecto al capítulo de los ingresos, la decisión sobre recursos propios se modificará, de manera que el proceso de ratificación pueda finalizar a tiempo para que entre en vigor a principios de 2002. Con el fin de seguir teniendo en cuenta la capacidad contributiva de cada Estado miembro y de corregir, para los Estados menos prósperos, los aspectos regresivos del actual sistema, se reducirá el tipo reclamable máximo del recurso IVA al 0,75% en el año 2002 y al 0,50% en el 2004. Los recursos propios tradicionales se mantendrán, y se aumentará al 25% el porcentaje retenido por los Estados miembros en concepto de gastos de recaudación, con efectos a partir del año 2001. Continuará aplicándose el denominado cheque británico, aunque su importe no incluirá los beneficios excepcionales debidos a los cambios en el sistema de financiación. Del mismo modo, en el momento de la ampliación, habrá un ajuste para reducir los gastos asignados en un importe equivalente al gasto anual de preadhesión en los Estados candidatos. Su financiación por parte de los demás Estados miembros se modificará para permitir que Austria, Alemania, los Países Bajos y Suecia puedan beneficiarse de una reducción al 25% de su participación normal. El ajuste en las participaciones en la financiación se efectuará mediante un ajuste de las bases del PNB. Estas modificaciones se aplicarán ya durante el primer año de vigencia de la nueva decisión sobre los recursos propios, sobre la base de las cifras del año anterior.

Finalmente, el Consejo Europeo invita a la Comisión a que realice, antes del 1 de enero de 2006, una revisión general del sistema de recursos propios que incluya los efectos de la ampliación y aborde la cuestión de la creación de nuevos recursos propios autónomos.

El cuadro 3.7 recoge las cifras previstas para el marco financiero de la Unión Europea ampliada, una vez modificadas con el objeto de atender los nuevos compromisos de ayudas para la extinta Yugoslavia.

3.3. La importancia de la cohesión económica en una Unión Europea ampliada

El concepto de cohesión económica aparece por vez primera en el Acta Única Europea (1986). A partir del Tratado de la Unión (1992) constituye uno de los tres pilares de la Comunidad Europea, al mismo nivel que el mercado único y la unión económica. El esfuerzo de cohesión sigue siendo aún hoy una prioridad que se traduce a nivel presupuestario, ya que la política estructural representa el segundo sector de gasto de la Unión, por detrás de la Política Agrícola Común. Gracias a las acciones estructurales y a la adopción de programas macroeconómicos nacionales dirigidos a cumplir los criterios fijados por la unión económica y monetaria, se puede observar, desde hace casi una década, una clara convergencia entre las economías de los distintos Estados miembros. No obstante, estos buenos resultados a escala nacional no deben hacer olvidar la persistencia y, en algunos casos, el aumento de las diferencias de nivel de vida entre ciertas regiones de la Unión. Asimismo, no deben olvidarse las importantes diferencias en el nivel de desarrollo respecto a los países que están a la espera de incorporarse a la Unión Europea.

La reforma de las acciones estructurales de 1999 tuvo como principal objetivo la mejora de la eficacia de los instrumentos estructurales, reforzando su concentración, mejorando la gestión y precisando el reparto de responsabilidades entre los diferentes participantes. Otros objetivos perseguidos por dicha reforma se resumen en el mantenimiento del nivel presupuestario de la cohesión económica y social, y en la extensión del esfuerzo de cohesión regional a los futuros países miembros (cuadros 3.8 y 3.9).

En el caso de los fondos estructurales la reforma de 1999 se ha caracterizado por una intensificación de la concentración de las ayudas, pero también por una tendencia a la simplificación y a la descentralización de su gestión. Como contrapartida, la reforma establece un reparto más preciso de las responsabilidades y una aplicación reforzada del principio de subsidiariedad. La intensificación de la concentración se ha traducido en una reducción del número de objetivos de 7 a 3 objetivos prioritarios. Como ya se ha señalado, el nuevo objetivo 1 tiene como finalidad promover el desarrollo y el ajuste estructural de las regiones menos desarrolladas, cuyo PIB medio por habitante sea inferior al 75% de la media de la Unión Europea. Este nuevo objetivo abarca igual-

Cuadro 3.7. *Perspectivas financieras 2000-2006 revisadas UE 21 (millones de euros a precios de 2001)*

Conceptos	*2000*	*2001*	*2002*	*2003*	*2004*	*2005*	*2006*
1. Agricultura	41.738	44.230	45.379	45.538	44.488	43.624	43.344
Política agrícola común	37.352	39.735	40.874	41.023	39.962	39.088	38.797
Desarrollo rural	4.386	4.495	4.505	4.515	4.526	4.536	4.547
2. Acciones estructurales	32.678	32.720	32.106	31.503	30.785	30.785	30.343
Fondo de cohesión	2.659	2.715	2.715	2.715	2.611	2.611	2.606
Fondos estructurales	30.019	30.005	29.391	28.788	28.174	28.174	27.737
3. Políticas internas	6.031	6.272	6.386	6.500	6.614	6.729	6.853
4. Acciones exteriores	4.627	5.015	5.019	5.025	5.029	5.035	5.040
5. Gastos de administración	4.638	4.776	4.880	4.984	5.088	5.192	5.296
6. Reservas	906	916	666	416	416	416	416
Monetaria	500	500	250				
Ayudas de urgencia	203	208	208	208	208	208	208
Garantías de préstamos	203	208	208	208	208	208	208
7. Ayudas preadhesión	3.174	3.260	3.260	3.260	3.260	3.259	3.259
7.a PECO´s	3.174	3.240	3.240	3.240	3.240	3.240	3.240
Agricultura	529	540	540	540	540	540	540
Instrumentos estructurales	1.058	1.080	1.080	1.080	1.080	1.080	1.080
PHARE	1.587	1.620	1.620	1.620	1.620	1.620	1.620
7.b Países mediterráneos		20	20	20	20	19	19
8. Ampliación			6.709	9.393	12.076	14.770	17.455
Agricultura			1.665	2.112	2.549	3.048	3.537
Medidas estructurales			3.902	6.066	8.240	10.404	12.568
Políticas internas			758	789	820	851	883
Administración			384	426	467	467	467
Total créditos de compromisos	93.792	97.189	104.405	106.619	107.756	109.810	112.006
Total créditos de pagos	91.322	94.730	102.281	105.650	104.828	105.658	107.989
Incluidos ampliación			4.306	6.979	9.247	11.899	14.792
Créditos de pagos (% PNB)	1,12	1,11	1,13	1,13	1,10	1,08	1,07
Margen imprevistos (% PNB)	0,15	0,16	0,14	0,14	0,17	0,19	0,20
Límite rec. propios (% PNB)	1,27	1,27	1,27	1,27	1,27	1,27	1,27

Fuente: Comisión Europea.

Cuadro 3.8. *Las acciones estructurales en las nuevas perspectivas financieras (millones de euros)*

	Años						
	2000	*2001*	*2002*	*2003*	*2004*	*2005*	*2006*
Acciones estructurales	32.045	31.455	30.865	30.285	29.595	29.595	29.170
Fondos estructurales	29.430	28.840	28.250	27.670	27.080	27.080	26.660
Fondo de Cohesión	2.615	2.615	2.615	2.615	2.515	2.515	2.510

Fuente: Comisión Europea.

Cuadro 3.9. *Distribución de las acciones estructurales por Estados (millones de euros)*

	Obj. 1	*Ayuda transitoria*	*Obj. 2*	*Ayuda transitoria*	*Obj. 3*	*Inst. pesca*	*Total*
Alemania	19.229	729	2.984	526	4.581	107	28.156
Austria	261	0	578	102	528	4	1.473
Bélgica	0	625	368	65	737	34	1.829
Dinamarca	0	0	156	27	365	197	745
España	37.744	352	2.553	98	2.140	200	43.087
Finlandia	913	0	459	30	403	31	1.836
Francia	3.254	551	5.437	613	4.540	225	14.620
Grecia	20.961	0	0	0	0	0	20.961
Irlanda	1.315	1.773	0	0	0	0	3.088
Italia	21.935	187	2.145	377	3.744	96	28.484
Luxemburgo	0	0	34	6	38	0	78
Países Bajos	0	123	676	119	1.686	31	2.635
Portugal	16.124	2.905	0	0	0	0	19.029
Reino Unido	5.085	1.166	3.989	706	4.568	121	15.635
Suecia	722	0	354	52	720	60	1.908
U. Europea	127.543	8.411	19.733	2.721	24.050	1.106	183.564

Nota: las cifras no incluyen las iniciativas comunitarias ni las acciones innovadoras.
Fuente: Comisión Europea.

mente las regiones ultraperiféricas (departamentos franceses de Ultramar, las Azores, Madeira y las islas Canarias), así como las zonas incluidas en el antiguo objetivo 6, creado a raíz del Acta de adhesión de Austria, de Finlandia y de Suecia. Como anteriormente, los dos tercios de las intervenciones de los fondos estructurales se realizan en virtud del objetivo n.° 1. Cerca del 20% de la población total de la Unión debería estar incluida en las medidas adoptadas con arreglo a este objetivo.

Por su parte, el objetivo n.° 2 contribuye a favorecer la reconversión económica y social de las regiones con dificultades estructurales distintas de las cubiertas por el nuevo objetivo n.° 1. Este objetivo reúne los antiguos objetivos 2 y 5b, así como otras zonas con problemas de diversificación económica. En general, incluye las zonas que se enfrentan a cambios económicos, las zonas rurales en declive, las zonas en crisis dependientes de la pesca y las áreas urbanas con dificultades. Este objetivo podría cubrir, como máximo, un 18% de la población de la Unión Europea.

El objetivo n.° 3 incluye todas las acciones en favor del desarrollo de los recursos humanos no incluidas en las regiones subvencionables con arreglo al objetivo n.° 1. Este objetivo reúne los antiguos objetivos 3 y 4. Constituye el marco de referencia del conjunto de medidas adoptadas en virtud del nuevo título sobre el empleo introducido por el Tratado de Amsterdam y de la estrategia europea para el empleo. Actualmente rige un régimen transitorio para las regiones que son subvencionables con arreglo a los objetivos 1, 2 o 5b entre 1994 y 1999, pero que dejarán de serlo con arreglo a los objetivos 1 y 2 entre 2000 y 2006.

Por otra parte, los nuevos reglamentos prevén una reducción del número de iniciativas comunitarias de 13 a 4. Las nuevas iniciativas son las siguientes: INTERREG, cuyo objetivo es promover la cooperación transfronteriza, transnacional e interregional; LEADER, dirigida a fomentar el desarrollo rural a través de iniciativas de grupos de acción local; EQUAL, con el objetivo de fomentar prácticas nuevas de lucha contra la discriminación y las desigualdades de todo tipo en relación con el acceso al mercado laboral; y URBAN, destinada a favorecer la revitalización económica y social de las ciudades y las áreas periféricas urbanas en crisis.

En el contexto de esta definición de los objetivos e iniciativas comunitarias, cada uno de los cuatro fondos estructurales tiene una misión específica. Así, el FEDER se dirige a reducir los desequilibrios entre las regiones de la Comunidad. Este fondo concede ayuda financiera al desarrollo de las regiones desfavorecidas e interviene en el marco de los nuevos objetivos 1 y 2 y de las iniciativas INTERREG y URBAN. El FSE, por su parte, es el principal instrumento de la política social comunitaria, y financia acciones en favor de la formación, la reconversión profesional y la creación de empleo. Desde hace algún tiempo el FSE presta una atención particular a mejorar el funcionamiento del mercado laboral y a la reinserción profesional de los desempleados. Interviene en los tres objetivos, pero prioritariamente en el nuevo objetivo n.° 3, y financia la iniciativa EQUAL. El nuevo reglamento refuerza la función del FSE en la política social comunitaria, a través de su participación en las acciones realizadas en virtud de la estrategia europea para el empleo y de las líneas directrices de las políticas de empleo. La reforma de 1999 ha mantenido la doble filiación del IFOP con la política de desarrollo regional y la política pesquera común. Las acciones estructurales en favor del sector de la pesca parecen constituir una parte de la política pesquera común, incluso un instrumento al servicio de una política sectorial.

El FEOGA está dividido en dos Secciones: la Sección de Garantía se dirige principalmente a financiar los gastos resultantes de la política común de mercados y de precios agrarios, las acciones de desarrollo rural que acompañan el apoyo de los mercados y las medidas rurales no incluidas en las regiones del objetivo n.° 1, los gastos de determinadas medidas veterinarias y las acciones de información sobre la PAC. Mientras, la Sección de Orientación se dirige a financiar otros gastos de desarrollo rural que no están financiados por la Sección de Garantía, incluida la iniciativa LEADER. La nueva reglamentación racionaliza y simplifica la política de desarrollo rural a los siguientes niveles: medidas de desarrollo rural subvencionables (medidas de acompañamiento, tales como medidas agroambientales, ayudas a los productores en caso de jubilación anticipada, medidas de modernización y de diversificación de las explotaciones agrarias, como las inversiones en las explotaciones agrarias, la instalación de jóvenes agricultores, la ayuda complementaria a la silvicultura, etc.); programación en el marco de las acciones en virtud de los objetivos 1 y 2, y de los nuevos programas de desarrollo rural; fuentes de financiación que están a cargo de la Sección de Garantía o de Orientación del FEOGA, en función del contexto regional en el que se inscriba la medida.

El Fondo de Cohesión se mantiene en la reforma de la política estructural comunitaria y sigue refiriéndose al medio ambiente y a las infraestructuras de transporte. No obstante, se han introducido algunos cambios para simplificar su funcionamiento y reforzar la función de los Estados miembros en el control financiero. El condicionamiento de la financiación del Fondo de Cohesión en función de criterios macroeconómicos se ha modificado ligeramente. Así, el incumplimiento del criterio relativo al déficit público no comporta ahora la suspensión de la financiación, tal como ocurría anteriormente. Por otra parte, las nuevas disposiciones sobre la financiación de los proyectos fomentan el recurso a la financiación privada complementaria, así como una mejor aplicación del principio "quien contamina paga". Hacia la mitad del período (2003), se realizará una comprobación de subvencionabilidad en función del criterio del 90% del PNB. En caso de que un Estado miembro deje de ser subvencionable, los recursos asignados al Fondo de Cohesión se reducirán en consecuencia.

Con el fin de continuar el esfuerzo de cohesión económica y social en cuanto objetivo prioritario de la Unión, el acuerdo interinstitucional de 1999 entre el Parlamento Europeo, el Consejo y la Comisión ha previsto el mantenimiento del esfuerzo financiero en favor de la cohesión económica y social en el 0,46% del PNB de la UE para el período 2000-2006.

La ampliación de la Unión a diversos Estados de Europa Central y Oriental (PECO) y a Chipre, Malta y Turquía, supondrá problemas muy importantes para la cohesión económica y social, dadas las considerables diferencias de desarrollo de las regiones de estos países en relación con los quince Estados miembros actuales. En efecto, la ampliación aumentará la heterogeneidad de la Unión, lo que traerá consigo problemas de ajuste sectorial y regional y exigirá una preparación adecuada. A fin de garantizar una aplicación eficaz de la política estructural en relación con la ampliación, deberán reunirse varias condiciones. Para que este proceso llegue a buen fin, los países candidatos deberán disponer de tiempo para adaptarse al funcionamiento de las acciones estructurales. A partir del año 2000 han entrado en vigor las ayudas comunitarias de preadhesión, que se canalizan mediante diversos instrumentos, que se analizan con detenimiento en el capítulo 8. Tras la adhesión, los programas de los fondos estructurales y los proyectos del Fondo de Cohesión sustituirán a estas ayudas previas.

La configuración del presupuesto comunitario ha de responder a distintos planteamientos compatibles entre sí. Desde la perspectiva del gasto, la discrecionalidad de las autoridades presupuestarias ha de responder a las necesidades objetivas de los distintos agentes. Simultáneamente, debe permitir la distribución territorial de los recursos en función de variables objetivas. La distribución nacional del gasto resultante es una consecuencia de la búsqueda de los objetivos planteados y de los instrumentos elegidos: el gasto agrícola y su articulación concreta, las distintas acciones estructurales y el resto de políticas internas.

Además, en la medida en que los principales fondos de naturaleza estructural (FEDER y Fondo de Cohesión) tienen un objetivo espacial definido, parece lógico que la distribución global del gasto beneficie más a los Estados miembros con menor nivel de desarrollo, frente a aquéllos que participan en menor medida del gasto agrícola y de las acciones estructurales. En este sentido, las futuras ampliaciones de la Unión Europea deberían de alterar a largo plazo la actual pauta espacial distributiva del gasto, al incorporarse a la Unión nuevos países con serios problemas de desarrollo y un peso significativo de la agricultura en su estructura productiva. En todo caso, la atribución del gasto en función de la población relativa, ponderada por otras circunstancias, puede servir como referencia para determinar su distribución territorial.

Desde la perspectiva de los ingresos, el sistema establecido debe garantizar un mayor margen de estabilidad a la financiación comunitaria y un alto grado de automatismo, eliminando en la medida de lo posible el establecimiento de recursos excesivamente específicos o técnicos con desigual incidencia en los distintos Estados miembros. Por el contrario, fuentes de recursos de bases amplias, estables y transparentes facilitan la suficiencia financiera necesaria, y posibilitan la autonomía de las autoridades presupuestarias a la hora de determinar el gasto.

Parece razonable pensar que estas fuentes de ingresos deberían de guardar una elevada proporción con la capacidad contributiva de los Estados miembros o de sus ciudadanos. Si se quiere, de forma adicional, garantizar un mayor vínculo entre los ciudadanos europeos y la financiación del presupuesto se pueden articular distintas vías para establecer una mayor corresponsabilidad fiscal real o aparente. Así, se puede mejorar la corresponsabilidad a través de la incorporación a las fuentes de financiación de ingresos vinculados con funciones atribuidas, directa o indirectamente, a las autoridades comunitarias. Sus implicaciones en términos de transparencia, estabilidad y equidad pueden ser, no obstante, importantes, alterando fuertemente las pautas distributivas globales.

Alternativamente, buscando una mayor visibilidad de la financiación a través de fórmulas de gestión, pero manteniendo la suficiencia y la equidad en la financiación, se pueden articular fórmulas que permitan compatibilizar ambos objetivos. Manteniendo un sistema de cálculo de los recursos propios aportados por los distintos Estados miembros en función de variables neutrales, como su peso en el PNB comunitario, se pueden reformular las vías concretas para financiar esas cuotas nacionales, a través de ingresos con alta visibilidad.

Estas fórmulas permitirían alcanzar simultáneamente los objetivos de un sistema de recursos comunitario. La equidad estaría garantizada al formularse las aportaciones totales en función de la capacidad contributiva de los Estados miembros. La suficiencia financiera y la estabilidad, en un sistema basado en la determinación periódica de un límite a los recursos propios en función del PNB comunitario, vendrían garantizadas por la amplia base de cálculo de las aportaciones. Fijadas las aportaciones globales que corresponden a cada Estado miembro, se podrían articular formas de canalizarlas que, aprovechando los impuestos nacionales, permitiesen mejorar las relaciones entre los contribuyentes europeos y las autoridades comunitarias. Así, a través del IVA, de los impuestos especiales, de los impuestos sobre la renta personal, o de otros creados específicamente, se determinarían, con tipos impositivos uniformes o discrecionales, los pagos parciales a la Unión Europea que deberían completarse con los ajustes precisos a través de transferencias positivas o negativas de los Estados miembros. De esta manera se aprovecharían los recursos de las administraciones nacionales en la gestión tributaria y se simplificaría la organización europea. A su vez, se potenciarían los incentivos fiscales de las autoridades nacionales, ya que el coste de una mala gestión de los impuestos europeos repercutiría automáticamente en una mayor aportación del Gobierno para cubrir la cuota total establecida.

Este planteamiento lograría establecer un vínculo mayor que en el sistema actual entre la capacidad contributiva de los Estados miembros y sus aportaciones totales, evitando la necesidad de articular mecanismos específicos de compensación. También permitiría internamente redistribuir, si se considera apropiado, la carga fiscal individual utilizando alternativamente una proporción variable de impuestos directos e indirectos para determinar las aportaciones de los contribuyentes al presupuesto comunitario, en función de su renta o su consumo.

Estas alternativas globales tratan de proporcionar argumentos al diseño teórico de un presupuesto que debe hacer frente a distintos retos y objetivos en los próximos años, en el marco de una Unión Europea ampliada y con nuevas competencias. En este sentido, los instrumentos apuntados para garantizar pautas distributivas adecuadas de los gastos comunitarios y criterios para financiarlos, resultan compatibles con cualquier dimensión presupuestaria. No obstante, el debate actual ha tomado como eje central de discusión el saldo del balance presupuestario de cada país. En todo caso, la existencia de desequilibrios en los saldos presupuestarios está justificada por la propia esencia de las políticas de gastos e ingresos y su reequilibrio sólo puede ser parcial. Como se ha comprobado, la situación actual de los países resulta muy desigual, ya que su posición frente a las distintas políticas de gasto y al sistema de recursos propios es muy diferente y no se corresponde necesariamente con su nivel de desarrollo relativo.

CAPÍTULO CUATRO

Implicaciones del proceso de integración europea en el Sector Público de los Estados miembros

El establecimiento progresivo de un mercado interior en el seno de la actual Unión Europea ha representado una etapa importante, aunque no plenamente finalizada, en el proceso de integración europea.

En la configuración inicial de las instituciones comunitarias las fronteras formaban parte integrante e indispensable de la administración fiscal. La existencia de quince administraciones tributarias, con una estructura impositiva diferente, ha requerido la permanencia de controles fronterizos que permitían un doble objetivo: garantizar el ajuste fiscal en frontera para evitar distorsiones fiscales en el comercio intracomunitario y, al mismo tiempo, procurar que la recaudación fiscal correspondiente se efectuase en el país al que se atribuye este derecho.

Estos elementos, que caracterizaban la fiscalidad indirecta en la Unión Europea, entraron en conflicto cuando el objetivo de creación de un mercado único exigió la eliminación de los obstáculos al comercio interior. La eliminación de las distorsiones fiscales en la localización de la actividad económica planteó la necesidad de establecer un sistema fiscal homogéneo en el ámbito de la imposición indirecta. Por otro lado, la libre circulación de factores productivos implica la necesidad de evitar, en un marco competitivo, que las variables fiscales determinen la localización del ahorro. Estos aspectos, entre otros, ponen de relieve la importancia de la variable fiscal en el proceso de integración europea. En el presente capítulo se revisan los rasgos principales de la fiscalidad europea, las vías armonizadoras y sus implicaciones en el conjunto de Estados miembros.

Por otro lado, el proceso de armonización de la protección social en la Unión Europea plantea más dificultades, ya que parte de situaciones más desiguales en los niveles de protección, como se comprobará en el capítulo 5 y, además, no está sometido a un proceso rígido derivado de los tratados y del derecho derivado. Los avances en este terreno en el ámbito comunitario también son descritos en este capítulo.

4.1. Implicaciones sobre la política fiscal

La consecución de los objetivos de desarrollo económico en la Unión Europea a través de la libre circulación de factores productivos, bienes y servicios, supedita cualquier instrumento de política económica a una doble restricción: su contribución a los objetivos señalados y el carácter subsidiario de la actuación europea. Estas dos características están especialmente presentes en la concepción y desarrollo de la fiscalidad comunitaria.

Las medidas fiscales adoptadas en el ámbito de la Unión Europea tienen como finalidad la eliminación de los obstáculos que la imposición puede introducir sobre la consecución del mercado interior, a través de su incidencia restrictiva sobre las libertades económicas fundamentales. Por otro lado, la consideración del poder tributario como un elemento clave del concepto de soberanía nacional restringe su grado de atribución a un órgano supranacional.

Esta función atribuida a la fiscalidad en la Unión Europea ha limitado su actuación a la consecución de las condiciones del mercado común, a través de la puesta en práctica de una estrategia armonizadora. Así, la normativa fiscal comunitaria ha ido alcanzando un importante grado de consistencia, que se refleja en un conjunto de disposiciones de derecho originario y derivado adoptadas a lo largo del tiempo.

Originariamente, el Tratado de Roma establecía en los artículos 95 a 99 un conjunto de disposiciones fiscales que permitían conducir un proceso abierto, flexible y no predeterminado del modelo fiscal europeo, centrándose en la imposición indirecta, estrechamente relacionada con la libre circulación de mercancías en el interior de la Unión.

Estas disposiciones se fundamentan en dos aspectos esenciales:

1. La prohibición absoluta a cada Estado miembro de aplicar, directa o indirectamente a los productos importados de los otros Estados miembros, impuestos superiores a los que gravan los productos interiores similares, incluso para proteger indirectamente otras producciones.
2. La prohibición absoluta para los Estados miembros de reembolsar a la exportación un impuesto de cantidad superior a la efectivamente soportada.

Éstos son los principios en los que se apoyan las disposiciones fiscales comunitarias, que se han ido estableciendo paulatinamente y que configuran en la actualidad el derecho fiscal europeo derivado. Hoy día, éste está regulado exclusivamente a través de Directivas que obligan a los Estados miembros a la adopción del resultado, si bien no obligan a las autoridades nacionales en cuanto a la forma ni a los medios para alcanzarlo.

El carácter funcional de las disposiciones fiscales comunitarias se pone de manifiesto a través del proceso de armonización, cuyo objeto es la modificación de las estructuras de los sistemas fiscales nacionales susceptibles de obstaculizar las cuatro libertades fundamentales recogidas en el Tratado de Roma para el logro del mercado único: libre circulación de mercancías, servicios, capitales y personas.

4.1.1. La armonización de la imposición indirecta

La imposición indirecta constituye el ámbito de mayor desarrollo de la fiscalidad comunitaria. La normativa establecida se refiere a: el impuesto sobre el valor añadido, los impuestos sobre consumos específicos, los impuestos sobre transmisiones y determinadas franquicias fiscales, cuyas características específicas principales se desarrollan a continuación.

A) Impuesto sobre el valor añadido (IVA)

El IVA es el impuesto que más normativa comunitaria ha desarrollado a través de la aprobación de un gran número de Directivas, algunas de las cuales, sin embargo, no contienen más que aplazamientos de la entrada en vigor de las normas generales. El programa armonizador inicial de la Comisión con respecto a este impuesto estaba articulado en tres fases:

a) En la primera se procedería a su introducción en todos los Estados miembros, manteniendo éstos la libertad para fijar los elementos de cuantificación del impuesto (base imponible y tipo de gravamen).
b) La segunda fase iría orientada a la consecución de un alto grado de armonización en la base imposible del impuesto.
c) Finalmente, en la tercera fase se procedería a la aproximación de los tipos impositivos.

Este proceso ha seguido un desarrollo temporal determinado cuyos principales resultados se recogen en el cuadro 4.1.

Así, el proceso se inicia el 11 de abril de 1967 con la aprobación de la Primera y Segunda Directiva del IVA. En ellas se establecieron las características y el proceso para la implantación del IVA. De este modo se recoge la obligatoriedad de establecer un impuesto sobre el valor añadido mediante el sistema de crédito al impuesto, que vendría a sustituir a los sistemas de impuestos sobre el volumen de negocios vigentes hasta ese momento. De igual modo se fijan, de manera armonizada, los elementos estructurales del nuevo impuesto: hecho imponible, exenciones, sujeto pasivo, base imponible y tipo de gravamen, aunque se dejaba un amplio margen de discrecionalidad a los Estados miembros en su fijación definitiva.

El 9 de diciembre de ese mismo año se aprueba la Tercera Directiva en relación con el IVA, estableciéndose la introducción del mismo en los Estados miembros. El verdadero impulso a la armonización fiscal se produce con la Decisión del Consejo del 21 de abril de 1970, por la que se sustituyen las contribuciones voluntarias de los Estados miembros al presupuesto comunitario por un régimen obligatorio, que descansa sobre aportaciones financieras en función de un porcentaje de la base armonizada del IVA. Esta Decisión condujo a la obligación de establecer una base imponible armonizada en este impuesto, que se traduciría en la Sexta Directiva de 17 de mayo de 1977, dando lugar a lo que podría denominarse la segunda etapa de la armonización del IVA.

Cuadro 4.1. *Principales normas aprobadas en materia de armonización del impuesto sobre el valor añadido*

Normas	*Material*
Directiva del Consejo. De 11 de abril de 1967. 67/227/CEE. DOCE n.° 71, de 14 de abril de 1967.	Primera Directiva del Consejo en materia de armonización de las legislaciones de los Estados miembros relativas a los impuestos sobre el volumen de ventas. Principios generales.
Directiva del Consejo. De 11 de abril de 1967. 67/228/CEE. DOCE n.° 71, de 14 de abril de 1967.	Segunda Directiva. Estructura y modalidades de aplicación del IVA.
Directiva del Consejo. De 9 de diciembre de 1969. 69/463/CEE. DOCE n.° L, 320 de 20 de diciembre de 1969.	Tercera Directiva. Introducción del impuesto en los Estados miembros.
Directiva del Consejo. De 17 de mayo de 1977. 77/388/CEE. DOCE n.° L 145 de 13 de junio de 1977.	Sexta Directiva. Definición del sujeto pasivo y hecho imponible.
Directiva del Consejo. De 6 de diciembre de 1979. 79/1072/CEE. DOCE n.° L 331 de 27 de diciembre de 1979.	Directiva de asistencia mutua entre los distintos países en relación con el IVA.
Directiva del Consejo. De 16 de diciembre de 1991. 91/680/CEE. DOCE n.° L, 376 de 31 de diciembre de 1991.	Completa el sistema común del IVA y modifica la Sexta Directiva.
Directiva del Consejo. De 14 de diciembre de 1992. 92/111/CEE. DOCE n.° L 384 de 30 de diciembre de 1992.	Completa el sistema común del IVA y modifica la Sexta Directiva.
Directiva del Consejo. De 14 de febrero de 1994. 94/4/CE. DOE n.° L 60 de 3 de marzo de 1994.	Aumenta los límites para las compras libres de impuestos efectuadas durante los viajes intracomunitarios. Regula el régimen especial de los bienes de ocasión, objetos de arte, antigüedades y de colección.
Decisión de la Comisión. De 8 de septiembre de 1999. 99/622/CE. DOCE n.° L 245 del 17 de septiembre de 1999.	Sobre cómo se han de considerar las devoluciones del IVA a las unidades no imponibles y a las unidades imponibles por sus actividades exentas.

La Sexta Directiva establece una base imponible uniforme para el IVA en los países miembros de la CE. Igualmente se regulan las operaciones gravadas y las exentas, los sujetos pasivos, los aspectos territoriales del impuesto y la cuota a ingresar teniendo en cuenta las deducciones. También se diseñan los regímenes especiales para pequeñas empresas, sector agrícola y agencias de viajes.

Por otra parte, el 6 de diciembre de 1979 se aprueba la Octava Directiva, que regula la devolución del impuesto a empresas establecidas en un país distinto de aquél donde los bienes y servicios se hubieran facturado.

En el período comprendido entre 1979 y 1984 se aprueban nuevas Directivas que regulan aspectos específicos del IVA y que no alteran sustancialmente lo aprobado en la Sexta Directiva. Más tarde, el 16 de diciembre de 1991, se aprueba la Directiva 91/689/CEE, que modifica, con vistas a la abolición de las fronteras interiores, la Sexta Directiva. Así se establece un régimen transitorio de gravamen en destino hasta el 31 de diciembre de 1996, fecha en la cual debería haber sido sustituido por el gravamen en origen. No obstante, este régimen ha sido prorrogado de forma indefinida, al no existir un acuerdo entre los distintos países para realizar el cambio.

En octubre y diciembre de 1992 se aprueban dos nuevas Directivas con el objetivo de acercar los tipos impositivos y de completar el sistema común del impuesto, respectivamente. Asimismo, en 1994 se regulan, entre otros aspectos, el relativo al régimen especial de los bienes de ocasión, objetos de arte, antigüedades y de colección.

Por último, el 16 de julio de 1996 se elaboró el Informe de la Comisión denominado *Un sistema común de IVA. Programa para el Mercado Único* –COM (96) final–, que retrasaba hasta 1999 la presentación de las medidas necesarias para el establecimiento de un IVA adaptado a las normas de funcionamiento de un mercado único, en el que destacan la desaparición del concepto de *operaciones intracomunitarias* totalmente asimiladas a las operaciones interiores, y las propuestas de armonización de los tipos impositivos.

B) Impuestos sobre consumos específicos

Los impuestos sobre consumos específicos o accisas presentan rasgos que dificultan el normal desarrollo del mercado común, al recaer no sólo sobre los bienes destinados al consumo directo, sino también sobre bienes utilizados en el proceso productivo de las empresas. Por tanto, al existir estructuras y tipos impositivos diferentes en los distintos Estados miembros, se producen distorsiones en la competencia de los intercambios comerciales, que no es posible subsanar con la aplicación de la tributación en el país de destino, al no ser posible determinar los impuestos sobre consumos específicos que gravan los bienes empleados en procesos productivos.

Este conjunto de problemas planteados por las accisas llevó a la Comisión a presentar el 7 de marzo de 1972 un plan de reestructuración basado en la determinación de los impuestos que deberían ser mantenidos para, posteriormente, ser armonizados.

La selección de impuestos que debían mantenerse se llevó a cabo en función de cuatro criterios:

1. Que los impuestos que subsistiesen presentaran un interés presupuestario y económico en todos los Estados miembros, teniendo en cuenta los gastos de gestión que su recaudación provocaba.
2. Que no gravasen productos de primera necesidad, evitando, en lo posible, gravar productos utilizados como materias primas por la industria.
3. Que los impuestos estuvieran vigentes en todos los Estados miembros.
4. Que se mantuviesen las razones de sanidad pública para el establecimiento de impuestos sobre determinados consumos.

De acuerdo con estos criterios los impuestos que debían mantenerse y armonizarse eran los que recaían sobre:

a) Aceites minerales.
b) Tabacos manufacturados.
c) Alcohol.
d) Cerveza.
e) Vino.

El resto de los impuestos diferentes a éstos podrían mantenerse, siempre y cuando no tuviesen influencia en las relaciones comerciales intracomunitarias. Además, se permitía la posibilidad de introducir nuevos impuestos sobre consumos específicos, en tanto en cuanto no originasen ajustes fiscales en frontera. La armonización propuesta se desarrollaba en dos fases. En la primera, se produciría la armonización de la estructura básica de los impuestos –hecho imponible, exenciones, base imponible, etc.–. En la segunda fase, se produciría la armonización de los tipos de gravamen, sin alcanzar una completa uniformidad.

En la actualidad, la Unión aplica una fiscalidad común únicamente en el sector del tabaco manufacturado, debido fundamentalmente a su consideración como producto agrícola sujeto a la normativa de la PAC. Además, y dado que en numerosos países su comercialización se realiza aún en régimen de monopolio estatal, este producto está sujeto a la disciplina comunitaria sobre organización de monopolios.

Por lo tanto, las medidas fiscales vigentes se refieren básicamente a la estructura del impuesto sobre el consumo del tabaco manufacturado. A lo largo del tiempo se han ido eliminando paulatinamente las distorsiones generadas por la aplicación, en algunos países, de un impuesto *ad valorem* frente a impuestos específicos, con el siguiente efecto multiplicador en el precio al por menor.

Las Directivas vigentes corrigen estas divergencias de precios a través de la aplicación simultánea en cada Estado miembro de los dos sistemas. Las principales normas aplicadas en materia de armonización de los impuestos sobre consumos específicos se recogen en el cuadro 4.2.

Cuadro 4.2. *Principales normas aprobadas en materia de armonización de los impuestos sobre consumos específicos*

Normas	*Material*
Directiva del Consejo. De 25 de febrero de 1992. 92/12/CEE. DOCE n.º L 076 de 23 de marzo de 1992.	Relativa al régimen general, tenencia, circulación y controles de los productos objeto de impuestos especiales.
Directiva del Consejo. De 19 de octubre de 1992. 92/79/CEE. DOCE n.º L 316 de 31 de octubre de 1992.	Relativa a la aproximación de los impuestos sobre los cigarrillos.
Directiva del Consejo. De 19 de octubre de 1992. 92/80/CEE. DOCE n.º L 316 de 31 de octubre de 1992.	Relativa a la aproximación de los impuestos sobre las labores del tabaco, excluidos los cigarrillos.
Directiva del Consejo. De 19 de octubre de 1992. 92/81/CEE. DOCE n.º L 316 de 31 de octubre de 1992.	Relativa a la armonización de las estructuras del impuesto especial sobre hidrocarburos.
Directiva del Consejo. De 19 de octubre de 1992. 92/82/CEE. DOCE n.º L 316 de 31 de octubre de 1992.	Relativa a la aproximación de los tipos del impuesto especial sobre los hidrocarburos.
Directiva del Consejo. De 19 de octubre de 1992. 92/83/CEE. DOCE n.º L 316 de 31 de octubre de 1992.	Relativa a la armonización de las estructuras de los impuestos especiales sobre el alcohol y las bebidas alcohólicas.
Directiva del Consejo. De 19 de octubre de 1992. 92/84/CEE. DOCE n.º L 316 de 31 de octubre de 1992.	Relativa a la aproximación de los tipos del impuesto especial sobre el alcohol y las bebidas alcohólicas.
Directiva del Consejo. De 27 de noviembre de 1995. 95/59/CE. DOCE n.º L 291 de 6 de diciembre de 1995.	Relativa a los impuestos distintos de los impuestos sobre el volumen de negocios que gravan el consumo de las labores de tabaco.

C) Impuesto sobre transmisiones patrimoniales y aportaciones de capital

La consecución de la libre circulación de capitales en la Unión precisa la garantía de que los impuestos indirectos que gravan la concentración de capitales no distorsionen ni discriminen la dimensión y la composición empresarial. Los principales problemas en este campo hacían referencia a la doble imposición, a los obstáculos fiscales que se originaban en los casos de aportaciones de capital a sociedades por parte de los socios de otros Estados miembros, a las transformaciones de sociedades de capital y, por último, a los casos de cambio del domicilio social de un Estado miembro a otro y de un país tercero al interior de la Unión Europea.

La actuación comunitaria en esta área se ha centrado en la armonización de los impuestos sobre aportaciones de capital, a través de la aprobación, desde 1969, de una serie de Directivas que identifican el concepto de aportación de capital y unifican la base imponible y los tipos aplicados, estableciendo un tipo máximo del 1% y regulando el régimen de exenciones.

Cuadro 4.3. *Principales normas aprobadas en materia de franquicias fiscales*

Normas	*Material*
Directiva del Consejo. De 28 de mayo de 1969. 69/169/CEE. DOCE n.° L 133 de 4 de junio de 1969.	Relativa a la armonización en las disposiciones legales, reglamentarias y administrativas referente a franquicias fiscales de los impuestos sobre el volumen de negocios, y de los impuestos sobre consumos específicos percibidos sobre la importación en el tráfico internacional de viajeros.
Tercera Directiva de 18 de diciembre de 1978. 78/1032/CEE. DOCE n.° L 366 de 28 de diciembre de 1978.	Relativa a la armonización en las disposiciones legales, reglamentarias y administrativas referente a franquicias fiscales de los impuestos sobre el volumen de negocios y de los impuestos sobre consumos específicos percibidos sobre la importación en el tráfico internacional de viajeros.
Directiva del Consejo. De 19 de diciembre de 1978. 78/1035/CEE. DOCE n.° L 366 de 28 de diciembre de 1978.	Relativa a las franquicias aplicables a la importación de mercancías objeto de pequeños envíos sin carácter comercial provenientes de terceros países.
Directiva del Consejo. De 28 de marzo de 1983. 83/182/CEE. DOCE n.° L 105 de 23 de abril de 1983.	Relativa a las franquicias fiscales aplicables en el interior de la Comunidad en materia de importación temporal de determinados medios de transporte.
Directiva del Consejo. De 28 de marzo de 1983. 83/183/CEE. DOCE n.° L 105 de 23 de abril de 1983.	Relativa a las franquicias aplicables a las importaciones definitivas de bienes personales de los particulares procedentes de un Estado miembro.
Directiva del Consejo. De 14 de febrero de 1994. 94/4/CE. DOCE n.° L 060 de 3 de marzo de 1994.	Por la que se modifican las Directivas 69/169/CEE y 77/388/CEE y por la que aumenta el nivel de las franquicias para los viajeros procedentes de terceros países, así como los límites para las compras libres de impuestos efectuadas durante viajes intracomunitarios.

D) Franquicias fiscales

La libre circulación de personas y mercancías en el seno de la Unión Europea requiere una adecuación de la fiscalidad que permita el tránsito de viajeros y pequeños envíos sin cargas fiscales adicionales. Con este objetivo la Unión ha aprobado una serie de Directivas, recogidas en el cuadro 4.3, que establecen determinados regímenes de franquicia en las fronteras fiscales. Estas franquicias, que abarcan distintos productos y han ido evolucionando en su dimensión, son de dos tipos: de valor monetario y por unidad o cantidad de producto. Igualmente, determinados envíos sin carácter comercial entre particulares, en función de su valor, están sujetos al régimen de franquicias fiscales.

4.1.2. La armonización de la imposición directa

La imposición directa es el ámbito fiscal en el que los procesos de armonización han sido más lentos y los objetivos logrados más reducidos. La armonización de la fiscalidad directa no estaba prevista de manera explícita en el Tratado de Roma, y por ello hay que acudir a objetivos más generales: la libre circulación de trabajadores –art. 48–; la libertad de establecimiento –art. 52–; la libre circulación de capitales –art. 67–; el funcionamiento del mercado común –art. 100– o la prevención de las distorsiones de la competencia –art. 101–. Además, el artículo 220 obliga a los Estados miembros a entablar negociaciones para la supresión de la doble imposición dentro de la Comunidad, y el artículo 221 prohíbe la discriminación.

La normativa aprobada en materia de imposición no es muy amplia, y se refiere fundamentalmente al impuesto sobre sociedades, tal y como se recoge en el cuadro 4.4.

A) Impuesto sobre sociedades

La armonización fiscal en el ámbito de la imposición sobre sociedades se está produciendo de forma simultánea en las diferentes legislaciones nacionales. En particular, se ha generalizado la introducción del sistema de crédito al impuesto con el fin de atenuar la doble tributación de dividendos, y se han aproximado los tipos de gravamen como consecuencia de la incidencia armonizadora de distintas normas mercantiles y por los propios avances de las propuestas de la Comisión.

La Comisión estableció, en abril de 1990, las nuevas orientaciones en materia de fiscalidad empresarial, aprobando posteriormente dos propuestas de Directiva. La primera de ellas hacía referencia a la aplicación de un régimen por el que las empresas asumen las pérdidas de los establecimientos permanentes y las filiales establecidas en otro Estado miembro. Por su parte, la segunda Directiva regulaba el régimen fiscal común aplicable a los pagos de intereses y cánones entre sociedades matrices y filiales de Estados miembros distintos.

Cuadro 4.4. *Principales normas aprobadas en materia de armonización de la imposición directa sobre la renta*

Normas	*Material*
Directiva del Consejo. De 19 de diciembre de 1977.	Asistencia mutua entre las autoridades competentes de los Estados miembros en materia de impuestos directos.
Directiva del Consejo. De 23 de julio de 1990. 90/434/CEE. DOCE n.º L 225 de 20 de agosto de 1990.	Régimen fiscal común aplicable a fusiones, escisiones, aportaciones de activos y canjes de acciones entre sociedades de Estados miembros diferentes.
Directiva del Consejo. De 23 de julio de 1990. 90/435/CEE. DOCE n.º L 225 de 20 de agosto de 1990.	Régimen fiscal común aplicable a sociedades matrices y filiales de Estados miembros diferentes.
Recomendación de la Comisión. De 21 de diciembre de 1993. 94/79/CE. DOCE n.º L 39 de 10 de febrero de 1994.	Relativa al régimen tributario de determinadas rentas obtenidas por no residentes en un Estado distinto de aquel en el que residen.
Recomendación de la Comisión. De 25 de mayo de 1994.	Régimen fiscal de pequeñas y medianas empresas.

Por otra parte, en julio de 1990 se aprueban dos Directivas relativas al régimen fiscal aplicable a las fusiones, escisiones y aportaciones de activos entre sociedades de Estados miembros diferentes, y al régimen fiscal común aplicable a las sociedades matrices y filiales de distintos Estados miembros. Igualmente se suscribió un Convenio relativo a la supresión de la doble imposición en caso de corrección de los beneficios de empresas asociadas.

En 1991 se creó el Comité Ruding de expertos independientes, cuyo informe consideraba que, a pesar de que se había llegado a cierto grado de convergencia en determinados aspectos de los regímenes fiscales de las sociedades durante los últimos diez años, se mantenían amplias diferencias. Algunas de estas diferencias constituían distorsiones del funcionamiento del mercado interior, que solamente podrían solucionarse mediante medidas acordadas en el ámbito comunitario. El informe recomendaba un programa de actuación en tres fases para eliminar la doble imposición, armonizar los tipos del impuesto sobre sociedades en una banda del 30% al 40% y garantizar la plena transparencia de las diversas ventajas fiscales concedidas por los Estados miembros para fomentar la inversión.

Sin duda son las implicaciones fiscales de la liberalización de los movimientos de capital en la Unión Europea las que constituyen los aspectos fundamentales de la fiscalidad directa. Así, la entrada en vigor de la Directiva 88/361/CEE de 24 de junio, que liberaliza la circulación de capitales en la Unión Europea, planteó la conveniencia de evitar la deslocalización del ahorro por motivos fiscales. El objetivo armonizador se situó en el establecimiento de una serie de medidas tendentes a dificultar movimientos especulativos o desestabilizadores originados por el diferente tratamiento fiscal que cada país concede a las rentas de capital y, en última instancia, a combatir la evasión y el fraude fiscal que se pudiera generar en los Estados miembros al carecer de información sobre la localización del ahorro de sus residentes. Con esta finalidad la Comisión presentó sus propuestas en febrero de 1989, que se centraban fundamentalmente en el establecimiento de una retención a cuenta mínima en origen del 15% sobre los intereses de las obligaciones, depósitos bancarios y demás títulos, y que contemplaban la posibilidad de exonerar a una serie de rentas identificadas con el ahorro popular. Asimismo, se proponía el mantenimiento del respeto al secreto bancario y el refuerzo de la asistencia mutua entre las autoridades fiscales.

Sin embargo, la oposición de Luxemburgo al establecimiento de cualquier sistema de retención sobre los intereses ha mantenido bloqueada la regulación fiscal del ahorro. La ausencia de un compromiso sobre el sistema de retenciones a cuenta refleja el diferente tratamiento fiscal existente en cada país y la dificultad de su armonización. No obstante, existe un acuerdo inicial entre los otros Estados miembros, basado en los siguientes puntos:

a) Mejorar la asistencia mutua entre las administraciones fiscales, estimulando su colaboración a transmitir la información fiscal requerida.
b) Extender la ayuda mutua judicial en materia penal.
c) Modificar las medidas nacionales, fomentando la declaración de los contribuyentes y la colaboración de los intermediarios financieros para mejorar el grado de cumplimiento de las obligaciones fiscales.
d) Reforzar la cooperación con terceros países para mejorar la competencia en el mercado de capitales y el refuerzo de la lucha contra el fraude.

La ausencia de acuerdos sustantivos en materia de fiscalidad sobre el ahorro ha provocado una tendencia a la adecuación unilateral de las cargas fiscales que recaen sobre las rentas de capital, en línea con la evolución de las fuerzas del mercado, que disminuyen su tributación. En definitiva, la armonización fiscal en esta materia ha dado paso a una competencia fiscal controlada. Recientemente se ha logrado un principio de acuerdo sobre fiscalidad del ahorro que deberá concretarse en los próximos meses

B) Impuesto sobre la renta de las personas físicas

La estrecha relación existente entre las dos principales figuras tributarias de la imposición directa ha hecho que la actuación comunitaria con respecto a ambos impuestos sea paralela. El Informe Neumark recomendaba el establecimiento de un impuesto único que gravase la renta de las personas físicas, con una estructura similar en los Estados miembros, aunque subsistiesen diferencias en los tipos de gravamen. La eliminación de las discriminaciones fiscales a la libre circulación de trabajadores orienta la elección del lugar de imposición hacia la opción, con matices, del países del domicilio fiscal del contribuyente. Asimismo, se considera el derecho de los trabajadores con domicilio en un país comunitario distinto al de donde desarrollan su actividad profesional a las mismas exenciones y deducciones a las que se acogerían de tener domicilio en éste.

La plasmación normativa de este tratamiento fiscal de los trabajadores fronterizos constituye la única propuesta específica de armonización comunitaria en esta materia[1].

C) Impuesto sobre sucesiones y donaciones

Si en el caso del impuesto sobre la renta de las personas físicas no se han producido muchos avances, en el impuesto sobre sucesiones y donaciones el proceso armonizador ha sido prácticamente inexistente, con la única excepción de la fiscalidad de la transmisión de la pequeña y mediana empresa. Es en este ámbito donde pueden encontrarse varias disposiciones comunitarias que se recogen en el cuadro 4.5, aunque ninguna de ellas supera el rango de Recomendación.

Cuadro 4.5. *Principales normas aprobadas en materia de armonización del impuesto sobre sucesiones y donaciones*

Normas	*Material*
Recomendación de la Comisión. De 7 de diciembre de 1994. DOCE n.º L 1069 de 31 de diciembre de 1994.	Relativa a la transmisión de la pequeña y mediana empresa.
Comunicación de la Comisión. DOCE n.º L 400 de 31 de diciembre de 1994.	Relativa a dicha Recomendación.

4.1.3. Proceso de armonización en la colaboración contra la evasión y el fraude fiscal

El Programa de Armonización Fiscal presentado por la Comisión el 27 de junio de 1967 señalaba que, sin una armonización de los métodos de control y de recaudación, la estrategia de armonizar la legislación corría el riesgo de ser inoperante, por lo que se hacía necesario exigir una estrecha colaboración entre los países de la Unión.

La referencia más clara a esta necesidad de colaboración se encuentra en el artículo 209 A del Tratado de la Comunidad Europea, tal como quedó redactado tras su reforma por el Tratado de Maastricht. En él se establece lo siguiente: "Los Estados miembros adoptarán las mismas medidas para combatir el fraude que afecte a los intereses financieros de la Comunidad que las que adopten para combatir el fraude que afecte a sus propios intereses financieros. Sin perjuicio de otras disposiciones del presente Tratado, los Estados miembros coordinarán sus acciones encaminadas a proteger los intereses financieros de la Comunidad contra el fraude. A tal fin, organizarán con la ayuda de la Comisión una colaboración estrecha y regular entre los servicios competentes de sus administradores".

La primera referencia viene determinada por la Resolución del Consejo de 10 de febrero de 1975, relativa a las medidas que deben adoptarse por la Comunidad en el ámbito de la lucha contra el fraude y la evasión internacionales[2]. Dos años después, el 19 de diciembre de 1977, se aprueba la Directiva del Consejo relativa a la asistencia mutua de las autoridades competentes de los Estados miembros en el ámbito de los impuestos directos.

Una disposición de gran importancia fue la Directiva 91/308/CEE, del Consejo de 10 de junio de 1991, referente a la prevención de la utilización del sistema financiero para el blanqueo de capitales. Esta Directiva es consecuencia de la liberalización de los movimientos de capitales determinada por la Directiva 88/361/ del Consejo.

En febrero de 1995 la Comisión presentó una nueva estrategia de lucha contra el fraude fiscal, que más tarde se plasmó en una serie de normas comunitarias, entre las que resalta el Reglamento del Consejo de 11 de noviembre de 1996, relativo a los controles y verificaciones que realiza la Comisión para la protección de los intereses financieros de las Comunidades Europeas contra los fraudes e irregularidades[3].

4.2. Implicaciones sobre la política de protección social

El análisis de las implicaciones del proceso de integración europea sobre la protección social es una tarea compleja. No puede decirse que la política social haya recibido un trato de favor en la Unión, al estar subordinada en la mayoría de las ocasiones a factores de tipo económico. De hecho, tan sólo un número reducido de disposiciones dentro del Tratado de Roma hace referencia a cuestiones básicas de política social. En particular, a la libre circulación de trabajadores –arts. 48 a 51–; a la necesidad de colaboración entre Estados en el ámbito social –art. 118–; y a la igualdad de remuneraciones entre los trabajadores y las trabajadoras por un mismo trabajo –art. 119–.

El Tratado recoge de forma explícita la necesidad de llevar a cabo una política de armonización social, y recomienda que los Estados miembros promuevan la mejora de las condiciones de vida y trabajo de los trabajadores por la vía del progreso. En realidad, se considera que dicha evolución resultará del funcionamiento del mercado común que favorecerá la armonización de los sistemas sociales, y de los procedimientos previstos por el Tratado y la aproximación de las disposiciones legislativas, reglamentarias y administrativas.

Esta escasez de disposiciones sociales no debe resultar extraña si se tiene en cuenta que el objetivo final del Tratado no es otro que el de instituir una unión económica que, no obstante, precisa de cierta normativa social para su correcto funcionamiento.

Sin embargo, se aprecia una cierta contradicción en el texto del Tratado, ya que en su preámbulo se señala que el objetivo esencial del mercado común es lograr una mejora de las condiciones de vida y trabajo de los pueblos de las partes contratantes.

Con la aprobación del Acta Única Europea, el Tratado CEE se ve completado en el área social al establecer, entre otras cuestiones, que los Estados miembros procurarán promover la mejora del trabajo para proteger la seguridad de los trabajadores, fijándose como objetivo la armonización, dentro del progreso, de las condiciones existentes en ese ámbito –art.118 A–.

Por su parte, el nuevo Tratado de Amsterdam, aprobado en el Consejo Europeo celebrado en el mes de junio de 1997, presenta ciertos avances en materia de empleo y política social que pueden servir para aproximar la Unión a los ciudadanos, como las medidas de libre circulación, control de fronteras, etc. La principal novedad de este Tratado consiste en la creación de un nuevo título específico dedicado al empleo. Asimismo, en materia de política social incorpora una serie de modificaciones y novedades centradas principalmente en dos líneas: la creación de una nueva cláusula de no discriminación, y la incorporación del contenido del Acuerdo de Política Social (APS) al Tratado.

Por lo que se refiere a la normativa comunitaria en esta materia, es posible encontrar diversas Recomendaciones, Directivas y Reglamentos. Sin embargo, sólo algunos aspectos muy concretos han sido regulados a través de las dos últimas figuras legales, como son los relativos a la igualdad de trato hombre y mujer en materia de seguridad[4], y en cuestiones relativas a la Seguridad Social de los trabajadores emigrantes[5]. El resto de materias tratadas se ha recogido bajo la forma jurídica de Recomendación, que no obliga a los Estados miembros a su cumplimiento.

Así, en 1992 el Consejo dictó una Recomendación sobre la convergencia de los objetivos y de las políticas de protección social[6]. En ella se establecía una estrategia de convergencia, consistente en determinar objetivos comunes, y se identificaba la protección social como parte integrante del modelo social europeo y del acervo comunitario político. A raíz de dicho texto, la Comisión ha publicado hasta la fecha tres informes sobre la protección social en Europa en los que se analiza la evolución de los sistemas de los Estados miembros en relación con los principios señalados en la Recomendación.

Así, a finales de 1995 la Comisión presentó la Comunicación sobre "El futuro de la protección social: marco para un debate europeo", en el que se propone toda una serie de temas de debate: mercado laboral, demografía, igualdad entre géneros, etc. Como continuación de dicha Comunicación se elaboró un nuevo informe sobre "La modernización y mejora de la protección social en la Unión Europea"[7], en el que se establecía la necesidad de adaptar los sistemas de protección social con un doble motivo: mostrar el camino a seguir en el proceso de modernización y presentar algunas propuestas de cambio. Posteriormente, y tras varios informes, se elaboró en 1998 el *Programa de Acción Social 1998-2000*[8] como continuación del anterior, que abarcaba el período 1995-1997.

Finalmente, en 1999 se aprueba una nueva Comunicación de la Comisión titulada "Una estrategia concertada para modernizar la protección social"[9]. Esta Comunicación se propone persistir y profundizar en el proceso de reflexión colectivo sobre el estado de la protección social en la Unión Europea, sus objetivos y los retos a que se enfrentará en el futuro.

La integración europea ha entrado en una nueva etapa con la creación de la moneda única a partir del 1 de enero de 1999. Además, la unión económica y monetaria ha generado la necesidad de contar con una hacienda pública saneada y de introducir reformas en el mercado laboral. Este hecho ha provocado que la Comisión, en la Recomendación sobre orientaciones generales de la política económica para 1999[10], invite a los Estados miembros a:

a) Reformar los regímenes sanitario y de pensiones para hacer frente a la carga económica derivada de los gastos sociales debidos al envejecimiento de la población, y a la necesidad de influir en la oferta futura de mano de obra.
b) Reformar y adaptar los regímenes fiscal y de prestaciones para garantizar su apoyo activo a la empleabilidad y a la creación de puestos de trabajo.
c) Ofrecer la financiación precisa de la inversión en capital humano y otras políticas activas del mercado de trabajo, teniendo siempre en cuenta la situación presupuestaria nacional.
d) Reducir en términos generales la presión fiscal, especialmente la que soporta la mano de obra con menor nivel de ingresos, mediante la contención del gasto o con mayor uso de los impuestos medioambientales, energéticos o sobre el consumo.

En la misma Comunicación se señala que, dado el mayor grado de interdependencia entre las economías de los Estados miembros que se deriva de la UEM, la protección social está pasando a ser cada vez más un tema de interés común.

Por otra parte, la decisión del Consejo Europeo de Amsterdam y del Consejo de Luxemburgo de elaborar y aplicar una estrategia europea de empleo ha consolidado la cooperación entre los Estados miembros y las instituciones de la UE en este campo. La citada estrategia tiene como uno de sus ejes centrales el principio de que las políticas de empleo y de protección social estén estrechamente relacionadas. En su Comunicación de 28 de abril de 1999 sobre "Políticas comunitarias de fomento del empleo", la Comisión hace hincapié en la necesidad de combinar ambas políticas de forma coherente y establece, entre otras, las siguientes directrices:

a) Conforme a la directriz n.° 3 los Estados miembros se comprometen a que aumente el número de personas acogidas a las medidas activas que mejoran sus posibilidades de empleo. Las medidas de activación deben centrarse en las necesidades de los individuos y, por tanto, exigirán un vínculo entre los agentes que gestionan las prestaciones y las oficinas públicas de empleo.
b) La directriz n.° 4 reclama una reorientación de los regímenes fiscal y de prestaciones que ofrezca incentivos a los desempleados para que busquen trabajo y a los empresarios para que creen más empleo. Se insta también a que se anime a los trabajadores de más edad a continuar en activo.
c) En la directriz n.° 10 se invita a los Estados miembros a reducir de forma apreciable los gastos y los trámites administrativos que han de afrontar las empresas para contratar trabajadores.

d) La directriz n.° 11 insta a reducir los obstáculos que, sobre todo en los regímenes fiscal y de Seguridad Social, dificultan la creación de empleo autónomo.
e) En la directiva n.° 14 se invita a establecer objetivos para reducir gradualmente la presión fiscal sobre los costes de la mano de obra y los no salariales, sobre todo en caso de trabajadores menos cualificados y con menor nivel de ingresos.
f) Las directrices n.os 21 y 22 presentan propuestas de acciones para conciliar la vida laboral y familiar.

En definitiva, la Comisión aboga por el desarrollo de sistemas de protección social eficientes y capaces de dar solución a las nuevas realidades sociales, económicas y demográficas a las que se enfrentan los Estados miembros. A pesar del escaso resultado jurídico de la normativa comunitaria, siempre ha existido un interés creciente por todas las cuestiones relacionadas con la posibilidad de hacer converger las políticas sociales de los países miembros de la Unión Europea. Además, la Unión ha abarcado en materia de protección social una amplia serie de cuestiones, referidas a campos tan diversos como el empleo, la salud o la seguridad. Asimismo, se han llevado a cabo algunas actuaciones concretas relativas a la lucha contra la pobreza y dirigidas a colectivos determinados de personas con minusvalías. Todas estas cuestiones serán abordadas en profundidad en el capítulo 5.

CAPÍTULO CINCO

Las políticas de protección social en Europa

LOS SISTEMAS DE PROTECCIÓN SOCIAL constituyen el núcleo de las actuaciones públicas por el lado del gasto. La importancia de las políticas sociales no radica únicamente en el ingente volumen de recursos que a ellas se destina, sino también en el hecho de que suponen una auténtica red de protección para los ciudadanos europeos cuando se producen ciertas contingencias que reducen su capacidad de pago –la jubilación, el desempleo, la enfermedad o el aumento de las cargas familiares, entre otras–.

Los esquemas de protección social europeos comparten la voluntad de proveer una cobertura extensa, tanto en términos de población protegida como en el ámbito de las prestaciones ofrecidas. Sin embargo, la configuración de estos sistemas en la práctica difiere entre países como consecuencia de las diferentes circunstancias sociales, económicas y demográficas a las que deben enfrentarse. En cualquier caso, las diferencias en las políticas sociales, que han ido atenuándose paulatinamente en el ámbito de la Unión Europea a medida que se han dado pasos sucesivos en el proceso de integración, también se van reduciendo en otros países que se plantean como un objetivo a medio plazo la plena integración en el seno de la UE.

Por otro lado, el proceso de reformas se ha ido extendiendo de forma más o menos homogénea por los distintos Estados que, pese a las diferencias entre ellos, se enfrentan a una serie de problemas comunes que presionan sobre los gastos sociales y sobre la sostenibilidad de los esquemas de protección diseñados hasta el momento: la necesidad de contar con unas finanzas públicas saneadas, enfrentada a los cambios demográficos y a las mayores exigencias de los ciudadanos. Estos hechos han motivado la puesta en práctica de ciertos mecanismos que permitan mantener en el futuro las principales políticas sociales en unos niveles aceptables, entre los que cabría citar el endurecimiento de los requisitos para obtener prestaciones o los intentos de mejora de la gestión y control del fraude.

En el presente capítulo se revisan los rasgos distintivos de los sistemas de protección social vigentes en Europa, así como las principales líneas de reforma que han sido propuestas hasta el momento. Para ello se analizarán separadamente los tres bloques de países que se vienen diferenciando en los distintos capítulos: aquellos pertenecientes al ámbito de la Unión Europea, los países que han solicitado su adhesión a la Unión y el resto de países europeos.

5.1. La protección social en los países de la Unión Europea

La consolidación de los programas de gasto social, pieza fundamental en la configuración de los modernos Estados del bienestar, se constituye como uno de los elementos que definen la labor de los Sectores Públicos en los países pertenecientes a la Unión Europea. Los sistemas de protección social de estos países, que fueron concebidos tras la Segunda Guerra Mundial, se han visto sometidos en los últimos años a procesos de revisión importantes, con el fin de adaptar los antiguos esquemas a los cambios económicos, demográficos y sociales que han tenido lugar en las últimas décadas.

Las principales transformaciones con efectos notables sobre la evolución de las prestaciones sociales, que se han producido en el ámbito de la UE, pueden resumirse en las siguientes (Urbanos y Utrilla, 1999):

— En primer lugar, cabe destacar un aumento considerable en la población mayor de 65 años en relación con el número de personas en edad de trabajar. La relación entre ambos colectivos, que era hace una década de 1 a 5 en el conjunto de países europeos, es actualmente de 1 a 4. Además, esta tendencia se proyecta hacia el futuro. De hecho, se prevé que para el 2020 habrá alrededor de 3 personas en edad laboral por cada persona mayor de 65 años, y en el 2040 esta relación será, previsiblemente, de dos a uno. En este mismo contexto, otros factores han contribuido a desencadenar una fuerte preocupación por la viabilidad de los sistemas públicos de prestaciones por jubilación. Entre ellos, cabe citar el incremento en el número de jubilaciones anticipadas derivadas de los incentivos establecidos en el pasado y del propio funcionamiento del mercado de trabajo. En la actualidad, menos de la mitad de los hombres entre los 55 y los 64 años tiene trabajo en la UE. Por otra parte, se está produciendo un aumento progresivo en la esperanza de vida de la población, lo que contribuye a ampliar el coste económico de estas prestaciones, además de presionar sobre otro tipo de gastos, como los correspondientes a los servicios sociales y los relacionados con la atención sanitaria.

— Por otro lado, el desempleo se ha consolidado como un componente estructural de los mercados de trabajo europeos, alcanzando unas tasas superiores de forma permanente al 8%. Este hecho ha provocado, no sólo un aumento de la necesidad de transferencias públicas en forma de prestaciones por desempleo, sino también una disminución en las contribuciones destinadas a financiar las pensiones de jubilación. Además, aproximadamente la mitad de los parados se ve afectada por un desempleo de larga duración. De hecho, en 1998 aproximadamente un 5% de la mano de obra de la UE se encontraba en situación de desempleo por un período igual o superior a 1 año, y algo más del 3% estaba en el paro por un período igual o superior a 2 años. Por lo tanto, una parte muy importante del colectivo de desempleados europeos precisa de una ayuda económica a medio plazo, si bien estas prestaciones estaban inicialmente diseñadas para proporcionar complementos de ingresos durante un corto período de tiempo.

— Otra característica que refleja la transformación del contexto socioeconómico con repercusiones sobre los sistemas de protección social, ha sido la progresiva y continua incorporación de la mujer europea al mercado laboral. Así, actualmente el 70% de las mujeres de entre 25 y 54 años trabaja o busca activamente trabajo, mientras que hace 25 años este porcentaje se situaba en el 40%. Este hecho ha originado un aumento de la demanda de ayudas sociales para el cuidado de los hijos y familiares de edad avanzada, junto con una individualización de derechos dentro del sistema de protección social. Por otro lado, buena parte de las mujeres que se incorporan al mercado laboral realiza trabajos a tiempo parcial (alrededor del 33% en 1998), que en muchas ocasiones están exentos del pago de cotizaciones sociales y no generan derecho a percibir prestaciones. Esta tendencia tiene importantes implicaciones en cuanto a la financiación de los sistemas de protección social y a la disponibilidad de los complementos de renta.

— Por otra parte, la transformación de la familia tradicional hacia una estructura de los hogares con menor número de miembros, también ha atenuado los efectos protectores de la red de apoyo familiar para cubrir diversas contingencias, incrementando paralelamente las demandas de protección pública. De hecho, en 1998 aproximadamente el 25% de los hogares de la Unión Europea estaba formado por una sola persona de 15 años o más, y en el 16% de los mismos había un niño menor de 15 años al que, en la mayoría de los casos, educaba una madre sola (Comisión Europea, 2000a). No obstante, la composición de los hogares varía de forma importante entre los países del norte y el sur de la Unión. En cualquier caso, los modelos de Estado del bienestar vigentes hasta el momento deben adaptarse a la nueva realidad económica y social imperante en los países comunitarios.

No obstante, las presiones financieras sobre los sistemas de protección social no se han producido exclusivamente por el lado del gasto. Simultáneamente a los cambios citados, las economías europeas han experimentado en los últimos años una moderación del ritmo de crecimiento y un importante ajuste fiscal destinado a reducir significativamente los desequilibrios presupuestarios existentes en los países comunitarios. La entrada en vigor de la tercera fase de la unión económica y monetaria y la introducción del euro intensificarán el rigor presupuestario y la necesidad, de acuerdo con el compromiso del Plan de Estabilidad, de proseguir con los esfuerzos de consolidación fiscal.

En este contexto es preciso analizar, tanto la dimensión económica de los sistemas de protección social en la Unión Europea, como sus principales características y las tendencias de reforma actuales. A ello se dedican los dos apartados siguientes.

5.1.1. Dimensión económica de la protección social

La magnitud del gasto social ha alcanzado niveles significativos a mediados de la década de los noventa, aunque con crecimientos más moderados que en períodos anteriores. Según se observa en el cuadro 5.1, los gastos en protección social suponen como media el 28,2% del PIB de la Unión Europea en 1997. Una parte de los países nórdicos, como Suecia y Dinamarca, son los que destinan una mayor proporción de sus recursos a financiar los sistemas de protección social, con porcentajes cercanos al 34% y 31% sobre el PIB, respectivamente. También se sitúan por encima de la media comunitaria Francia, Países Bajos, Alemania, Finlandia, Bélgica y Austria, mientras el resto de países muestran porcentajes inferiores a la media. En esta situación destaca la posición de Irlanda, España, Portugal y Grecia, con porcentajes que oscilan entre el 17,5% y el 24%.

Cuadro 5.1. *Gasto público en protección social (1997)*

	Gasto en prot. social en % del PIB	*Gasto total en prot. social por hab. PPC*	*Gasto por hab. sobre la media UE (100)*	*Gasto en prest. sociales por hab. PPC*
Alemania*	29,9	6.230	117	4.083
Austria	28,8	6.233	117	4.429
Bélgica[a]	28,5	6.144	115	4.018
Dinamarca	31,4	6.796	127	4.510
España*	21,4	3.297	62	2.312
Finlandia*	29,9	5.189	97	4.247
Francia	30,8	6.082	114	4.267
Grecia	23,6	2.912	55	1.799
Irlanda	17,5	3.339	63	2.197
Italia*	25,9	5.200	97	3.613
Luxemburgo	24,8	8.837	166	5.899
Países Bajos*	30,3	6.257	117	3.978
Portugal*	22,5	2.868	54	1.930
Reino Unido*	26,8	4.982	93	3.541
Suecia	33,7	6.485	122	5.070
UE	28,2	5.334	100	3.663

* Datos provisionales
[a] Dato estimado.
Fuente: Ministerio de Trabajo y Asuntos Sociales (2000).

Por su parte, los gastos en protección social por habitante ofrecen una amplia dispersión entre los distintos Estados miembros. Los niveles más elevados corresponden a Luxemburgo –con unas cifras superiores a la media en más de un 60%–, y a Dinamarca y Suecia –con niveles de protección relativos superiores a la media en más de un 20%–. Por su parte, Portugal, Grecia, España e Irlanda se encuentran claramente por debajo de la media. En el caso de Portugal y Grecia los gastos por habitante apenas alcanzan el 55% del nivel de gasto medio comunitario, mientras España e Irlanda se sitúan por debajo del 65% de dicho nivel.

Las diferencias en los gastos dedicados a la protección social por los distintos Estados de la Unión Europea corresponden en gran medida a los niveles de prosperidad alcanzados. Sin embargo, existen diferencias entre países con un nivel de desarrollo similar, que reflejan la prioridad que se concede en cada país a la protección social, las condiciones económicas y demográficas a las que se enfrentan, y el grado en que se emplean sistemas privados de protección complementarios a los públicos.

El gasto en prestaciones sociales por habitante también varía considerablemente entre países. Así, para una media de 3.663 ecus, en paridades de poder de compra por habitante, Grecia y Portugal en 1997 apenas destinaban 1.799 y 1.930 ecus, respectivamente, mientras que Luxemburgo alcanzaba los 5.899. España, por su parte, se sitúa en dicho año en tan sólo el 63% de la media comunitaria.

Por su parte, el cuadro 5.2 muestra la pauta de distribución del gasto en prestaciones sociales por funciones, tanto en porcentaje sobre el total como en términos per cápita (expresadas en paridades de poder de compra). Según indican los porcentajes, el reparto del gasto se concentra en las pensiones de jubilación y en los gastos sanitarios en todos los países comunitarios. De media, estas dos funciones absorbían a mediados de la década de los 90 el 66,4% de los gastos totales en prestaciones sociales. De acuerdo con los datos correspondientes a 1997, aproximadamente el 40% del gasto medio se destina a financiar las pensiones de jubilación, destacando el mayor porcentaje que representan en Italia (53,6%), frente a la escasa proporción que éstas suponen en Irlanda (19%). En España (42%) se sitúan por encima de la media, aunque en términos per cápita sólo representan el 65% de la media comunitaria.

Por su parte, las prestaciones por enfermedad representan en dicho año el 26,8% de las prestaciones sociales, variando este porcentaje por países, con un nivel más elevado en Irlanda (35,8%), frente a la escasa proporción que representa en Dinamarca (18,1%). En España supone un porcentaje sobre el total comparativamente elevado (28,8%), si bien en términos per cápita tan sólo representan el 66% de la media global europea.

Las prestaciones por invalidez, desempleo y familia absorben de media, según las cifras mostradas, una proporción similar de los recursos destinados a la protección social (8,5%, 7,6% y 8,4%, respectivamente). En el caso de las prestaciones por invalidez, destaca la posición de los Países Bajos, con un 15,1% del total de gastos dedicados a esta función, frente a Irlanda, que sólo absorbe un 4,9% del total. España, por su parte, se sitúa ligeramente por debajo de la media en términos porcentuales (con un 7,7%), si bien en términos de gasto por habitante se encuentra por debajo del 60% de la media europea.

Los recursos públicos dirigidos a los desempleados en forma de transferencias directas sólo suponen el 7,6% del total en 1997. No obstante, es preciso considerar que este gasto es un indicador muy limitado de los costes por desempleo, ya que parte de los

Cuadro 5.2. *Gasto público en prestaciones sociales por funciones (1997)*

	Vejez		*Enfermedad*		*Invalidez*		*Supervivencia*		*Desempleo*		*Familia*		*Otras*	
	*Total**	*PPC/H*	*Total**	*PPC/H*	*Total**	*PPC/H*	*Total**	*PPC/H*	*Total**	*PPC/H*	*Total**	*PPC/H*	*Total**	*PPC/H*
Alemania[a]	39,9	2.486	28,1	1.751	8,0	498	2,0	125	9,1	567	10,1	629	2,8	174
Austria	38,0	2.369	25,8	1.608	8,3	517	10,4	648	5,5	343	10,5	654	1,5	93
Bélgica[b]	31,9	1.960	24,0	1.475	8,7	535	11,1	682	12,7	780	8,8	541	2,8	172
Dinamarca	39,3	2.671	18,1	1.230	10,8	734	0,1	7	12,6	856	12,6	856	6,5	442
España[a]	41,9	1.381	28,8	950	7,7	254	4,3	142	14,1	465	2,0	66	1,2	40
Finlandia[a]	29,9	1.552	21,9	1.136	14,7	763	4,0	208	13,3	690	12,6	654	3,6	187
Francia	37,5	2.281	28,8	1.752	5,2	316	6,1	371	7,8	474	10,0	608	4,6	280
Grecia	42,9	1.249	25,2	734	6,1	178	8,5	248	4,6	134	8,2	239	4,5	131
Irlanda	19,0	634	35,8	1.195	4,9	164	6,0	200	15,7	524	13,2	441	5,4	180
Italia[a]	53,6	2.787	23,2	1.206	6,3	328	11,5	598	1,8	94	3,5	182	0,1	5
Luxemburgo	29,7	2.625	24,9	2.200	13,1	1.158	13,8	1.220	3,7	327	13,2	1.166	1,6	141
Países Bajos[a]	32,3	2.021	30,8	1.927	15,1	945	5,4	338	11,0	688	3,7	232	1,7	106
Portugal[a]	35,3	1.012	33,3	955	12,7	364	7,5	215	5,0	143	5,3	152	0,9	26
Reino Unido[a]	35,3	1.759	26,1	1.300	12,2	608	5,4	269	4,0	199	9,1	453	7,9	394
Suecia	37,3	2.419	22,5	1.459	11,7	759	2,3	149	9,5	616	10,8	700	5,9	383
UE	39,6	2.112	26,8	1.430	8,5	453	5,4	288	7,6	405	8,4	448	3,7	197

* Los datos mostrados son del % del total.
[a] Datos provisionales
[b] Dato estimado
Fuente: Ministerio de Trabajo y Asuntos Sociales (2000).

gastos de invalidez y de las pensiones de vejez por jubilación anticipada, así como determinados gastos de lucha contra la exclusión social, están directamente vinculados con la situación de desempleo. La proporción que este gasto representa sobre el total resulta más elevada en Irlanda (15,7%), frente al escaso nivel de Italia (1,8%). En España la proporción es relativamente alta (14,1%), situándose en un nivel superior en un 15% a la media europea de gasto por habitante.

Por su parte, los gastos de protección a la familia presentan una distribución muy desigual por países, que oscila entre el 13,2% sobre el total de Irlanda y Luxemburgo y el 2% de España, cuyos gastos de atención a la familia per cápita no alcanzan el 15% de la media global europea.

Finalmente, los gastos por supervivencia y el resto de prestaciones suponen de media un 5,4% y un 3,7%, respectivamente, sobre el total de gastos en prestaciones sociales. También en estos casos las pautas de distribución del gasto son muy diferentes según los países. Así, mientras Dinamarca destina el 0,1% de los recursos en protección social a los programas de supervivencia, Luxemburgo dedica el 13,8% del total. En lo que corresponde al resto de prestaciones, los porcentajes oscilan entre el 0,1% de Italia y el 7,9% del Reino Unido. España, por su parte, se sitúa en ambos casos por debajo de la media comunitaria, con un 4,3% correspondiente a los gastos en supervivencia y un 1,2% del total destinado a otras prestaciones, con niveles de gasto por habitante cercanos al 49% y al 20% de la media global, respectivamente.

No obstante, la determinación de la magnitud de la protección social en los países europeos requiere contemplar, además de los gastos sociales, determinados ingresos públicos. En primer lugar, porque, de forma creciente, las transferencias sociales en algunos países están sometidas a impuestos o cargas sociales específicas y, en consecuencia, parte de los gastos públicos retornan en forma de impuestos o de otros ingresos. En segundo lugar, porque algunas prestaciones se realizan a través de exenciones y desgravaciones que disminuyen los ingresos fiscales estatales y que no se computan como gastos públicos. En consecuencia, las diferencias en las prestaciones realizadas entre los distintos Estados miembros de la Unión Europea no son iguales a las mostradas por las cifras de gasto bruto en términos del PIB. Así, entre los países con mayores prestaciones netas se encontrarían Bélgica, Francia e Italia, según las estimaciones aparecidas en el Informe de la Comisión Europea sobre la protección social en Europa en 1997, para los Estados miembros antes de la última ampliación. Dinamarca, Países Bajos y España se situarían en la media comunitaria, mientras Alemania, Irlanda, Luxemburgo y el Reino Unido estarían por debajo. Las cifras más bajas corresponden a Grecia y Portugal.

Por su parte, el cuadro 5.3 muestra el peso de las distintas fuentes de financiación de los gastos en protección social, cuya composición ha experimentado algunos cambios muy lentos en los últimos años. Según puede observarse, en 1997 algo menos de dos tercios de la financiación total media de la UE provenían de la recaudación por cotizaciones sociales, mientras el resto corresponde básicamente a las aportaciones públicas derivadas de la recaudación por impuestos generales. Sin embargo, no todos los países responden al patrón descrito. En algunos Estados miembros la situación anterior se invierte: es el caso de Dinamarca e Irlanda, que financian con transferencias públicas más del 60% del total de gastos. El Reino Unido también muestra un porcentaje de aportaciones públicas superior al correspondiente a las cotizaciones, si bien no tan elevado como en los dos casos anteriores. Asimismo, es posible destacar un grupo de países en los que ambas fuentes de financiación suponen una proporción muy similar: es el caso de Finlandia, Luxemburgo, Portugal y Suecia. En España, la financiación pública de la sanidad y la extensión de las prestaciones asistenciales ha incrementado el peso de las transferencias públicas que, no obstante, sigue siendo inferior a la media comunitaria. Dentro de las cotizaciones sociales destaca la mayor importancia de las que resultan a cargo de los empleadores, que son los responsables de satisfacer el 75% de las cotizaciones totales. La proporción de cotizaciones satisfechas por los empleadores es especialmente significativa en España e Italia, donde alcanzan porcentajes algo superiores al 50% de los ingresos corrientes. Por el contrario, en los Países Bajos el porcentaje de ingresos aportados directamente por las personas protegidas representa el 46,4% (lo que supone aproximadamente el 67% del total de cotizaciones sociales). La tendencia en los métodos de financiación en los últimos años, especialmente desde 1996, ha consistido para varios Estados miembros en la sustitución de una parte de las cotizaciones sociales por impuestos, ya sean generales o específicos. En este último caso cabe destacar el ejemplo de Francia, que en 1991 estableció un "impuesto de solidaridad" *(Contribution Sociale Généralisée)* con el fin de financiar determinadas prestaciones, y en 1995 introdujo una contribución destinada a reducir el déficit del sistema de protección social *(Contribution au Remboursement de la Dette Sociale),* que se ha prorrogado hasta el año 2014. Asimismo, se ha incrementado el impuesto especial sobre el tabaco con el mismo objetivo. Otros países han seguido una pauta similar, como Alemania, que en 1999 redujo el porcentaje de cotizaciones destinado a financiar las pensiones y propuso una reforma fiscal "ecológica" como medio alternativo de obtención de recursos. Finalmente, otros Estados miembros han optado por sustituir (o prevén hacerlo en un futuro próximo) un porcentaje de las cotizaciones por impuestos generales, como España o Italia.

Del análisis de los recursos económicos destinados por los países de la Unión Europea a la protección social y de sus fuentes de financiación, es posible clasificar a los distintos Estados miembros en ciertos grupos con rasgos comunes. Atendiendo a la cantidad de recursos destinados a las políticas sociales en relación con el tamaño de sus economías, se puede diferenciar a los países nórdicos y centroeuropeos, que realizan un mayor esfuerzo de gasto, frente a los países "cohesión", con un menor nivel, y el resto de Estados, que se colocarían en una situación intermedia. Estas mismas diferencias entre países se producen en el gasto relativo por habitante, aunque hay que considerar que en los países nórdicos existen mayores ingresos impositivos asociados a determinadas prestaciones y menos beneficios fiscales, sobrestimando así el gasto bruto efectuado. Por lo que se refiere a la financiación general del sistema, se pueden diferenciar aquellos países que cuentan con una elevada proporción de aportaciones públicas, como los países nórdicos y anglosajones, de los que se financian mayoritariamente a través de cotizaciones sociales. Dentro de este último grupo, hay que diferenciar a los Países Bajos, donde las cotizaciones recaen especialmente sobre los beneficiarios.

Cuadro 5.3. *Fuentes de financiación de la protección social (1997)*

	Cotizaciones sociales %			*Aportaciones públicas %*	*Otros %*
	Empleadores	*Personas protegidas*	*Total*		
Alemania*	38,6	28,9	67,5	30,1	2,4
Austria	37,7	27,1	64,8	34,6	0,6
Bélgica[a]	49,2	23,1	72,3	24,9	2,8
Dinamarca	8,4	17,5	25,9	67,8	6,2
España*	52,2	17,5	69,7	27,1	3,3
Finlandia*	35,1	13,3	48,4	44,8	6,8
Francia	46,4	26,4	72,8	24,0	3,2
Grecia	37,7	23,2	60,9	29,6	9,6
Irlanda	21,4	13,8	35,2	63,9	0,9
Italia*	50,2	17,1	67,3	30,5	2,1
Luxemburgo	25,1	23,6	48,7	47,2	4,1
Países Bajos*	22,6	46,4	69,0	15,6	15,3
Portugal*	28,6	18,1	46,7	43,3	10,1
Reino Unido*	25,2	15,3	40,5	47,3	12,3
Suecia	39,3	7,8	47,1	46,2	6,8
UE	38,5	23,4	61,9	32,9	5,2

* Datos provisionales
[a] Dato estimado
Fuente: Ministerio de Trabajo y Asuntos Sociales (2000).

Analizada la dimensión económica de la protección social en Europa, es preciso señalar los principales cambios introducidos en la configuración y las líneas básicas de desarrollo de los modelos existentes. Así, se pueden destacar una serie de rasgos característicos que definen las tendencias vigentes de las reformas emprendidas en los Estados de la Unión Europea, y obedecen a los objetivos definidos por la Comisión en el reto de la modernización de la protección social: el logro de sistemas de pensiones viables, la promoción del empleo mediante la introducción de incentivos adecuados, la garantía de una atención sanitaria viable y de alta calidad y la promoción de la inclusión social (Comisión Europea, 1999a).

En primer lugar, se consolida la tendencia al endurecimiento de las condiciones para recibir prestaciones, a la vez que se amplían los períodos previos de cotización exigidos en algunos Estados miembros. De este modo se pretende, entre otros objetivos, aumentar los incentivos de los desempleados para buscar trabajo. No obstante, dichas medidas no se han limitado al ámbito de los subsidios de desempleo, puesto que se han aplicado a otro tipo de prestaciones, como las prestaciones por jubilación o discapacidad. Asimismo, se trata de alterar la tendencia a la jubilación anticipada, desalentándola a través del endurecimiento de las condiciones para acceder a ella y/o reduciendo la cuantía de la misma, mientras otro conjunto de medidas tratan de fomentar en algunos países la jubilación parcial vinculada a ciertas reducciones en la jornada laboral. Las reformas efectuadas tratan de adaptar los sistemas de protección social al envejecimiento de la población, en un intento de reducir los costes asociados a esta tendencia. Así, se tiende a aumentar e igualar la edad de jubilación de las mujeres a la de los hombres y a establecer una mayor vinculación entre las cotizaciones realizadas a lo largo de la vida laboral de una persona y la cuantía resultante de su pensión, reforzando el componente de seguro en el sistema público. También se ha producido un crecimiento generalizado de los sistemas complementarios de carácter privado, aunque los modelos públicos europeos mantienen su carácter de sistema de reparto.

Por otro lado, se refuerzan los incentivos para trabajar a través de la fijación de rentas salariales siempre superiores a las prestaciones satisfechas, y se produce una reorientación hacia políticas más activas, tras el convencimiento generalizado de que el problema del desempleo y la exclusión social no se soluciona únicamente con transferencias de renta. Asimismo, se amplían los programas de creación de empleo, fomentando la contratación a través de la reducción selectiva de las cotizaciones sociales y las subvenciones directas. Además, en algunos países se han desarrollado políticas de creación de empleo en la economía social para cubrir necesidades no satisfechas por el mercado. De igual modo, los países de la UE tratan de reducir la dependencia y la exclusión social a través de medidas que reduzcan la supeditación de los ingresos a las prestaciones públicas, promoviendo el trabajo en los colectivos más desfavorecidos pero con capacidad para trabajar, y atacando las causas reales de la pobreza. Por otra parte, varios países han introducido medidas dirigidas a aumentar los ingresos de quienes aceptan un empleo, puesto que permiten continuar recibiendo ayudas financieras una vez se ha accedido al mercado laboral, además de ampliar las prestaciones vinculadas al trabajo.

En 1999, diversas directrices comunitarias se centran en los sistemas de protección social y en sus posibilidades de que redunden en beneficio del empleo. En ellas se proponen, por ejemplo, medidas de activación que vinculen las oficinas de empleo con los organismos que gestionan las prestaciones. Asimismo, tratan de incidir sobre el mercado de trabajo invitando a los Estados miembros a reducir los trámites administrativos y las cargas fiscales asociadas a la contratación y a la creación de empleo autónomo. En este mismo ámbito, varias directrices tienen como objetivo impulsar la conciliación entre el trabajo y la familia, promoviendo políticas favorables al entorno familiar, especialmente dirigidas a reforzar las posibilidades de trabajo de las mujeres (Comisión Europea, 1999b). Así, en los últimos años han aumentado los servicios de atención a los hijos, especialmente en aquellos Estados miembros en los que su disponibilidad era limitada, y se ha reforzado el derecho a los permisos parentales.

En tercer lugar, se articulan mecanismos de contención de los costes de la asistencia sanitaria, estableciendo límites máximos a los gastos de los servicios nacionales de salud. Estos mecanismos han consistido básicamente, bien en la introducción o ampliación del pago directo asociado a determinados medicamentos o tratamientos médicos por parte de los usuarios, bien en la incorporación de elementos de mercado y criterios de competencia en la gestión de los servicios sanitarios para mejorar la eficiencia del sistema público. Por otra parte, se está generalizando el debate sobre el papel público en las prestaciones de asistencia de cuidados a largo plazo y determinados servicios sociales, que mantiene niveles de cobertura muy diferentes en los distintos países comunitarios. El problema fundamental de los sistemas sanitarios de estos países consiste en hacer compatible la prestación de servicios de alta calidad al mayor número posible de ciudadanos con el mantenimiento de una economía competitiva.

Finalmente, se pretende realizar una orientación del gasto social hacia destinatarios específicos, para cubrir adecuadamente a los colectivos más necesitados. Este objetivo está extendiendo la utilización de mecanismos de comprobación de rentas asociados a determinadas prestaciones, y el establecimiento de impuestos y cargas sociales sobre algunas políticas de protección social. Por otra parte, también se pretende vincular las medidas de inclusión social introducidas hasta el momento, que se centran básicamente en el empleo, con ámbitos de acción más amplios, como la educación y la formación profesional, la vivienda, la atención sanitaria y los servicios sociales.

5.1.2. Principales prestaciones sociales

A continuación se presenta una serie de cuadros resumen con las principales prestaciones sociales que ofrecen los países de la Unión Europea[1]. En ellos se exponen las características esenciales, para el conjunto de los Estados miembros, de 6 tipos de prestaciones especialmente significativas. El cuadro 5.4 corresponde a las prestaciones por desempleo, para las que se revisa el ámbito de aplicación de la prestación, la edad máxima de percepción, la fórmula de cálculo aplicable, su duración y, en su caso, los esquemas de prestación asistencial. El cuadro 5.5 recoge la información correspondiente a las prestaciones de jubilación, agrupada en diversos apartados, en los que se detalla, básicamente, el tipo de sistema, el colectivo de beneficiarios, las condiciones exigidas para su percepción, los factores determinantes de su cálculo y las cuantías mínimas y máximas. Por su parte, el cuadro 5.6 muestra las características de las prestaciones sanitarias en los Estados miembros de la Unión Europea. En él se hace referencia al colectivo de beneficiarios, y se detallan los principales rasgos de la asistencia prestada, agrupada en atención primaria, especializada y atención farmacéutica. El cuadro 5.7 recoge las prestaciones por invalidez, y en él se definen nuevamente el colectivo de beneficiarios, las condiciones exigidas para su percepción y las fórmulas de cálculo correspondientes. Por su parte, el cuadro 5.8 resume las características de las prestaciones por supervivencia, diferenciando entre prestaciones por viudedad y orfandad. Finalmente, el cuadro 5.9 recoge las prestaciones familiares, en las que se distinguen las asignaciones concedidas por hijos y un conjunto de otras prestaciones, entre las que se incluyen las ayudas para alojamiento ofrecidas por algunos países, las ayudas escolares y asignaciones de otro tipo.

Cuadro 5.4. *Características de las prestaciones por desempleo en los países de la UE (1998)*

Alemania	• *Beneficiarios:* asalariados que hayan trabajado al menos 360 días en los 3 últimos años. *Cálculo de la prestación*: 60%-67% del salario semanal medio del último año (con techos salariales). *Duración:* en función de la edad y la duración del empleo (entre 5 meses y algo más de 2 años). • *Régimen asistencial:* aplicable a parados que hayan trabajado como mínimo 150 días en el último año, o que hayan agotado el seguro de desempleo y carezcan de recursos económicos. Pago: 53%-57% del salario neto. Duración ilimitada.
Austria	• *Beneficiarios:* asalariados asegurados 1 año de los últimos 2 (6 meses del último año para los menores de 25 años) y con ingresos inferiores a un mínimo; participantes en medidas de promoción de empleo. *Cálculo de la prestación*: 56% salario neto diario (referencia: remuneración media último año). Mínimo-máximo diario: 4-33 ecus. *Duración:* según período de afiliación y edad (entre 20 y 52 semanas). Hasta 4 años para participantes en programas de formación. • *Régimen asistencial:* aplicable a ciudadanos con ingresos familiares inferiores a 410 ecus al mes (límites ampliables según edad y número de personas a cargo). Prestación entre 92%-95% de la base de asignación del seguro de desempleo. Duración ilimitada.
Bélgica	• *Beneficiarios:* jóvenes sin empleo tras su período de formación, y trabajadores afiliados a la Seguridad Social que hayan trabajado entre 312 días en los últimos 18 meses y 624 días en los últimos 36 meses, dependiendo de su edad. *Cálculo de la prestación:* con cargas familiares: 60% salario medio diario. Pago mínimo-máximo diario: 29-33 ecus. Porcentajes diversos sin cargas familiares. Jóvenes tras período de formación: entre 7-29 ecus diarios. Complementos para mayores de 50 años. *Duración:* limitada, salvo para ciertos casos de desempleo de larga duración.
Dinamarca	• *Beneficiarios:* asalariados y trabajadores independientes afiliados a una aseguradora, que hayan trabajado como mínimo 1 año de los últimos 3. Período mínimo de afiliación: 1 año. Jóvenes con formación profesional bajo ciertas condiciones. *Cálculo de la prestación:* 90% de la remuneración media últimos 3 meses, máximo: 357 ecus por semana. Bajo ciertas condiciones: 82% del máximo del salario de referencia. Jóvenes desempleados después de su formación: 293 ecus. *Duración:* primer período: 2 años. Segundo período: 3 años. Menores de 25 años sin formación profesional: 6 meses.
España	• *Beneficiarios:* asalariados que hayan perdido involuntariamente el empleo, y que hayan cotizado durante un período mínimo de 12 meses durante los 6 últimos años. *Cálculo de la prestación:* 70% del salario de referencia (media de las bases de cotización en los últimos 6 meses) los 6 primeros meses, 60% en adelante. Límites: entre el 75%-100% y el 170-220% del salario mínimo, según cargas familiares. *Duración:* depende del período de cotización (4-24 meses). • *Régimen asistencial:* se precisan ciertos requisitos (cargas familiares, límites de edad, ausencia de otras prestaciones, ingresos inferiores a un límite). Prestación: 75% del salario mínimo (hasta el 125% en ciertos casos). Duración: 6 meses prorrogables.

(.../...)

Cuadro 5.4. *(continuación)*

Finlandia	• *Beneficiarios:* prestaciones básicas: asalariados inscritos como parados que busquen empleo a tiempo completo y hayan trabajado al menos 43 semanas durante los últimos 2 años. Autónomos: ídem, con al menos 2 años de actividad en los últimos 4. Prestaciones relativas al salario: condiciones anteriores más afiliación a una aseguradora. *Cálculo de la prestación:* prestaciones básicas: 20 ecus diarios. Prestaciones relativas al salario: 42% de la diferencia entre el salario diario y la asignación básica (reducción si se supera un límite). *Duración*: 500 días. • *Régimen asistencial:* aplicable a desempleados sin derecho a otras prestaciones, o jóvenes en formación o readaptación. Prestación: 20 ecus al día. Reducciones con ingresos superiores a un límite. Complementos por hijos menores. Duración ilimitada.
Francia	• *Beneficiarios:* asalariados que hayan perdido involuntariamente el empleo, con afiliación mínima de 4 meses en los últimos 8. *Cálculo de la prestación:* 40,4% salario del último año (con techo) + 9 ecus por día, o bien 57,4% salario de referencia (la mayor cantidad). Mínimo = 22 ecus al día. Reducción cada 4 meses. Para períodos de afiliación entre 4 y 6 meses reducción del 25%. *Duración:* en función de la edad y el período de afiliación (entre 4 meses y 5 años). • *Régimen asistencial*: aplicable a parados sin derecho al seguro de desempleo y grupos particulares con ingresos inferiores a ciertos límites. Prestación: 8,5 ecus al día (pagos de inserción); entre 12 y 17 ecus para parados de larga duración. Duración ilimitada.
Grecia	• *Beneficiarios:* asalariados asegurados, que hayan trabajado al menos 125 días durante los últimos 14 meses, o al menos 200 días durante los 2 últimos años. Jóvenes de 20 a 29 años sin trabajo previo. *Cálculo de la prestación:* trabajadores manuales: 40% del salario diario. Empleados: 50% del salario mensual. Mínimo: 13 ecus. Máximo: 70% del salario de referencia. Tras el período de indemnización: 50% de la asignación principal. Complementos familiares. *Duración:* en general, entre 5 y 12 meses, en función de la duración del empleo. 3 meses adicionales con pagos reducidos.
Irlanda	• *Beneficiarios:* mayores de 15 años con contrato de trabajo o aprendizaje que hayan cotizado al menos 39 semanas en el último año. *Cálculo de la prestación:* 87 ecus semanales, más suplementos por adultos/hijos a cargo (52/17 ecus por semana). *Duración:* 390 días (salvo si el beneficiario ha cumplido 65 años; en ese caso la prestación se extiende hasta los 66 años). • *Régimen asistencial:* aplicable a mayores de 18 años que carezcan de recursos. Prestación: a corto plazo 85 ecus semanales; a largo plazo 87 ecus semanales (más suplementos familiares). Duración ilimitada.
Italia	• *Beneficiarios:* asalariados registrados como parados, que hayan estado asegurados al menos 2 años y hayan cotizado durante 52 semanas en los 2 últimos años (sin límite de edad). *Cálculo de la prestación:* 30% retribución media de los últimos 3 meses. Límite mensual: 713-857 ecus. *Duración:* 180 días.

(.../...)

Cuadro 5.4. *(continuación)*

Luxemburgo	• *Beneficiarios:* asalariados que hayan trabajado al menos 6 meses en el último año, jóvenes que buscan su primer empleo, trabajadores independientes que buscan trabajo asalariado (condiciones especiales para mayores de 57 años). *Cálculo de la prestación*: 80% del salario de referencia (salario bruto 3 últimos meses. Tope máximo: 2.838 ecus). Suplementos familiares. *Duración:* 1 año, prorrogable entre 6 meses y 1 año.
Países Bajos	• *Beneficiarios:* asalariados que no hayan rechazado un empleo apropiado. Prestaciones principales: al menos 26 semanas de empleo en las últimas 39. Prestaciones ampliadas y complementarias: ídem, más haber trabajado al menos 4 años de los últimos 5. *Cálculo de la prestación:* prestaciones principales y complementarias: 70% salario mínimo legal. Prestaciones ampliadas: 70% salarios anteriores. Existen suplementos si las prestaciones son inferiores al mínimo social, también suplementos familiares. *Duración:* prestaciones principales: 6 meses. Resto: entre 9 meses y 5 años según características del perceptor. • *Régimen asistencial:* asignaciones complementarias para desempleados que cobran menos del mínimo social. Prestación = diferencia con el mínimo. Ingresos para trabajadores de edad o parcialmente incapacitados: entre 848 y 1.091 ecus mensuales.
Portugal	• *Beneficiarios:* asalariados asegurados, sin derecho a una pensión y que hayan cotizado al menos 540 días en los 2 años anteriores. *Cálculo de la prestación*: 65% del salario medio diario del año precedente a los 2 meses anteriores al comienzo del desempleo. Mínimo: salario mínimo garantizado, excepto si la remuneración del trabajador es inferior. Máximo: 3 veces el salario mínimo. *Duración:* entre 10 y 30 meses (según la edad). Las prestaciones pueden prolongarse hasta un 50%. • *Régimen asistencial:* desempleados sin prestación contributiva con ingresos inferiores a un mínimo. Prestación entre el 70% y el 100% del salario mínimo. Duración entre 10 y 30 meses según la edad. Pueden prolongarse hasta un 50%.
Reino Unido	• *Beneficiarios:* asalariados que hayan perdido su empleo de forma involuntaria. Tiempo mínimo de cotización: 1 año en los últimos 2. *Cálculo de la prestación:* cantidad fija. Entre 18-24 años: 58 ecus semanales. A partir de 25 años: 74 ecus semanales. *Duración*: en función de la edad (límite: 6 meses durante cada período de desempleo). • *Régimen asistencial:* beneficiarios: en general, quienes no hayan cotizado el período suficiente para tener derecho a la prestación principal y carezcan de recursos suficientes. Prestación según la edad y personas a cargo. Duración ilimitada.
Suecia	• *Beneficiarios:* asignación básica: parados involuntarios mayores de 19 años que no dispongan de seguro, con cierta formación y n.º de horas trabajadas. Prestación proporcional al ingreso: afiliados a una aseguradora (mín. 1 año) con un mínimo de horas de trabajo. *Cálculo de la prestación:* asignación básica (27 ecus al día) + prestación facultativa proporcional al ingreso (80% salario de referencia). Pago mínimo por día: 27 ecus; máximo: 66 ecus). *Duración*: menores de 57 años = 300 días; 57 o más años = 450 días.

Fuentes: Comisión Europea (1998a) y elaboración propia.

Según se observa en el cuadro 5.4, algo más de la mitad de los Estados miembros ofrece prestaciones integradas en el régimen asistencial, mientras en el resto de países la protección por desempleo se limita al régimen de seguro. En la práctica totalidad de los casos se requiere un período de cotización mínimo para tener derecho a la prestación por desempleo, salvo cuando se garantizan prestaciones para jóvenes que busquen su primer empleo y/o hayan finalizado ciertos períodos de formación (es el caso de Bélgica, Dinamarca, Grecia y Luxemburgo). Los períodos de cotización exigidos oscilan entre los 4-6 meses de Francia, Grecia, Irlanda, Luxemburgo y Países Bajos, y períodos cercanos al año para el resto de Estados miembros.

Este tipo de prestaciones se calcula, en general, como un porcentaje de la remuneración media anterior a la situación de desempleo. Sin embargo, algunos países establecen una parte o la totalidad de los pagos como cuantías fijas independientes de los salarios anteriores, como es el caso de Finlandia y Suecia (parcialmente), o Irlanda y Reino Unido (en su totalidad). Por otro lado, algo más de la mitad de los países hacen depender los pagos de las condiciones familiares de los beneficiarios. También es de destacar el hecho de que, en ciertos casos, la prestación se reduce a medida que se prolonga la situación de desempleo; en esta situación se encuentran Bélgica, España, Francia y Grecia.

Por su parte, la duración de los pagos suele depender de la edad del beneficiario y del período previo de cotización, salvo en Irlanda, Italia y Finlandia. La duración mínima oscila entre los 4 meses de España y Francia y los 2 años de Dinamarca, aunque la tendencia generalizada es a situarse en 1 año o por debajo. Por su parte, la duración máxima oscila entre los 6 meses de Italia y Reino Unido y los 5 años de Dinamarca, Francia y Países Bajos, si bien en Bélgica se concede la prestación de forma ilimitada.

Según se indica en el último Informe sobre Protección Social presentado por la Comisión Europea, tanto el acceso a las prestaciones por desempleo como su importe difieren de forma notable entre los Estados miembros, especialmente entre el norte y el sur de la Unión. Así, el porcentaje de individuos que permanecieron desempleados durante al menos tres meses en 1993 y 1994 y obtuvo algún tipo de prestación, fue inferior al 50% en Italia, Grecia y Portugal, y cercano al 75% en España. Sin embargo, en Dinamarca, Alemania y Bélgica aproximadamente el 90% de los parados percibió prestaciones por desempleo. Además, en buena parte de los Estados del norte de la Unión se ofrecieron otros tipos de ayudas sociales en aquellos casos en que no se pagaron prestaciones por desempleo. Por otra parte, las variaciones en el importe medio de estas prestaciones fueron notables entre unos Estados y otros. Así, mientras en Irlanda los pagos alcanzaban el 80% del salario neto percibido por las personas que habían trabajado, en Alemania, Bélgica y Dinamarca eran próximos o superiores al 70%, en Francia se situaban alrededor del 60%, en España y Portugal suponían el 35% y en Grecia menos del 10%. Finalmente, el informe citado hace referencia a las diferencias en el seno de la Unión en cuanto al porcentaje de población que percibe prestaciones elevadas en comparación con su remuneración del trabajo, muy superior en los Estados del norte que en otros países comunitarios como España, Italia o Grecia.

En la mayor parte de la década de los noventa, los Estados miembros introdujeron reformas en los sistemas de prestaciones por desempleo con el fin de frenar el crecimiento de estos gastos. Sin embargo, en los últimos años una parte de las reformas introducidas se ha dirigido a la puesta en marcha de medidas activas en el mercado de trabajo, y a incentivar a los desempleados a incorporarse al mercado laboral. Como ejemplo cabe citar que en diversos países comunitarios el rechazo de una oferta de trabajo adecuada puede dar lugar a la pérdida de las prestaciones. Asimismo, en ciertos países, como Austria, Alemania y Portugal, se han introducido prestaciones del trabajo con el fin de facilitar la transición entre paro y empleo y de estimular a los desempleados a aceptar trabajos temporales o a tiempo parcial. No obstante, en algunos Estados los incentivos vinculados al trabajo continúan siendo débiles, especialmente por lo que se refiere a las mujeres.

En cuanto a las prestaciones por jubilación (cuadro 5.5), la gran mayoría de los sistemas vigentes son de tipo contributivo, con la excepción de Países Bajos, por un lado, y Dinamarca, Finlandia y Suecia, por otro. En el primer caso el sistema de prestación es de carácter completamente universal, mientras en el resto de países citados las prestaciones incorporan componentes tanto contributivos como universales, que no dependen de las cotizaciones satisfechas a lo largo de la vida laboral. La definición del colectivo de beneficiarios está directamente vinculada con el tipo de prestación: cuando ésta es de carácter universal, el criterio aplicable es el de residencia. Por lo que se refiere a la edad de jubilación, se observa que en la mayor parte de los casos se fija en los 65 años (menos en Dinamarca y Francia, donde se establece, respectivamente, por encima y por debajo de ese límite). En los casos en que la edad de jubilación difiere para hombres y mujeres, la tendencia consiste en una equiparación progresiva para ambos grupos de población. La mayor parte de los Estados miembros permite la jubilación anticipada, y en los últimos años algunos países han comenzado a fomentar esta posibilidad, como alternativa al desempleo de larga duración. No obstante, en general, se exigen ciertos requisitos adicionales en términos de años cotizados y se limita fuertemente el importe de las prestaciones pagadas.

Entre los países con prestaciones de tipo contributivo, el período mínimo de cotización oscila entre los 3 años para Irlanda y Suecia y los 19 de Italia, que ampliará dicho mínimo hasta los 20 años en el 2001. Bélgica, Dinamarca, Francia y Finlandia constituyen casos excepcionales. En los 2 primeros países no existe período mínimo de cotización, en Francia se exigen únicamente 200 horas de trabajo al salario mínimo y, finalmente, en Finlandia se requiere tan sólo un mes de empleo con salario superior a cierto límite. Por otra parte, el período de cotización para la obtención de la pensión plena oscila entre los 30 y los 45 años, salvo en Irlanda, que mantiene los 3 años del período mínimo endureciendo las condiciones de cotización. En general, los sistemas de carácter universal exigen condiciones de empleo o de residencia, que en algún caso pueden ser superiores al período máximo del resto de países (véase el caso de Países Bajos).

Las fórmulas de cálculo de la prestación por jubilación hacen depender los pagos de los ingresos sujetos a cotización durante un período de la vida laboral variable según países. De nuevo, las excepciones corresponden a los países con sistemas parcial o completamente universales. En estos casos se establecen pagos mensuales independientes de las cotizaciones, que pueden variar en función de la situación familiar del beneficiario o del número de años de residencia o pertenencia al seguro. Finalmente, la gran mayoría de los países, salvo Alemania e Italia, establecen límites mínimos y máximos a las cantidades que se pueden percibir[2].

Cuadro 5.5. *Características de las prestaciones por jubilación en los países de la UE (1998)*

Alemania	• *Sistema* contributivo. *Beneficiarios*: obreros y empleados. *Edad de jubilación*: 65 años. Posibilidad de jubilación anticipada a los 60 o 63 años, dependiendo del período de cotización. *Período mínimo de cotización*: 5 años. *Período de cotización para pensión plena*: depende de la edad y del cumplimiento de ciertos requisitos. *Cálculo de la prestación*: en función de la retribución de la actividad asegurada y del índice actual de pensiones (correspondiente a la pensión mensual de un asalariado medio por un año de aseguramiento). *Pensión mínima*: no existe. *Pensión máxima*: no hay máximo legal.
Austria	• *Sistema* contributivo. *Beneficiarios*: asalariados y asimilados, ciertos trabajadores independientes, asegurados voluntarios. *Edad de jubilación*: mujeres 60 años; hombres 65. Posibilidad de jubilación anticipada a los 55-60 años. *Período mínimo de cotización*: 15 años de cotización o 25 de seguro, o bien 15 años de seguro durante los últimos 30. *Período de cotización para pensión plena*: 40 años. *Cálculo de la prestación*: en función del período de cotización y de la remuneración media (revalorizada) de los 15 mejores años. *Pensión mínima*: entre 575 y 820 ecus al mes. *Pensión máxima*: 2.082 ecus al mes.
Bélgica	• *Sistema* contributivo. *Beneficiarios*: trabajadores. *Edad de jubilación*: 65 años (mujeres: equiparación progresiva desde los 61 años, hasta 2009). Posibilidad de jubilación anticipada a los 60 años. *Período mínimo de cotización*: no existe. *Período de cotización para pensión plena*: 41-45 años de actividad profesional (mujeres-hombres). *Cálculo de la prestación*: en función de los ingresos, del n.° de años de pertenencia al seguro, del sexo y de las cargas familiares. *Pensión mínima*: entre 8.339 y 10.421 ecus anuales (individuos-familias). *Pensión máxima*: entre 14.631 y 15.415 ecus anuales (hombres-mujeres solteros).
Dinamarca	• *Sistema* con componentes universales y contributivos. *Beneficiarios*: residentes (pensión nacional); empleados entre 16 y 66 años (complementaria). *Edad de jubilación*: 67 años. Posibilidad de jubilación anticipada a los 50 años. *Período mínimo de cotización*: 3 años de residencia (pensión nacional). *Período de cotización para pensión plena*: 40 años de residencia (pensión nacional). *Cálculo de la prestación*: 155,45 ecus anuales por cada año de residencia (pensión nacional); 2.208 ecus anuales si el asegurado está afiliado desde el 1/4/1964 y ha trabajado a tiempo completo desde entonces (complementaria). *Pensión mínima*: 672 ecus (nacional), 153 ecus (complementaria). *Pensión máxima*: 6.218 ecus (nacional), 2.208 ecus anuales (complementaria).
España	• *Sistema* contributivo. *Beneficiarios*: trabajadores. *Edad de jubilación*: 65 años. Posibilidad de jubilación anticipada a los 60 años. *Período mínimo de cotización*: 15 años (al menos 2 dentro de los 15 años previos al momento de la jubilación). *Período de cotización para pensión plena*: 35 años. *Cálculo de la prestación*: en función del n.° de años de cotización y del salario medio de los 15 años previos a la jubilación. *Pensión mínima*: entre 334 y 393 ecus al mes (14 pagas anuales). *Pensión máxima*: 1.733 ecus mensuales. No hay compatibilidad pensión-salario.

(.../...)

Cuadro 5.5. *(continuación)*

Finlandia	• *Sistema* con componentes universales y contributivos. *Beneficiarios*: residentes entre 16 y 65 años (pensión nacional); asalariados, trabajadores independientes y agricultores entre 23 y 65 años (pensión de actividad). *Edad de jubilación*: 65 años. Posibilidad de jubilación anticipada a los 60 años. *Período mínimo de cotización*: 3 años de residencia (pensión nacional); 1 mes de empleo con salario superior a 193 ecus (pensión de actividad). *Período de cotización para pensión plena*: 40 años de residencia (pensión nacional); 40 años de trabajo (pensión de actividad). *Cálculo de la prestación*: en función de la duración de la residencia, el estado civil, el municipio de residencia y de otras pensiones recibidas (pensión nacional); según el período de cotización y el nivel de remuneración (pensión de actividad). *Pensión mínima*: relacionada con la pensión nacional. *Pensión máxima*: 364-433 ecus al mes (nacional); 60% del salario más elevado que da derecho a la pensión (actividad).
Francia	• *Sistema* contributivo. *Beneficiarios*: empleados y asimilados. *Edad de jubilación*: 60 años. No existe jubilación anticipada. *Período mínimo de cotización*: 200 horas de salario mínimo (1 cuarto). *Período de cotización para pensión plena*: 160 cuartos en el 2003. A partir de los 65 años se cobra la pensión plena independientemente del período de cotización. *Cálculo de la prestación*: en función de los ingresos medios de los 15 mejores años de salario (aumento hasta 25 años en el 2008), edad del asegurado y n.° de años de cotización. *Pensión mínima*: 5.826 ecus al año. *Pensión máxima*: 12.786 ecus al año.
Grecia	• *Sistema* contributivo. *Beneficiarios*: empleados y asimilados. *Edad de jubilación*: hombres: 65 años, mujeres: 60 (asegurados antes de 1993), asegurados en fecha posterior: 65 años. Posibilidad de jubilación anticipada entre los 50 y los 62 años dependiendo del sexo, cargas familiares, años de cotización y seguro. *Período mínimo de cotización*: 12,3 años. *Período de cotización para pensión plena*: 35 años. *Cálculo de la prestación*: en función del salario (correspondiente a los ingresos brutos medios de los últimos 5 años) y del número de años de pertenencia al seguro. *Pensión mínima*: asegurados antes de 1993: 336 ecus mensuales. Asegurados en fecha posterior: mínimo variable. *Pensión máxima*: asegurados antes de 1993: 1.639 ecus mensuales. Asegurados en fecha posterior: 2.035 ecus.
Irlanda	• *Sistema* contributivo. *Beneficiarios*: empleados y trabajadores independientes entre 16 y 66 años. *Edad de jubilación*: 65 años; pensión contributiva de vejez: 66 años. No existe posibilidad de jubilación anticipada. *Período mínimo de cotización*: 39 meses. *Período de cotización para pensión plena*: ídem pensión mínima, pero con media anual de 48 contribuciones. *Cálculo de la prestación*: en función del n.° mínimo de contribuciones pagadas desde el comienzo del seguro y del n.° medio anual de contribuciones satisfechas. *Pensión mínima*: entre 93 y 95 ecus semanales. *Pensión máxima*: 101 ecus semanales.
Italia	• *Sistema* contributivo. *Beneficiarios*: trabajadores del sector privado. *Edad de jubilación*: 60 años para las mujeres, 65 para los hombres. Nuevo sistema: 57-65 años. Posibilidad de jubilación anticipada dependiendo del número de años de cotización. *Período mínimo de cotización*: 19 años (aumentará hasta 20 años en 2001). Nuevo sistema: 5 años. *Período de cotización para pensión plena*: 40 años. *Cálculo de la prestación*: en función del n.° de años de cotización y del salario medio (de los últimos 10 años o de toda la vida activa, según casos). Nuevo sistema: cotizaciones x coeficiente actuarial variable según la edad. *Pensión mínima*: 4.670 ecus al año. No existe pensión mínima en el nuevo sistema. *Pensión máxima*: no existe máximo legal.

(.../...)

Cuadro 5.5. *(continuación)*

Luxemburgo	• *Sistema* contributivo. *Beneficiarios*: quienes ejerzan una actividad profesional, asegurados voluntarios. *Edad de jubilación*: 65 años. Posibilidad de jubilación anticipada a los 57 o a los 60. *Período mínimo de cotización*: 10 años. *Período de cotización para pensión plena*: 40 años. *Cálculo de la prestación*: en función de las cotizaciones y del período de pertenencia al seguro. *Pensión mínima*: 974 ecus mensuales (para quienes hayan cotizado 40 años; reducción para períodos inferiores). *Pensión máxima*: 4.511 ecus mensuales.
Países Bajos	• *Sistema* universal. *Beneficiarios*: residentes. *Edad de jubilación*: 65 años. No existe jubilación anticipada. *Período mínimo de cotización*: no se exige. *Período de cotización para pensión plena*: 50 años de pertenencia al seguro. *Cálculo de la prestación*: cantidades mensuales fijas, que dependen del período de pertenencia al seguro y de la situación familiar. *Pensión mínima*: variable. *Pensión máxima*: 735 ecus al mes.
Portugal	• *Sistema* contributivo. *Beneficiarios*: trabajadores asalariados y asimilados, autoempleados. *Edad de jubilación*: 65 años. Posibilidad de jubilación anticipada a los 55 o 60 años. *Período mínimo de cotización*: 15 años. *Período de cotización para pensión plena*: 40 años. *Cálculo de la prestación*: en función del período de cotización y del salario medio correspondiente a los 10 mejores años de los últimos 15. *Pensión mínima*: 155 ecus mensuales. *Pensión máxima*: 80% de los ingresos de referencia.
Reino Unido	• *Sistema* contributivo. *Beneficiarios*: asalariados y autoempleados (pensión básica); asalariados que hayan satisfecho cotizaciones entre el 6/4/1961 y el 5/4/1975 (subsidio graduado); asalariados (pensión estatal ligada a los ingresos –SPER–). *Edad de jubilación*: 60 años para las mujeres, 65 para los hombres. No existe posibilidad de jubilación anticipada. *Período mínimo de cotización*: 10 años (pensión básica); función del salario (subsidio graduado); al menos 1 año con ingresos superiores a un límite (SPER). *Período de cotización para pensión plena*: 39 años para las mujeres, 44 para los hombres. *Cálculo de la prestación*: 76 ecus semanales, cantidad reducida si el n.° años de cotización es inferior al exigido (pensión básica); 1,2 ecus por semana por cada 11-13 ecus cotizados (subsidio graduado); proporcional al salario, con límites (SPER). *Pensión mínima*: 23 ecus semanales (pensión básica); 1,2 ecus semanales (subsidio). *Pensión máxima*: 94 ecus semanales (pensión básica); 8,7-10 ecus semanales (pensión proporcional); 180 ecus semanales (SPER).
Suecia	• *Sistema* con componentes contributivos y universales. *Beneficiarios*: residentes (pensión básica); empleados y autoempleados con rentas incluidas entre ciertos límites (pensión complementaria). *Edad de jubilación*: 65 años. Posibilidad de jubilación anticipada a los 61 años. *Período mínimo de cotización*: 3 años de residencia o 3 años de percepción de rentas con derecho a pensión. *Período de cotización para pensión plena*: 40 años de residencia o 30 años de actividad. *Cálculo de la prestación*: entre un 78,5% y un 96% de la cantidad fijada por el gobierno –4.168 ecus para 1998– (pensión básica); en función de los ingresos de los 15 mejores años y de la cantidad fijada por el gobierno (complementaria). *Pensión mínima*: relacionada con la pensión básica. *Pensión máxima*: entre 3.207 y 3.922 ecus anuales (pensión básica); 15.936 ecus anuales (complementaria).

Fuentes: Comisión Europea (1998a) y elaboración propia.

En los últimos años las reformas introducidas por los Estados miembros de la UE en el ámbito de las pensiones han diferido entre países, pero se han dirigido en todos los casos a controlar el gasto y a garantizar sistemas sostenibles en el futuro. Así, en Austria, Italia y Luxemburgo se ha producido un acercamiento del sistema que ofrecía cobertura a los funcionarios públicos a la normativa vigente para el resto de trabajadores (algo menos favorable que la primera), mientras en España se ha seguido un proceso de ampliación de la base de cotización utilizada en el cálculo de la pensión. Por otra parte, en Italia se congelaron las pensiones más elevadas en 1998, y en Alemania se modificó la base para indexar las pensiones, lo que ha permitido controlar el crecimiento del gasto. Asimismo, en algunos países, como España, Italia o Dinamarca se ha producido un aumento de una parte de las cotizaciones, no correspondido por incrementos adicionales en las prestaciones. Por otra parte, ciertos Estados han creado fondos específicos que contribuyen a garantizar la financiación del sistema de pensiones, como en el caso de Países Bajos, Francia y, nuevamente, España.

En general, los países comunitarios han tratado de incentivar en los últimos años el desarrollo de sistemas privados complementarios a los públicos, con el fin de repartir la carga financiera que se irá acrecentando en el futuro más próximo. No obstante, una parte de los Estados miembros también ha realizado importantes esfuerzos en la mejora de las prestaciones ofrecidas a los grupos de población más desfavorecidos.

De la información contenida en el cuadro 5.6, se puede concluir la existencia de ciertas diferencias entre países por lo que corresponde a los beneficiarios del seguro sanitario público. Algunos de los Estados de la UE definen la población protegida a partir del criterio más amplio posible: el de residencia. Éste es el caso de Dinamarca, Finlandia, Italia, Portugal, Reino Unido y Suecia. El resto de países establece criterios más restrictivos, si bien en la práctica la cobertura puede considerarse, como en el caso de España, prácticamente universal. Como casos particulares cabe destacar a Países Bajos e Irlanda. En el primero de ellos los residentes sólo están protegidos por la que se denomina *Ley sobre gastos médicos excepcionales*, siendo el seguro de enfermedad de aplicación para trabajadores y pensionistas (y familiares a cargo). En el caso irlandés el criterio de residencia se restringe al de residencia habitual para garantizar la cobertura plena.

En cuanto a las prestaciones de Atención Primaria, se observa que la libre elección del médico está prácticamente generalizada, a pesar de que en ciertos países se imponen restricciones relacionadas, en general, con criterios territoriales[3]. Grecia es el único país que no permite la elección por parte de los asegurados, ya que es la aseguradora quien asigna el médico. Por lo que respecta a las limitaciones al acceso mediante precio, podemos agrupar los distintos países en varias categorías, según la asistencia se preste de manera completamente gratuita o bien el paciente deba participar en el coste, ya sea mediante un porcentaje del coste total o mediante el pago de una cantidad fija. La asistencia es, en general, gratuita en algo más de la mitad de los Estados miembros. En particular, lo es en Alemania, Dinamarca, España, Grecia, Países Bajos, Irlanda, Italia y Reino Unido. Un segundo grupo de países se caracteriza por establecer copagos en forma de cantidades fijas, abonadas por visita realizada y/o por episodio de enfermedad. No obstante, en general se establecen limitaciones al copago para ciertos grupos de individuos en función de criterios económicos o de edad. A este grupo per-

Cuadro 5.6. *Características de las prestaciones sanitarias en los países de la UE (1998)*

Alemania	• *Beneficiarios*: asalariados, pensionistas, parados, estudiantes, agricultores, asegurados voluntarios (incluidos cónyuges e hijos, con algunos límites). • *Atención Primaria*: asistencia gratuita (los asegurados voluntarios pueden optar por el reembolso). Libre elección del médico. • *Atención Especializada*: gratuita en general. Gastos hospitalarios: pago por día entre 7,1 y 8,6 ecus durante, como máximo, las primeras dos semanas (posible reembolso). • *Farmacia*: participación general en el coste (en general, entre 4,6 y 6,6 ecus).
Austria	• *Beneficiarios*: asalariados, pensionistas, parados, algunos trabajadores autónomos, asegurados voluntarios (incluidos cónyuges e hijos –con límites de edad– si no están asegurados personalmente). No existe seguro obligatorio con ingresos inferiores a 275 ecus al mes. • *Atención Primaria*: libre elección de médico entre los concertados. Pago de 3,60 ecus por cada episodio de enfermedad (excepto niños, jubilados e indigentes). • *Atención Especializada*: pago máximo de 5 ecus por día de hospitalización (máximo 28 días al año). Familiares: 10% del coste (1 mes). • *Farmacia*: pago de 3,10 ecus por prescripción (fármacos autorizados). Enfermedades contagiosas o personas sin recursos: gratuitos.
Bélgica	• *Beneficiarios*: asalariados y asimilados, pensionistas, parados, incapacitados, estudiantes de enseñanza superior, (incluidas personas a cargo del asegurado bajo ciertas condiciones). • *Atención Primaria*: libre elección de médico. Pago adelantado con reembolso según tarifas. En general, participación en el coste (cpm máximos). Por encima de cierta cantidad anual, la asistencia es gratuita. Reducciones para ciertos grupos de población. • *Atención Especializada*: libre elección de hospital entre los concertados. Pago de cantidad fija por hospitalización: 27 ecus. Pago por día de 11 ecus diarios (3,7 ecus en casos excepcionales). Reembolso integral por hospitalización en habitación común. • *Farmacia*: fármacos para enfermedades graves: gratuitos. Participación en el coste en función de la utilidad terapéutica: entre un 25% y un 80% (con techos máximos para ciertos casos). Participaciones reducidas para inválidos, pensionistas, viudas/os y huérfanos.
Dinamarca	• *Beneficiarios*: residentes. • *Atención Primaria*: categoría 1: libre elección entre los médicos del distrito. Asistencia gratuita si el servicio lo presta el médico elegido. Categoría 2: libertad de elección, con una parte de los honorarios a cargo del asegurado. • *Atención Especializada*: especialista: categoría 1: gratuita si el generalista elegido ha prescrito la consulta. Categoría 2: una parte de los costes corre a cargo del asegurado. Atención hospitalaria: libre elección entre los hospitales públicos regionales. Asistencia gratuita. • *Farmacia*: participación en el coste entre el 0% y el 50% según el tipo de fármaco.
España	• *Beneficiarios*: asalariados y asimilados, pensionistas, residentes con recursos insuficientes (incluidas personas a cargo del asegurado). • *Atención Primaria*: libre elección de médico generalista y pediatra en la región. Asistencia gratuita. • *Atención Especializada*: posibilidad de elección de otros especialistas en consultas externas por áreas. Gratuita.

(.../...)

Cuadro 5.6. *(continuación)*

	• *Farmacia*: pago del 40% del precio (para medicamentos de la lista oficial), excepto pensionistas (gratuitos) y enfermos crónicos (10%).
Finlandia	• *Beneficiarios*: residentes. • *Atención Primaria*: elección limitada. Pago entre 8,4 y 17 ecus (3 primeras visitas en el año). Reembolso parcial por atención privada. • *Atención Especializada*: pago de 17 ecus por visita. Pago de 21 ecus por día de hospitalización. Para tratamientos de larga duración, la participación se fija según los ingresos (con techos máximos). Reembolso parcial de costes en clínicas privadas. • *Farmacia*: pago de 8,50 ecus más el 50% de la cantidad que exceda de esa suma para los medicamentos prescritos. Por encima de 541 ecus al año, reembolso total de costes. Para enfermedades graves o crónicas, reembolso de costes con condiciones.
Francia	• *Beneficiarios*: asalariados y asimilados, pensionistas, parados, estudiantes (incluidos familiares a cargo bajo ciertas condiciones). • *Atención Primaria*: libre elección del médico. Pago adelantado con reembolso según tarifas. Participación en el coste entre el 20%-30%. • *Atención Especializada*: libre elección entre hospitales públicos y concertados. Participación en el coste (en general, el 20%, 0% a partir del 31er día de ingreso) + 11 ecus por día de hospitalización. • *Farmacia*: participación en el precio (35% o 65% según el caso) excepto para enfermos crónicos.
Grecia	• *Beneficiarios*: asalariados o asimilados, pensionistas y parados (incluidos familiares a cargo del asegurado). • *Atención Primaria*: no existe libre elección. Médico asignado por la aseguradora. Asistencia gratuita. • *Atención Especializada*: gratuita. • *Farmacia*: participación en el coste del 25% (10% en ciertos casos), salvo en enfermedades crónicas, accidentes laborales y maternidad.
Irlanda	• *Beneficiarios*: residentes habituales, personas con ingresos inferiores a un mínimo. Derechos limitados para el resto de población. • *Atención Primaria*: personas con derechos plenos: libre elección dentro de la región y asistencia gratuita. Con derechos limitados: libre elección y pago total de costes (salvo enfermedades de larga duración). • *Atención Especializada*: servicios de especialista en hospitales: gratuitos. Asistencia hospitalaria gratuita para individuos con derechos plenos; con derechos limitados pago de 32 ecus por noche. Visitas a urgencias no prescritas: 26 ecus por la primera visita. • *Farmacia*: fármacos gratuitos para individuos con protección completa y ciertas enfermedades. Con derechos limitados: reembolso de gastos superiores a 117 ecus por trimestre y 41 ecus por mes para enfermos de larga duración.
Italia	• *Beneficiarios*: residentes. • *Atención Primaria*: libre elección (con limitaciones). Asistencia gratuita. • *Atención Especializada*: en general, 36 ecus por cada visita al especialista (tb. por cada análisis), excepto menores de 6 años, mayores de 65, enfermos graves y percepto-

(.../...)

Cuadro 5.6. *(continuación)*

	res de pensiones bajas. Atención hospitalaria gratuita, libre elección del centro (público y concertado). • *Farmacia*: pago entre el 0-100% del precio según medicamento y gravedad de la enfermedad + Pago por receta (con excepciones).
Luxemburgo	• *Beneficiarios:* trabajadores, pensionistas, parados, beneficiarios de ingresos sujetos a cotización, beneficiarios de complementos al ingreso mínimo garantizado, asegurados voluntarios (incluidos familiares a cargo). • *Atención Primaria*: libre elección. Pago anticipado más reembolso. Participación en los costes: 20% primera visita, 5% siguientes. • *Atención Especializada*: libre elección entre hospitales autorizados. Pago de 5,40 ecus por día de hospitalización. • *Farmacia*: participación entre un 0% y un 100% del coste según la clasificación de los fármacos.
Países Bajos	• *Beneficiarios:* trabajadores y pensionistas (puede incluir cónyuge e hijos a cargo). Gastos médicos excepcionales: residentes. • *Atención Primaria*: libre elección de médico. Asistencia gratuita en general. • *Atención Especializada*: libre elección de hospital. Asistencia gratuita en habitaciones de clase inferior. • *Farmacia*: para ciertos fármacos, se paga el coste que sobrepase cierta cuantía.
Portugal	• *Beneficiarios*: residentes. • *Atención Primaria*: libre elección entre públicos y concertados. *Ticket* moderador variable (excepto para ciertos grupos de población). • *Atención Especializada*: especialistas: libre elección entre públicos y concertados. Asistencia hospitalaria: libre elección si hay lista de espera. Asistencia gratuita en habitación compartida (o individual si así lo decide el médico). • *Farmacia*: participación en el coste entre el 30% y el 60% según enfermedad. Rebaja del 15% para pensionistas con bajos recursos.
Reino Unido	• *Beneficiarios*: residentes. • *Atención Primaria*: libre elección de médico. Asistencia gratuita. • *Atención Especializada*: gratuita, salvo por demanda de servicios no necesarios clínicamente. • *Farmacia*: 8,5 ecus por producto prescrito (algunos grupos de población excluidos). Existen bonos de compra.
Suecia	• *Beneficiarios*: residentes. *Atención Primaria*: libre elección de médico. Participación en los costes entre 6,9 y 15 ecus por visita. • *Atención Especializada*: especialistas: pago entre 7 y 30 ecus por tratamiento (visitas a urgencias: entre 11 y 34 ecus). Atención hospitalaria: libre elección entre hospitales públicos y privados concertados. Pago máximo de 9,20 ecus por día. • *Farmacia*: participación en el coste hasta 46 ecus. Por encima de ese límite, reembolso entre el 50% y el 100% sobre dicha cantidad.

Fuentes: Comisión Europea (1998a) y elaboración propia.

tenecen Austria, Finlandia, Portugal y Suecia. Por último, en determinados países el copago se materializa en un porcentaje del coste total. En este grupo se encuentran Bélgica, Francia y Luxemburgo[4]. Los porcentajes de participación en el coste oscilan, en términos generales, entre un 20% y un 30%. En algunos casos los porcentajes difieren en función de que se trate de la primera o sucesivas visitas y, en ocasiones, también se excluye del pago a determinados colectivos[5].

Al analizar las prestaciones de asistencia especializada también se observa que, mientras algunos países ofrecen los servicios de forma gratuita, otros establecen mecanismos de participación en el coste. Los Estados que ofrecen asistencia gratuita son: Dinamarca, España, Grecia, Países Bajos, Irlanda, Reino Unido, Italia y Portugal, si bien en los dos últimos casos sólo es gratuita la asistencia hospitalaria. En ciertos países, no obstante, existe la posibilidad de obtener una mejora de la calidad hotelera mediante pago. Por lo tanto, y a excepción de Alemania e Italia, aquellos países en los que la Atención Primaria se presta de manera gratuita también ofrecen a coste cero los servicios de atención especializada. El resto de países tienen en común el haber establecido pagos por día de hospitalización, que suelen estar sujetos a limitaciones temporales, con el fin de aliviar el coste en tratamientos de larga duración.

Finalmente, el último grupo de prestaciones analizadas hace referencia a los medicamentos. Según indica el cuadro, la participación en el coste de los fármacos está generalizada, a excepción de Irlanda que provee gratuitamente los medicamentos para los individuos con protección total. La participación en el coste se materializa nuevamente, bien en una cantidad por fármaco prescrito, bien en un porcentaje del coste total de los mismos. En el primer caso se encuentran Alemania, Austria, Reino Unido y Suecia, mientras en el segundo grupo se clasifica el resto de países, a excepción de Finlandia e Italia que combinan ambas fórmulas de copago. En general, los porcentajes de participación en el precio varían en función de un conjunto de variables: la utilidad terapéutica de los fármacos, la gravedad y/o cronicidad de las enfermedades, la edad o la capacidad económica de los individuos[6].

Las reformas incorporadas en los últimos años en los sistemas sanitarios de los Estados miembros también han ido dirigidas, al igual que en otros ámbitos, a controlar el gasto global, dado que la evolución de la financiación sanitaria pública ha seguido una senda creciente que previsiblemente se prolongará en el futuro. Dichas medidas han consistido, bien en la limitación de las tasas de cotización en los sistemas de seguro, bien en la introducción de controles más directos en los sistemas nacionales de salud. Así, en España, Italia, Suecia, Reino Unido e Irlanda se ha producido un proceso de cesión de responsabilidades a las autoridades regionales o locales con el fin de aumentar la eficiencia en la gestión de la asistencia sanitaria. Por otra parte, se ha registrado una tendencia generalizada a la introducción de mecanismos de participación en el coste de los tratamientos y, especialmente, de los fármacos. El control del gasto farmacéutico ha centrado buena parte de los esfuerzos de los Estados miembros de la UE, de manera que, al margen de los copagos, también se han introducido en algunos casos listas de medicamentos autorizados, se han incorporado los precios de referencia y se ha fomentado la utilización de genéricos. No obstante, la preocupación de los países comunitarios por garantizar un acceso equitativo a la asistencia sanitaria para todos los ciudadanos, ha limitado hasta el momento la implantación de los mecanismos de participación en el coste, y ha impulsado la puesta en marcha de medidas orientadas a la mejora en el acceso, basadas, por ejemplo, en la ampliación de la cobertura.

En el caso de las prestaciones por invalidez (cuadro 5.7), el colectivo de beneficiarios está restringido en la mayoría de los países a los asalariados y otros colectivos asimilados, si bien en ciertos casos se extiende a otros colectivos como trabajadores independientes, parados, estudiantes o incluso asegurados voluntarios (es el caso de Austria, Luxemburgo, Países Bajos o Reino Unido). Cabe destacar en este aspecto a los países nórdicos (Finlandia, Dinamarca y Suecia), que ofrecen este conjunto de prestaciones (en parte o en su totalidad) a toda la población residente.

En cuanto a la tasa mínima de incapacidad exigida para el cobro de la prestación, Irlanda y Luxemburgo son los únicos países que no establecen ningún límite. La pauta normal define el porcentaje mínimo entre un 50% y un 66,6%, si bien ciertos Estados miembros, entre los que se encuentran Suecia, Países Bajos y España, fijan límites inferiores.

Salvo en los países nórdicos, que exigen, en general, requisitos de residencia para el pago de la prestación, y en los Países Bajos, cuya ley no establece un período de afiliación mínimo, el resto de Estados de la UE fijan unos requisitos de cotización mínimos, que oscilan entre los 6 meses de Bélgica y los 5 años de Alemania, Irlanda, Italia y Portugal[7]. Finalmente, el cálculo de la prestación suele venir determinado en función de un porcentaje de las remuneraciones anteriores a la invalidez, salvo en ciertos casos como Dinamarca, Irlanda, Reino Unido, Suecia y Finlandia (en su componente universal), donde se establecen cantidades fijas, o en el caso de Luxemburgo, que combina pagos fijos con pagos proporcionales. En algunos países se ofrecen asignaciones adicionales a la prestación básica por asistencia a domicilio, rehabilitación, etc., y también en ocasiones se establecen complementos por cónyuge e hijos a cargo.

En el caso de las prestaciones por supervivencia (cuadro 5.8), los pagos suelen condicionarse en la mayor parte de los países al cumplimiento de unos requisitos de cotización o pertenencia al seguro (en algunos casos equivalentes a los exigidos para el cobro de otras prestaciones), salvo en Finlandia, que aplica criterios de residencia en el componente de pensión universal. En cuanto a las prestaciones por viudedad, en la gran mayoría de casos los pagos se calculan como un porcentaje de las pensiones que habrían correspondido a los cotizantes, que oscila entre el 25% aplicable en Alemania (bajo ciertas condiciones) y el 80% de Bélgica. Asimismo, se fijan normalmente para los supérstites requisitos variables de edad, cargas familiares o ingresos[8].

Por otra parte, las asignaciones por orfandad también suelen calcularse como una proporción (variable según se trate de huérfanos de padre o madre o de ambos) de las pensiones correspondientes al fallecido, si bien en ciertos casos (como en Francia, Irlanda, Países Bajos y Reino Unido) estos pagos se incorporan como complementos a la pensión de viudedad y, en otros, como en Bélgica y Dinamarca, son sustituidos por prestaciones familiares especiales. La duración de estas prestaciones también varía según países, siendo la norma general que se prolonguen hasta los 18 años, con prórrogas variables en caso de que los huérfanos se encuentren en período de formación. Finalmente, España, Grecia, Italia, Luxemburgo y Portugal establecen la posibilidad de que los beneficiarios de estas ayudas sean familiares distintos del cónyuge y los hijos.

Cuadro 5.7. *Características de las prestaciones por invalidez en los países de la UE (1998)*

Alemania	• *Beneficiarios*: obreros y empleados (invalidez profesional), minusválidos incapaces de trabajar (invalidez general). *Tasa mínima de incapacidad*: 50% (profesional), 100% (general). *Período de afiliación mínimo*: 60 meses (obreros y empleados), 240 meses (minusválidos). *Cálculo de la prestación*: 67% de la retribución de una actividad asegurada, ajustada por los períodos no contributivos y por un índice de pensiones (profesional), 100% para invalidez general.
Austria	• *Beneficiarios*: empleados, algunos trabajadores independientes, asegurados voluntarios. *Tasa mínima de incapacidad*: 50%. *Período de afiliación mínimo*: derechos de adquisición eternos (véase jubilación), o entre 60-80 meses durante los últimos 10-30 años, en función de la edad. *Cálculo de la prestación*: idéntico a jubilación.
Bélgica	• *Beneficiarios*: obreros y empleados. *Tasa mínima de incapacidad*: 66,66%. *Período de afiliación mínimo*: 6 meses. *Cálculo de la prestación*: entre un 40% y un 65% de la remuneración perdida (con límites), según cargas familiares. Existen mínimos que difieren según el tipo de trabajador y cargas familiares.
Dinamarca	• *Beneficiarios*: residentes de nacionalidad danesa. *Tasa mínima de incapacidad*: 50%. *Período de afiliación mínimo*: 3 años de residencia. *Cálculo de la prestación*: 6.218 ecus al año incrementados en distintos complementos según el grado de incapacidad (máximo: 16.151 ecus al año).
España	• *Beneficiarios*: asalariados y asimilados. *Tasa mínima de incapacidad*: 33%. *Período de afiliación mínimo*: depende de la edad del asegurado. *Cálculo de la prestación*: depende del tipo de incapacidad. Mínimo por incapacidad permanente absoluta: entre 334 y 393 ecus al mes; mínimo por gran invalidez: entre 502 y 590 ecus al mes.
Finlandia	• *Beneficiarios*: residentes para la pensión nacional, asalariados y trabajadores independientes asegurados para la pensión de actividad. *Tasa mínima de incapacidad*: no se exigen mínimos para la pensión nacional. Para la pensión de invalidez se requiere una tasa máxima de capacidad de trabajo de 2/5, para la pensión de invalidez parcial la tasa máxima se eleva a 3/5. *Período de afiliación mínimo*: 3 años de residencia para la pensión nacional, 4 meses para los trabajadores independientes (pensión de actividad), no hay mínimo para los asalariados. *Cálculo de la prestación*: pensión nacional: entre 364 y 433 ecus al mes (reducciones si no se cumplen ciertos requisitos de residencia). Pensión de actividad: 100% de la pensión de jubilación prevista en caso de invalidez total, 50% en caso de invalidez parcial.
Francia	• *Beneficiarios*: asalariados y asimilados. *Tasa mínima de incapacidad*: 66,66%. *Período de afiliación mínimo*: 1 año (con un mínimo de cotizaciones). *Cálculo de la prestación*: para quienes pueden ejercer alguna actividad, 30% de la remuneración anual media de los 10 mejores años (o, en su caso, de un período más breve). Para el resto, 50% (con mejoras si se precisa asistencia de una tercer persona).
Grecia	• *Beneficiarios*: asalariados y asimilados. *Tasa mínima de incapacidad*: 50%. *Período de afiliación mínimo*: depende de la edad y de la fecha de seguro. *Cálculo de la prestación*: entre un 50% y un 100% de la pensión de jubilación, dependiendo de la tasa de incapacidad (en caso de incapacidad total se incluye un porcentaje para el pago de asistencia a un tercero).

(.../...)

Cuadro 5.7. *(continuación)*

Irlanda	• *Beneficiarios*: mayores de 15 años y empleados con contrato de servicio o aprendizaje (excepto empleados públicos contratados antes de 1995 y trabajadores independientes). *Tasa mínima de incapacidad*: no existe. *Periodo de afiliación mínimo*: 260 semanas de cotización, y al menos 48 cotizaciones semanales durante el último año. *Cálculo de la prestación*: entre 90 y 108 ecus por semana en función de la edad.
Italia	• *Beneficiarios*: asalariados del sector privado. *Tasa mínima de incapacidad*: 66% (asignación de invalidez), 100% (pensión de incapacidad). *Período de afiliación mínimo*: 5 años de cotizaciones (al menos 3 en los últimos 5). *Cálculo de la prestación*: entre el 0,9% y el 2% del número de años de seguro (con un máximo de 40) multiplicado por el salario de referencia (media de salarios recibidos en un período entre los 10 últimos años y toda la vida laboral). En el nuevo sistema la pensión se calcula aplicando al conjunto de cotizaciones un coeficiente actuarial variable según la edad.
Luxemburgo	• *Beneficiarios*: personas que ejerzan una actividad profesional y asegurados voluntarios. *Tasa mínima de incapacidad*: no existe. *Período de afiliación mínimo*: 1 año durante los 3 anteriores a la fecha de invalidez. *Cálculo de la prestación*: pagos fijos (máximo 238 ecus al mes por 40 años de seguro) más pagos proporcionales (1,78% del total de salarios). Para incapacitados menores de 55 años existen complementos adicionales.
Países Bajos	• *Beneficiarios*: asalariados, trabajadores independientes, profesionales liberales, jóvenes incapacitados y estudiantes (acogidos a leyes distintas). *Tasa mínima de incapacidad*: 15%-25% (dependiendo de la ley). *Período de afiliación mínimo*: no existe. *Cálculo de la prestación*: entre un 13% y un 65% del salario según el grado de incapacidad, o bien entre 10 y 33 ecus diarios (dependiendo de la ley aplicable).
Portugal	• *Beneficiarios*: asalariados asegurados. *Tasa mínima de incapacidad*: remuneración inferior a 1/3 de la correspondiente a una actividad normal. *Período de afiliación mínimo*: 5 años de cotizaciones. *Cálculo de la prestación*: entre el 30% y el 80% del salario medio mensual correspondiente a los 10 mejores años de los últimos 15.
Reino Unido	• *Beneficiarios*: asalariados, trabajadores independientes y parados. *Tasa mínima de incapacidad*: se exige incapacidad general para trabajar. *Período de afiliación mínimo*: se exige haber tenido derecho a las prestaciones por incapacidad temporal durante 1 año. *Cálculo de la prestación*: 94 ecus semanales por incapacidad permanente (suplementos para menores de 45 años).
Suecia	• *Beneficiarios*: residentes. *Tasa mínima de incapacidad*: 25%. *Período de afiliación mínimo*: requisitos de residencia, salvo para el suplemento de la pensión de invalidez, que requiere haber percibido durante 3 años ingresos con derecho a pensión. *Cálculo de la prestación*: entre el 25% y el 100% de las siguientes cantidades (dependiendo del grado de incapacidad): 306 ecus al mes por la pensión general, 1.328 ecus por pensión de régimen complementario, 858 ecus por asignación de asistencia externa y 240 ecus por asignación de invalidez.

Fuente: Comisión Europea (1998a) y elaboración propia.

Cuadro 5.8. *Características de las prestaciones por supervivencia en los países de la UE (1998)*

Alemania	• *Requisitos:* 60 meses de seguro mínimo del fallecido. *Viudedad:* 25% de la pensión correspondiente al fallecido. 60% de la pensión para supérstites mayores de 45 años, incapacitados o con hijos menores a cargo. Por encima de cierto nivel de ingresos, prestaciones reducidas. *Orfandad:* 1/10 de la pensión de invalidez general más una mejora (huérfanos de padre o madre). 1/5 de la pensión general del padre y de la madre más una mejora para huérfanos de ambos padres. Duración: hasta los 18 años (hasta los 27 para estudiantes).
Austria	• *Requisitos:* mismas condiciones de cotización que para la pensión de jubilación. *Viudedad:* Entre el 40% y el 60% de la pensión de invalidez o vejez correspondiente al fallecido (según ingresos del supérstite). *Orfandad:* 40% de la pensión de viudedad calculada sobre una base del 60% (huérfanos de padre o madre). 60% para huérfanos de padre y madre. Duración: hasta los 18 años (hasta los 27 para estudiantes, ilimitada para incapacitados).
Bélgica	• *Requisitos:* pertenencia al seguro del fallecido. *Viudedad:* 80% de la pensión de jubilación. El supérstite debe tener al menos 45 años, o tener a su cargo un niño o inválido. *Orfandad:* no existen pensiones de orfandad (sustituidas por asignaciones familiares especiales).
Dinamarca	• *Requisitos:* 10 años de seguro del fallecido y al menos 10 años de matrimonio. *Viudedad:* 50% de la pensión de jubilación correspondiente al fallecido, o bien asignación única en función de la fecha del fallecimiento y de la edad del supérstite. *Orfandad:* incluida en prestaciones familiares. Asignaciones únicas (para hijos menores de 18 años) para fallecimientos posteriores al 1-7-92.
España	• *Requisitos:* pertenencia a la Seguridad Social con afiliación regular (en ciertos casos se exigen períodos de cotización mínimos). *Viudedad:* 45% de la base de cálculo (suma de salarios sujetos a cotización durante 24 meses, dividida entre 28). *Orfandad:* entre el 20% y el 100% de la base de cálculo en función del número de huérfanos y de si el hogar percibe pensión de viudedad (huérfanos de padre o madre). Entre el 65% y el 100% para huérfanos de padre y madre. Duración: hasta los 18 años (salvo incapacidad permanente), hasta los 21 con ingresos inferiores a un límite. Posibilidad de que los beneficiarios no sean ni el cónyuge ni los hijos.
Finlandia	• *Requisitos:* Pensión nacional: residencia. Pensión de supervivencia: ser menor de 65 años en el momento del matrimonio. Pensión de actividad: pertenencia al seguro. *Viudedad:* Pensión nacional: entre 191 y 230 ecus al mes durante los 6 primeros meses (complementos posibles). Tras ese tiempo, la pensión depende de los ingresos del supérstite y de sus cargas familiares. Se exigen requisitos de residencia, edad y duración del matrimonio. Pensión de actividad: entre el 17% y el 50% de la pensión del fallecido, según el n.° de hijos. Se exigen requisitos de edad y duración del matrimonio. *Orfandad:* pensión nacional: 45 ecus por mes, más complementos para menores de 18 años. Los huérfanos de padre y madre reciben pensiones separadas por cada uno. Duración: hasta los 18 años (20 para estudiantes). Pensión de actividad: entre el 33% y el 83% de la pensión correspondiente al fallecido, según el número de huérfanos. Complementos para los huérfanos de padre y madre. Duración: hasta los 18 años.

(.../...)

Cuadro 5.8. *(continuación)*

Francia	• *Requisitos:* los necesarios para ser titular de una pensión. *Viudedad:* 54% de la pensión correspondiente al fallecido (con mínimos). Complementos según las cargas familiares. El supérstite debe tener al menos 55 años, y estar en situación de bajos recursos o invalidez. *Orfandad:* complemento a la pensión de viudedad de 75 ecus al mes por cada hijo menor de 16 años.
Grecia	• *Requisitos:* los correspondientes a las prestaciones de invalidez o vejez, según el caso. *Viudedad:* entre el 50% y el 70% de la pensión del cónyuge, dependiendo de la fecha de aseguramiento. Dependiendo de la fecha del seguro, se exigen al supérstite ciertas condiciones de incapacidad o de recursos inferiores a un mínimo. *Orfandad:* entre el 20% y el 25% de la pensión del asegurado, dependiendo de la fecha del seguro. Para los huérfanos de padre y madre, entre el 50% y el 60% de la pensión. Duración: hasta los 18 años (24 años para estudiantes, ilimitada para incapacitados). En algunos casos los ascendientes pueden ser beneficiarios de la prestación.
Irlanda	• *Requisitos:* al menos 156 semanas de cotización del fallecido (se exigen mínimos de cotización anuales). *Viudedad:* 92 ecus semanales para menores de 80 años; 99 ecus en el resto de casos. Complementos para viudas mayores de 66 años que vivan solas. *Orfandad:* la pensión de viudedad aumenta en 22 ecus por cada hijo menor de 18 años o menor de 22 para estudiantes. Para los huérfanos de padre y madre: 59 ecus semanales si se cumplen ciertos requisitos de cotización.
Italia	• *Requisitos:* en general, 5 años de cotización del fallecido (al menos 3 en los últimos 5). *Viudedad:* entre el 60% y el 70% de la pensión de invalidez o jubilación del asegurado, dependiendo de las cargas familiares. Reducción entre un 25% y un 50% si los ingresos del beneficiario rebasan ciertos límites. *Orfandad:* entre un 20% y un 40% por huérfano, en función de si el hogar percibe o no pensión de viudedad. A partir de 3 hijos: 40%-100% de la pensión dividida entre el número de hijos. Pueden ser beneficiarios los padres, hermanos o hermanas si no hay cónyuge o hijos (15% de la pensión).
Luxemburgo	• *Requisitos:* 12 meses de seguro durante los 3 años anteriores al fallecimiento. *Viudedad:* totalidad de las mejoras a tanto alzado generales y especiales correspondientes al fallecido, más el 75% de los pagos proporcionales. *Orfandad:* 1/3 de las mejoras a tanto alzado más 1/4 de los pagos proporcionales. En el caso de huérfanos de padre y madre, la pensión se duplica. Pueden ser beneficiarios otros familiares del fallecido, aparte del cónyuge y los hijos.
Países Bajos	• *Requisitos:* pertenencia al seguro del fallecido. *Viudedad:* entre 796 y 1.010 ecus al mes en función de las cargas familiares (complementos por vacaciones). Si el fallecimiento es posterior al 30-6-96, el cónyuge debe tener al menos un hijo menor a su cargo (o incapacitado). *Orfandad:* 20% del salario mínimo neto, que se incorpora a la pensión de viudedad. Para huérfanos de padre y madre: entre 255 y 509 ecus al mes en función de la edad (complementos por vacaciones).

(.../...)

Cuadro 5.8. *(continuación)*

Portugal	• *Requisitos:* 36 meses de cotización del fallecido. *Viudedad:* 60% de la pensión de invalidez o jubilación del fallecido. Condiciones de edad y duración del matrimonio para el supérstite. *Orfandad:* entre el 20% y el 80% de la pensión en función del número de hijos y de si se percibe pensión de viudedad. Duración hasta 18-27 años en función del nivel de estudios. Pueden ser beneficiarios los padres del fallecido si no hay cónyuge o hijos.
Reino Unido	• *Requisitos:* los correspondientes a las prestaciones por jubilación para la pensión de viudedad y la asignación para madres viudas. Para el pago por viudedad, se exigen 25 cotizaciones. *Viudedad:* 94 ecus a la semana para las viudas con 55 o más años (reducción en otro caso). Pago por viudedad: 1.500 ecus a la muerte del cónyuge. Asignación para madres viudas: 94 ecus a la semana si existen hijos a cargo. Posibilidad de recibir una asignación adicional ligada a los ingresos. *Orfandad:* 17 ecus semanales, adicionales a la asignación de madre viuda, por cada hijo. Existe una asignación por tutela de huérfanos de 17 ecus por semana y niño.
Suecia	• *Requisitos:* pensión básica: residencia y obtención de ingresos con derecho a pensión durante 3 años. Pensión complementaria: obtención de ingresos con derecho a pensión durante 3 años. *Viudedad:* pensión básica: equivalente a la pensión por jubilación. Pensión complementaria: entre el 20% y el 40% de la pensión del fallecido, en función de las cargas familiares. En caso de recursos insuficientes, complementos para financiación del alojamiento. *Orfandad:* 25% de la cantidad básica más el 30% de la pensión complementaria (por cada uno de los padres). Complementos para más de un hijo. Duración: hasta los 18 años (20 para estudiantes).

Fuentes: Comisión Europea (1998a) y elaboración propia.

El último de los cuadros comparativos presentados resume la información correspondiente a las prestaciones familiares, distinguiendo las asignaciones por hijos de otras prestaciones. Como se observa en el cuadro 5.9, la práctica totalidad de los Estados miembros establecen ayudas por hijos dentro de este conjunto de asignaciones, si bien sus características difieren entre países. El límite de edad que da derecho a prestación oscila, para el caso general, entre los 16 y los 19 años, si bien en la mayoría de los países se prolonga la edad de percepción para los estudiantes y/o los enfermos graves, con la única excepción de Dinamarca y Finlandia. En cuanto a los pagos realizados, se comprueba que las menores cuantías corresponden a los países "cohesión". Cabe destacar que en algunos países las prestaciones familiares mantienen una tendencia creciente en los dos últimos años, como en el caso de Alemania e Italia, mientras en otros, como en Luxemburgo, la asistencia a las familias tiende a dirigirse específicamente a aquellas con menor nivel de recursos. En este mismo ámbito, resulta necesario señalar los esfuerzos de los Estados miembros en la ampliación de los permisos parentales y en el aumento de la disponibilidad de servicios para el cuidado de los niños, especialmente en aquellos países que partían de una situación menos favorable.

Por otro lado, se observa que aproximadamente la mitad de los Estados miembros ofrecen ayudas a familias monoparentales, establecidas como mecanismo de lucha contra la pobreza y como incentivo al empleo de dichos individuos. En particular, los países que ofrecen este tipo de prestación son Alemania, Francia, Grecia, Irlanda y los países nórdicos. Por otro lado, las ayudas adicionales para hijos incapacitados están prácticamente generalizadas, salvo en el caso de Alemania, Dinamarca y Suecia.

Por último, en el ámbito de las otras prestaciones se comprueba que menos de la mitad de los Estados ofrece ayudas diversas destinadas a subvencionar los gastos por alojamiento y/o los gastos escolares.

Una vez comparadas las principales prestaciones que componen los modelos de protección social en la UE, resulta relevante destacar las principales líneas de reforma emprendidas para adaptar dichos modelos al nuevo contexto socioeconómico. En este sentido, cabe señalar comportamientos diferenciados en tres campos: el endurecimiento de las condiciones para recibir prestaciones, el diseño de políticas de empleo activas y el fortalecimiento de los programas de lucha contra la pobreza. En el primer caso, y en consonancia con la tendencia común, se han endurecido las condiciones o prolongado los períodos de cotización en parte de los países nórdicos, España, Italia, Austria y los Países Bajos. Por su parte, en Alemania, Finlandia y el Reino Unido se recortan la cuantía de las prestaciones o su duración, y en Bélgica, Grecia, Italia, Portugal y, nuevamente, en el Reino Unido, se aumenta la edad de jubilación. En el ámbito de las prestaciones sanitarias se han introducido modificaciones en los modelos de gestión, especialmente en Alemania, el Reino Unido y los Países Bajos.

En cuanto a las políticas incentivadoras para la creación de empleo, destaca la introducción de prestaciones asociadas al trabajo en los países anglosajones y los beneficios fiscales específicos para bajos salarios en Finlandia, así como la generalización de las políticas de formación y asesoramiento a los desempleados, más desarrolladas anteriormente en los países nórdicos.

Finalmente, las políticas emprendidas para reducir la exclusión social resultan muy variadas, caracterizándose por el endurecimiento de algunas prestaciones o de los requisitos para percibirlas, como ocurre en los Países Bajos, Luxemburgo, Reino Unido, Alemania, Austria y Finlandia. Por otro lado, y en contraposición con lo anterior, se están ampliando las prestaciones de asistencia a largo plazo en Alemania y Austria, así como en los países anglosajones y escandinavos.

La mayor integración europea ha reabierto en el seno de las instituciones comunitarias, y entre los gobiernos europeos, el debate sobre el papel de la política social y su desarrollo en los próximos años, en un contexto de reajuste de las políticas de gasto y de preocupación por el nivel de empleo. El mayor grado de interdependencia entre los Estados miembros, derivado de su incorporación a la unión económica y monetaria, implica que las reformas en el ámbito de la protección social de un país pueden afectar al resto. En consecuencia, se ha producido de forma natural en los últimos años una convergencia de los sistemas y niveles de protección social, lo que ha reforzado el papel de las instituciones europeas en la coordinación de las orientaciones de la política social.

Así, el Programa de Acción Social 1998-2000 presentado por la Comisión Europea establece un marco de reformas y acciones orientadas en tres campos: el empleo, la

Cuadro 5.9. *Características de las prestaciones familiares en los países de la UE (1998)*

Alemania	• *Prestaciones por hijos: límite de edad*: 18 años (general); 21 (parados); 27 (estudiantes); enfermos graves: sin límite. *Pagos mensuales*: primer y segundo hijo = 111 ecus c/u.; tercer hijo = 152 ecus; cuarto y sucesivos = 177. *Ayudas a familias monoparentales*: entre 142 y 164 ecus según el Länder (por hijos menores de 12 años, durante 6 años máximo, si no se perciben asignaciones). • *Otras prestaciones: ayudas para alojamiento*: para familias con recursos insuficientes para soportar los gastos normales de alojamiento. *Ayudas escolares*: 304 ecus al mes durante los 2 primeros años de vida del hijo; se conceden a familias por debajo de ciertos ingresos.
Austria	• *Prestaciones por hijos: límite de edad*: 19 años (general); 26 (estudiantes); 21 (en búsqueda de empleo); incapacitados: sin límite. *Pagos mensuales:* entre 94 y 133 ecus por hijo, en función de su edad. *Ayudas por hijos incapacitados*: suplemento de 119 ecus si el grado de incapacidad es, al menos, del 50%. • *Otras prestaciones: ayudas para alojamiento*: según las leyes de cada Länder, en función de los recursos familiares y de los miembros de la familia. *Otras ayudas*: por hijos hasta 1 año (bajo condiciones de recursos); asignaciones de educación por hijos de hasta 2 años bajo ciertas condiciones; pagos por hijos hasta 4 años si el padre ejerce una actividad a tiempo parcial; ayudas por bajos recursos.
Bélgica	• *Prestaciones por hijos: límite de edad:* 18 años (general); 25 (estudiantes); enfermos graves: 21 años (sin límite en ciertos casos). *Pagos mensuales:* primer hijo = 66 ecus, 2.° hijo = 123 ecus, tercero y siguientes = 183 ecus (más complementos según edad). *Ayudas por hijos incapacitados*: entre 349 y 677 ecus adicionales por mes para menores de 21 años con un grado de incapacidad del 66%. • *Otras prestaciones:* ayudas por nacimiento y adopción.
Dinamarca	• *Prestaciones por hijos: límite de edad:* 18 años (general). *Pagos mensuales:* entre 86 y 122 ecus, en función de la edad. *Ayudas a familias monoparentales*: complemento de 51 ecus mensuales por hijo, y 39 ecus adicionales por mes y familia. • *Otras prestaciones:* asignaciones por nacimiento en partos múltiples, ayudas a la adopción.
España	• *Prestaciones por hijos: límite de edad*: 18 años (general); incapacitados graves: sin límite. *Pagos mensuales*: menores de 18 años: 18 ecus (36 para incapacitados); mayores de 18 años: entre 223 y 334 ecus según grado de incapacidad (para ingresos familiares anuales inferiores a un límite).
Finlandia	• *Prestaciones por hijos: límite de edad:* 17 años. *Pagos mensuales:* primer hijo = 89 ecus, 2.° hijo =110 ecus, 3er hijo = 130 ecus, 4.° hijo = 150 ecus; 5.° y siguientes = 171 ecus. *Ayudas a familias monoparentales:* suplemento de 33 ecus por hijo. *Ayudas por hijos incapacitados*: entre 69 y 300 ecus mensuales, hasta los 16 años. • *Otras prestaciones: ayudas para alojamiento*: bajo condiciones de recursos para familias con ingresos escasos. *Otras ayudas*: asignaciones por nacimiento; ayudas por cuidados a domicilio para familias con hijos menores de 3 años (bajo ciertas condiciones); asignaciones por reducción de la jornada laboral para el cuidado de menores de 3 años.

(.../...)

Cuadro 5.9. *(continuación)*

Francia	• *Prestaciones por hijos: límite de edad*: 19 años (general); 20 (estudiantes y enfermos graves). *Pagos mensuales*: entre 103 y 632 ecus (de 1 a 6 hijos); por cada hijo más: 132 ecus (bajo condiciones de recursos). Existen mejoras en función de la edad de los hijos. *Ayudas a familias monoparentales*: diferencia entre 645 ecus por hijo e ingresos del destinatario. *Ayudas por hijos incapacitados*: complementos para educación especial; ayudas para cuidados (entre 77 y 856 ecus al mes según la incapacidad). • *Otras prestaciones: ayudas para alojamiento:* para titulares de prestaciones familiares; se calcula en función del gasto en alojamiento (con límites), de la situación familiar y de los recursos del beneficiario. *Ayudas escolares:* para niños entre 6 y 18 años, pertenecientes a familias con pocos recursos. *Otras ayudas:* asignaciones por nacimiento; ayudas (condicionadas) a los padres que interrumpen su actividad laboral para cuidar de un hijo menor de 3 años; concesión de ayudas para la contratación de personas que cuiden de los hijos.
Grecia	• *Prestaciones por hijos: límite de edad*: 18 años (general); 22 (estudiantes); enfermos graves: sin límite. *Pagos mensuales*: entre 5,2 y 46 ecus (de 1 a 4 hijos). Por cada hijo más: 8 ecus adicionales. Si los ingresos familiares brutos superan los 7691 ecus, reducción progresiva de las cantidades anteriores. *Ayudas a familias monoparentales*: suplemento de 4 ecus (para ingresos inferiores a un mínimo). *Ayudas por hijos incapacitados*: 4 ecus mensuales. • *Otras prestaciones:* ayudas por nacimiento, asignaciones a familias numerosas.
Irlanda	• *Prestaciones por hijos: límite de edad:* 16 años (general); 19 (estudiantes y enfermos graves). *Pagos mensuales:* primer y segundo hijo = 39 ecus; tercero y siguientes: 51 ecus. *Ayudas a familias monoparentales*: 87 ecus semanales (máximo, más suplemento de 20 ecus semanales por hijo, para ingresos inferiores a un mínimo). *Ayudas por hijos incapacitados*: 134 ecus al mes, en concepto de ayudas para cuidados a domicilio, para hijos entre 2 y 16 años. • *Otras prestaciones:* ayudas por nacimiento, complementos a los ingresos familiares.
Italia	• *Prestaciones por hijos: límite de edad*: 18 años (general); enfermos graves: sin límite. *Pagos mensuales*: inversamente proporcionales a los ingresos familiares y en proporción directa al número de miembros de la familia. *Ayudas por hijos incapacitados*: aumento del límite máximo de los ingresos familiares en el cálculo del resto de prestaciones.
Luxemburgo	• *Prestaciones por hijos: límite de edad:* 18 años (general); 27 (estudiantes); enfermos graves: sin límite. *Pagos mensuales:* 107 ecus por 1 hijo, 272 ecus por 2 hijos, 526 ecus por 3 hijos; cada uno de los siguientes: 254 ecus (modulación en función de la edad). *Ayudas por hijos incapacitados*: 107 ecus adicionales para menores de 18 años con incapacidad de, al menos, el 50%. • *Otras prestaciones: ayudas escolares:* para mayores de 6 años, en función del número de hijos en edad escolar y de su edad. Asignaciones especiales en caso de que los ingresos no superen un mínimo. *Otras ayudas:* asignaciones por nacimiento.

(.../...)

Cuadro 5.9. *(continuación)*

Países Bajos	• *Prestaciones por hijos: límite de edad:* 17 años (general); 24 años (estudiantes sin beca). *Pagos mensuales:* entre 47 y 137 ecus en función del número de hijos, de su edad y del año de nacimiento. *Ayudas por hijos incapacitados:* doble de la asignación general.
Portugal	• *Prestaciones por hijos: límite de edad:* 16 años (general); 24 años (estudiantes); enfermos graves: en ciertos casos, prórroga de 3 años. *Pagos mensuales:* en función de los ingresos familiares, el número de hijos y su edad. *Ayudas por hijos incapacitados:* en función de la edad, las necesidades de educación y de asistencia. • *Otras prestaciones:* asignación en caso de fallecimiento del cónyuge o los hijos.
Reino Unido	• *Prestaciones por hijos: límite de edad:* 16 años (general); 19 (estudiantes). *Pagos mensuales:* Primer hijo = entre 72 y 111 ecus (parejas-padres solos); 58 ecus adicionales por los sucesivos. Otras cantidades: 124 ecus por cada hijo (según recursos familiares). *Ayudas por hijos incapacitados:* financiación para cuidados personales. • *Otras prestaciones: ayudas para alojamiento:* asignación para individuos con ingresos insuficientes; cubre como máximo los gastos "razonables" de alquiler. *Otras ayudas:* crédito familiar: prestación, sujeta a condiciones de necesidad, dirigida a familias activas con hijos (incentivo a que permanezcan en el puesto de trabajo); asignaciones por nacimiento bajo condiciones de recursos.
Suecia	• *Prestaciones por hijos: límite de edad:* 16 años (general); prórrogas por estudios. *Pagos mensuales:* 86 ecus (mejoras para familias numerosas, entre 23 y 86 ecus). *Ayudas a familias monoparentales:* 140 ecus mensuales. • *Otras prestaciones: ayudas para alojamiento:* asignaciones dependientes de las necesidades familiares, en función de los ingresos, los costes del alojamiento y de la superficie que se precisa. *Otras ayudas:* adopción de niños extranjeros (2.748 ecus).

Fuentes: Comisión Europea (1998a) y elaboración propia.

capacitación y la movilidad de la población, la adaptación a un mundo laboral en transformación y la articulación de una sociedad no excluyente. En el primer caso, el objetivo es aprovechar las oportunidades del crecimiento y la estabilidad macroeconómica para consolidar las reformas estructurales e incrementar de forma significativa el nivel de empleo en Europa, sosteniendo así la prosperidad de la Unión Europea y la viabilidad a largo plazo de su modelo social. En el segundo caso, se trata de establecer un equilibrio adecuado entre la flexibilidad de la fuerza laboral demandada por los empresarios y la seguridad de los trabajadores. Por último, en el tercer caso las autoridades comunitarias tratan de fomentar las reformas y modernizaciones necesarias para mantener en el futuro las características básicas del modelo social europeo.

Se considera que la política social, articulada a través de actuaciones públicas, es el principal mecanismo que garantiza la difusión del progreso económico y la integración europea, mediante la contribución al desarrollo de las capacidades de las personas durante su vida activa, promoviendo la redistribución de la renta y luchando contra la discriminación y la desigualdad. No obstante, se constata la necesidad de adaptar los sistemas de protección europeos a un nuevo contexto económico más restrictivo y a un escenario demográfico que incidirá en la demanda de gasto social en el futuro. En este sentido, las líneas de actuación propuestas por las autoridades comunitarias apuntan hacia cuatro objetivos: dirigir la protección social de forma más prioritaria hacia el empleo, adaptar los sistemas a las consecuencias económicas del envejecimiento progresivo de la población, ajustar el modelo a las nuevas circunstancias sociofamiliares de la incorporación masiva de la mujer al mercado laboral y reformar el sistema de coordinación de la Seguridad Social para las personas que circulan en el interior de la Unión Europea.

Además de la modernización y mejora de la protección social, las autoridades comunitarias se plantean otras cuestiones igualmente importantes. En primer lugar, la necesidad de promover la inclusión social transformando, en general, las políticas pasivas en activas y desarrollando un planteamiento preventivo de la exclusión social. En segundo lugar, el impulso de la igualdad y la lucha contra la discriminación, junto con el fomento de una sociedad con mejores condiciones sanitarias. Las políticas comunitarias en este último terreno se centran en la prevención de las enfermedades, la reducción de las desigualdades en el acceso a la asistencia, la seguridad de los alimentos, la protección del consumidor y otras actuaciones sobre la libre circulación de productos farmacéuticos, la investigación y el desarrollo o el medio ambiente.

La transformación de determinados parámetros ha trastocado la evolución de los sistemas de protección social, introduciendo elementos de incertidumbre sobre el mantenimiento de modelos que fueron diseñados en otro contexto. Las respuestas de las autoridades nacionales a estos problemas comparten elementos de análisis, enfoques y propuestas de reforma, con el objetivo común de garantizar la sostenibilidad del modelo social que ha caracterizado a Europa y la ha diferenciado de otras experiencias. Así, la actitud predominante en la Unión Europea respecto a la protección social no cuestiona el principio del mantenimiento de un sistema universal que acoja a todas las personas que necesiten de sus actuaciones. No obstante, se discute cada vez más sobre el modo en que deberán organizarse en el futuro los sistemas de asistencia social en cuanto a su amplitud y las contingencias a cubrir. Además, se ha incorporado al debate la cuestión de hasta dónde debe llegar la responsabilidad del Estado y a partir de qué punto debe sustituirse por el criterio de responsabilidad individual. Las respuestas a estos interrogantes son las que determinan, en el contexto europeo actual, las diferencias a la hora de articular medidas concretas bajo planteamientos que manifiestan distintas sensibilidades sociales.

5.2. La protección social en los países que han solicitado su adhesión a la Unión Europea

Los países de Europa Central y Oriental que han solicitado su adhesión a la UE han experimentado en la última década importantes transformaciones económicas y sociales, en gran parte relacionadas con el proceso de transición desde unas economías fuertemente intervenidas a un modelo de economía de mercado. Las tensiones presupuestarias a las que han estado sometidos estos países han sido notables (especialmente a mediados de la década de los noventa), y se han traducido en la aparición de serios problemas en la configuración de los sistemas de protección social. Esta tendencia ha continuado hasta 1998, año en el que se produjo una mejora generalizada de las finanzas públicas y comenzó la puesta en práctica de reformas en los sistemas de gestión del gasto que, a su vez, posibilitaron la recuperación de los gastos corrientes y, en muchos casos, el logro de niveles aceptables de gasto social. Por otro lado, la perspectiva de incorporación a la UE ha forzado a estos países a acometer reformas importantes en los últimos años, tanto en lo que se refiere a sus fuentes de ingresos (especialmente en sus respectivos sistemas tributarios), como en las políticas de gasto, con el fin de lograr una sostenibilidad a medio plazo y de alcanzar unos modelos de protección social más próximos a los comunitarios.

En general, los esquemas vigentes previos a la transición estaban caracterizados por la cobertura universal de las prestaciones, la presencia de generosas asignaciones familiares, amplias opciones de jubilación anticipada y provisión gratuita de atención sanitaria. Estos elementos se mantienen casi intactos tras el paso a un sistema de economía de mercado, si bien se han introducido modificaciones en los programas de seguro de desempleo y bienestar social, con el fin de ayudar a las familias a superar los *shocks* derivados del proceso de transición.

La política de asistencia social se compone en estos países de un gran número de programas, de mayor amplitud que los diseñados en el ámbito de la UE. Al margen de las prestaciones tradicionales, se incluyen diversas ayudas por gastos de energía, rentas mensuales de alivio contra la pobreza, subsidios para transportes, etc. A pesar de que los esquemas de protección social son bastante generosos en comparación con los estándares internacionales, suelen estar mal dirigidos, por lo que no siempre cumplen su objetivo de aliviar las situaciones mayores de necesidad. De hecho, es posible afirmar que los programas de protección social articulados por estos países no han sido capaces de proteger a los más vulnerables. Además, la gestión de las prestaciones se lleva a cabo por una multitud de instituciones, lo que contribuye a la duplicidad de los gastos y a un aumento de la ineficiencia en la asignación de los recursos públicos. Este hecho ha tenido su origen, para algunos países, en los procesos de descentralización de las competencias a los gobiernos territoriales, que no siempre se han llevado a cabo de forma racional.

Por su parte, la financiación de los esquemas de protección social se ha visto sometida a serias dificultades, especialmente al inicio de la transición, como consecuencia de los problemas presupuestarios generalizados a los que se han enfrentado estos países. En muchos casos, la carga de los gastos por intereses de la deuda, especialmente acentuada entre 1995 y 1997, generó un efecto expulsión sobre el resto de partidas de gasto público. Este hecho ocasionó situaciones muy delicadas durante el auge de la crisis financiera, momento en el que se producen aumentos sustanciales de la necesidad de protección social. Estos problemas se agravaron, además, como consecuencia del deterioro en el grado de cumplimiento de las contribuciones a la Seguridad Social, derivado a su vez de los elevados porcentajes de contribución exigidos y del débil vínculo existente entre las aportaciones realizadas y las prestaciones recibidas.[9] No obstante, en los dos últimos años se han producido mejoras sustanciales en las cuentas de la Seguridad Social, que tienen su origen en un factor decisivo: la reducción drástica del nivel de prestaciones.

Por lo que se refiere a las principales prestaciones sociales ofrecidas por este conjunto de países, cabe destacar algunos rasgos característicos. En primer lugar, los sistemas de pensiones, establecidos como sistemas de reparto, estaban inicialmente diseñados con una estructura de beneficios altamente compleja y diferenciada, que generaba fuertes problemas administrativos, y con criterios generosos en la definición de los beneficiarios de las prestaciones. Asimismo, los incentivos a la jubilación anticipada tendían a incrementar el número de beneficiarios en relación con el número de contribuyentes. Por otro lado, se contaba con bases de contribución muy reducidas en comparación con los países industriales, en parte por la baja proporción de los salarios sobre la retribución total, y en parte por las exenciones concedidas a ciertos tipos de trabajadores. Actualmente, el porcentaje de contribuciones sobre el PIB varía entre países, lo que sugiere que el éxito en la ampliación de las bases de contribución y en el refuerzo del cumplimiento fiscal efectuado en los últimos años ha sido dispar.

Si bien al inicio de la transición se produjo un incremento en el número de jubilaciones y un crecimiento espectacular en la proporción de beneficiarios de las prestaciones en relación con el número de contribuyentes, dicha proporción volvió a descender en 1998 como consecuencia de una reducción en la tasa de desempleo. A partir de ese momento comenzaron a ponerse en práctica reformas globales, que restablecieron el vínculo entre contribuciones y prestaciones, y redujeron sustancialmente los tipos de cotización. Asimismo, se ha producido una reducción de las jubilaciones anticipadas, se ha aumentado la edad de jubilación y se han modificado las fórmulas de cálculo de las prestaciones, con el fin de reducir su cuantía. En la actualidad, la mayor parte de los sistemas de pensiones se han convertido en redes de apoyo social que proveen prestaciones bajas a una elevada proporción de la población.

Por su parte, la estructura de los sistemas sanitarios resulta muy similar en todas las economías de transición. Bajo el período socialista se establecieron sistemas extensivos, con acceso universal y gratuito, que han sufrido pocos cambios estructurales durante la transición. Entre 1992 y 1996 los gastos sanitarios sufrieron una caída continuada, especialmente los gastos de capital, y a partir de 1997 se produce una lenta recuperación de los mismos, que no siempre ha dado como resultado el logro de niveles de gasto aceptables. Algunos países, como Bulgaria, Polonia y Rumania, continúan financiando los gastos sanitarios con impuestos generales, mientras en otros casos, como la República Checa y Hungría, se han establecido sistemas basados en el cobro de contribuciones sociales. Los niveles de ineficiencia alcanzados en la provisión de servicios sanitarios han promovido reformas en diversos ámbitos, como en los esquemas de financiación de los proveedores o en el desarrollo de procesos adecuados de acreditación.

Los factores que presionan sobre el gasto social son diversos: en primer lugar, se registra una creciente necesidad de transferencias sociales debida al desempleo estructural y al aumento en la demanda de pensiones de jubilación. Por otra parte, a largo plazo se prevén cambios importantes en la estructura demográfica que afectarán al sistema de pensiones, con aumentos en la tasa de dependencia, y al gasto sanitario. Estos problemas, comunes a los países de la UE, se ven agravados por algunas circunstancias propias de las economías en transición, que han heredado una infraestructura y un capital humano inapropiados para un sistema de mercado y registran niveles de productividad bajos para los estándares internacionales. Además, su capacidad para recaudar impuestos es muy limitada, y la necesidad de protección social es mayor que en otros países por el aumento de la pobreza en los últimos años y las elevadas expectativas hacia los programas de bienestar social generadas durante el período socialista. Por lo tanto, es preciso que reduzcan la dimensión de los esquemas de protección social para poder reducir la presión fiscal y permitir el crecimiento de otros gastos, teniendo en cuenta la necesidad de mantener un nivel adecuado de gasto social para mitigar los efectos del proceso de transición sobre los pobres. La transformación económica e institucional está en marcha, y resulta necesario establecer redes de protección social coste-efectivas en un contexto de bases de recaudación muy erosionadas.

Teniendo en cuenta lo anterior, el logro de los objetivos de política fiscal requerirá de una evaluación cuidadosa del gasto y su composición. La racionalización de las funciones y el tamaño del Sector Público pueden ayudar a mejorar la eficiencia, a reducir el personal público y a ahorrar en el medio plazo. Hasta ahora, las reformas establecidas en los últimos años se han diseñado con el objetivo a corto plazo de racionalizar los programas de protección social y dirigirlos adecuadamente. En cualquier caso, resulta necesario ampliar la estrategia de reforma del gasto, especialmente en el ámbito de las pensiones de jubilación, que constituyen el programa de mayor carga financiera dentro de los sistemas de protección social.

Al hilo de esta cuestión, cabe destacar que las respuestas de este conjunto de países ante las dificultades financieras de los sistemas de pensiones se han concentrado, en general, en la reducción de los beneficios y en el refuerzo del vínculo entre contribuciones y transferencias recibidas. No obstante, algunos de los países candidatos a la adhesión, conscientes de la presión que supondrá en el futuro sobre el gasto público el mantenimiento del sistema de pensiones y la prestación de asistencia sanitaria, han iniciado procesos de reforma que permitan sostener a largo plazo ambos elementos (Comisión Europea, 2000b). La reforma integral del sistema de pensiones húngaro en 1997 es buen ejemplo de ello. Otros países, como la República Checa, Estonia, Letonia y Lituania han establecido sistemas similares basados en varios fondos, que se consolidarán en los próximos años. Por su parte, la reforma del sistema sanitario ha tenido hasta el momento un alcance mucho menor, puesto que se han producido mejoras marginales en la recaudación por contribuciones a la Seguridad Social, pero no se han logrado avances notables en la contención de los costes sanitarios.

Por lo que respecta al grupo de los países del Mediterráneo oriental, cabe señalar el caso de Turquía, dado el tamaño relativo de su economía. El sistema de protección social turco es, actualmente, insostenible e incapaz de proveer de un nivel adecuado de prestaciones a muchos de sus ciudadanos. Además, padece de numerosos problemas administrativos. Su sistema de pensiones, pilar principal de los programas de protección social, destaca por la generosidad de los pagos en relación con las contribuciones aportadas por los beneficiarios, lo que provoca déficit importantes que se prevé crezcan en el futuro. Por otro lado, la edad a la que se permite la jubilación es muy baja, lo que presiona sobre las cargas financieras del sistema. Finalmente, los débiles procedimientos y controles administrativos, que están en el origen del crecimiento de la economía sumergida, explican en parte la limitación de recursos para financiar las prestaciones y los limitados niveles de cobertura.

La crisis de la Seguridad Social, cuyo déficit ha experimentado aumentos en los últimos años, perpetúa además la inestabilidad macroeconómica de Turquía, puesto que contribuye en buena parte a generar la elevada y persistente tasa de inflación del país. En consecuencia, existe un amplio consenso sobre la necesidad de introducir reformas sustanciales en el sistema de protección social, si bien aún no se ha alcanzado un acuerdo sobre cómo deben articularse las reformas. Hasta ahora, los problemas financieros han sido contenidos mediante la combinación de medidas dirigidas a reforzar la recaudación, a reducir pagos injustificados y a limitar el gasto en seguros sanitarios de los pensionistas.

No obstante, cualquiera que sea el tipo de reforma diseñado, los países que han solicitado su adhesión a la UE deberán continuar con la tendencia de acercamiento a los programas de protección social de los países comunitarios, con el fin de facilitar su proceso de integración. En cualquier caso, la adopción de las normas comunitarias y de las líneas de acción básicas diseñadas por los Estados miembros de la UE en materia de protección social supondrá para estos países un paso adelante en la configuración de una política económica adecuada, lo que permitirá a su vez mejorar sus resultados económicos. En el logro de estos objetivos la UE deberá jugar un papel activo ayudando a los países candidatos en la adaptación de sus estructuras administrativas, a través, por ejemplo, de acciones formativas y de la puesta en común de sus experiencias en materia de gestión y organización.

5.3. La protección social en el resto de países europeos

El resto de países de Europa Occidental no integrados en la Unión mantienen, en general, esquemas de protección social más similares a los vigentes en la UE. Por ejemplo, en Noruega la cobertura de las prestaciones se extiende a todas aquellas personas que residan o trabajen en el país, siguiendo la pauta del conjunto de países nórdicos integrados en la Unión, y siendo la estructura de las prestaciones coincidente con la señalada para este grupo de Estados miembros. Asimismo, las nuevas circunstancias económicas y demográficas también han obligado al diseño de reformas que permitan asegurar la viabilidad a largo plazo del sistema de protección social.

Por otra parte, en el grupo de países de Europa Central y Oriental no incluidos en el epígrafe anterior, los sistemas de protección social comparten un buen número de rasgos característicos con los países que han solicitado la adhesión a la UE, puesto que se trata de economías que se enfrentan a procesos de transición hacia un sistema de mercado. Sin embargo, los problemas que afectan al funcionamiento de los programas sociales se ven agravados por dos factores: las mayores dificultades financieras, por un lado, y la mayor necesidad de establecer redes de apoyo social, por otro, como consecuencia de los aumentos especialmente notables de las tasas de pobreza en el ámbito de los países bálticos y en la antigua Unión Soviética.

Entre los rasgos comunes al conjunto de los PECO, cabe citar los siguientes. En primer lugar, el sistema de protección social provee un amplio abanico de prestaciones (más amplio que en el caso de la UE, pero también mayor que el correspondiente a los países que han solicitado la adhesión). Dicho sistema se compone, principalmente, de transferencias monetarias como pensiones, desempleo y prestaciones familiares para cubrir contingencias generales, así como de mecanismos de cobertura de contingencias excepcionales, como pueden ser el control de precios y la subsidiación de bienes y servicios considerados "socialmente importantes" articulados para paliar los efectos de la crisis económica (como en el caso de Bielorrusia, Rusia o Ucrania), la creación de programas de alimentación o la concesión de ayudas en forma de subsidios a la vivienda[10].

Sin embargo, la complejidad de los programas de protección social, junto con las severas restricciones financieras a las que han estado sometidos, ha restado transparencia y efectividad al sistema de prestaciones, de manera que en la mayor parte de los casos la población más necesitada no recibe la asistencia precisa, lo que constituye otro rasgo común con los esquemas establecidos por los PECO. Por este motivo se plantean reformas que optan por una ayuda más dirigida a los grupos de renta baja, mediante transferencias monetarias específicas dirigidas a dichos colectivos.

Por otra parte, desde el comienzo de la transición muchos países han llevado a cabo un proceso de transferencia gradual de las responsabilidades de gasto social hacia los gobiernos locales y regionales (es el caso de Rusia, Moldavia, Ucrania o Macedonia). Sin embargo, dicho proceso no siempre ha ido acompañado de transferencias adecuadas en la financiación, lo que ha provocado deterioros importantes en los presupuestos de los gobiernos regionales y locales en aquellos momentos en los que la crisis financiera aquejó más fuertemente a los gobiernos centrales.

La presión sobre las prestaciones sociales se ha incrementado en los últimos años como consecuencia del aumento en el número de desempleados y pensionistas y, en menor medida, por el crecimiento de los gastos sanitarios. El ajuste se ha producido, como era de esperar, sobre las partidas de gasto más discrecionales: la inversión pública, que se ha reducido de forma importante, o la congelación de los sueldos de los funcionarios. En cualquier caso, el escaso nivel de discrecionalidad en el gasto implica que en los momentos en que los ingresos son inferiores a lo esperado, el gobierno, como consecuencia de su limitada capacidad de ajuste, se ve forzado a acumular deudas.

Los sistemas de pensiones de los países europeos encuadrados en las economías en transición padecen un conjunto de problemas estructurales que han contribuido a empeorar su situación financiera entre 1992 y 1998: la reducción de las bases de contribución (en tanto en cuanto los empleadores han preferido formas de pago no monetarias y la economía sumergida ha registrado tasas de crecimiento notables), el deterioro en la tasa de cumplimiento, y el incremento en la ratio de dependencia debido al mayor número de jubilaciones anticipadas y al envejecimiento de la población. Además, las tendencias demográficas previstas aumentarán la presión sobre el sistema en las próximas tres décadas. En consecuencia, mientras el número de pensionistas en relación con el de contribuyentes ha ido aumentando, los ingresos han sido insuficientes para cubrir las generosas prestaciones que se garantizaban antes de la transición, que en muchos casos han experimentado recortes significativos[11]. Este hecho se ha traducido en la aparición de déficit, que en algunos países se han financiando con atrasos en los pagos de las prestaciones (como en el caso de Rusia, Ucrania o Moldavia).

La necesidad de reforma es prioritaria en el ámbito de las pensiones, que suponen el núcleo de los gastos sociales. La capacidad de estos países para proporcionar una protección social adecuada sin imponer trabas a la eficiencia económica se ha deteriorado durante el proceso de transición. Por el lado de los ingresos, el sistema genera pocos incentivos a trabajar y a pagar contribuciones. Por el lado de las prestaciones, ofrece una cobertura muy extensa en términos de número de beneficiarios, pero insuficiente en cuanto a la pensión media. El sistema está mal dirigido, y no consigue sus objetivos de redistribución y de prevención de la pobreza absoluta.

La reforma del sistema de pensiones, que se inicia en general en 1998, tiene como objetivo asegurar la sostenibilidad financiera del sistema, reduciendo su tamaño y racionalizando el sistema público de reparto[12]. Las medidas básicas que se han adoptado en la mayor parte de estos países consisten en el aumento de la edad normal y de la edad mínima de jubilación, la elevación del factor de reducción por jubilación anticipada, el aumento del período de referencia utilizado para el cálculo de la pensión, el refuerzo de los controles establecidos sobre las pensiones de invalidez (con el fin de controlar el fraude), y la introducción de medidas que contribuyan al cumplimiento en el pago de las contribuciones. No obstante, algunos países han diseñado esquemas de reforma más avanzados con el objetivo de impulsar la creación de fondos de ahorro complementarios (como en el caso de Ucrania), o bien de iniciar la transición desde un sistema de reparto a un sistema mixto, que incorpore elementos de capitalización (como en el caso de Croacia). A pesar de que un sistema de estas características generaría importantes ventajas en términos de la reducción de distorsiones sobre el mercado de trabajo, el desarrollo de los mercados financieros y la promoción del ahorro y la acumulación del capital, su puesta en funcionamiento precisa de unas condiciones económicas, políticas e institucionales de las que carecen la mayor parte de estos países.

La creciente carga impuesta por los gastos en pensiones implica que los sistemas que no se reformen no serán sostenibles, sobre todo si se tiene en cuenta la necesidad de estos países de aumentar el gasto en otras áreas, como en sanidad, educación e inversiones en infraestructura. Las reformas deberían implicar la reestructuración y el cambio en la dimensión a la baja de los sistemas de pensiones, con el fin de establecer esquemas sostenibles y eficientes capaces de soportar las fluctuaciones económicas y demográficas.

En materia de desempleo, los esquemas de protección articulados tienen una escasa capacidad para proveer una red social efectiva a los desempleados. De hecho, un escaso porcentaje de los parados recibe prestaciones. Además, el nivel de los subsidios es muy modesto y es fácil encontrar desigualdades regionales notables. Estos gastos han comenzado a reducirse en muchos casos a partir de 1998, en parte por la reducción en el número de beneficiarios como consecuencia de una mejora en las condiciones económicas. En general, las principales reformas en este ámbito han consistido en rebajar la tasa de reposición tras los primeros meses de prestación, y en reducir su duración máxima. En algunos países, como en el caso de Macedonia, se han introducido elementos novedosos en el presupuesto con el fin de reducir las elevadas tasas de desempleo, consistentes en beneficios fiscales en los impuestos de la renta personal y en las contribuciones a la seguridad social para ciertos contratados que hubieran pertenecido a la categoría de parados de larga duración. Asimismo, ciertos países ofrecen subsidios a las empresas por la creación de nuevos empleos.

En el ámbito sanitario, si bien en ciertos casos algunos indicadores presentan niveles similares a los de las economías avanzadas, la calidad del servicio no alcanza los mismos estándares. Hasta ahora, no se ha ejercido un control efectivo sobre el gasto de los centros que se administran de forma autónoma, lo que ha provocado la generación de un volumen importante de retrasos en los pagos. Además, la estructura del gasto es muy ineficiente: por un lado, en tanto en cuanto se ha producido escasez de medicinas, equipamiento, etc., la calidad y disponibilidad de la asistencia primaria se ha deteriorado gravemente, sobre todo en las áreas rurales. Por otro lado, existen signos de sobrecapacidad: las tasas de ocupación de hospitales tienden a ser muy bajas, mientras la estancia media suele ser muy elevada. En este ámbito, las principales reformas han consistido en la reestructuración de los servicios sanitarios (cierre de hospitales, reducción de camas, etc.), la introducción de mecanismos de pago capitativos, la adopción de un paquete de servicios mínimos adaptados a los fondos presupuestarios, el aumento de la participación en el coste por parte de los usuarios o la introducción de mecanismos de competencia en el sector farmacéutico.

Como se ha señalado, durante los años 1998 y 1999 se ha producido un impulso a la introducción de reformas en el ámbito de las políticas de gasto social, con el objetivo de definir unas políticas de gasto equitativas y sostenibles. Uno de los mayores problemas asociados a los sistemas de protección social de estas economías en transición consiste, precisamente, en reformar los esquemas heredados del período soviético, que estaban diseñados para ofrecer protección desde el nacimiento hasta la muerte. El gasto público en bienestar social continúa absorbiendo una gran parte de los recursos públicos en estos países, dado que los intentos de reforma de los sistemas actuales han sido modestos. Además, se enfrentan a una situación de ingresos decrecientes, lo que ha puesto en evidencia la insostenibilidad de las prestaciones tal y como están diseñadas. Aunque actualmente todas las economías europeas están sometiendo a un proceso de revisión los sistemas de protección social, estos países se enfrentan a dificultades adicionales al tener que elegir entre el gasto en Seguridad Social y la inversión en crecimiento económico, en un contexto de fragilidad social y financiera y de presiones sobre el gasto como consecuencia de la transformación económica.

En resumen, la configuración de los esquemas de protección social en Europa responde, como puede observarse, a un patrón heterogéneo que depende en buena medida del grado de desarrollo económico de cada país. No obstante, a pesar de los condicionantes socioeconómicos y de las peculiaridades propias de la tradición y la cultura de cada Estado, es de prever que se produzca una convergencia en el diseño de los Estados del bienestar, a medida que tenga lugar una revitalización económica y un acercamiento a la órbita de la UE.

CAPÍTULO SEIS

El sistema tributario de los países europeos

UNA VEZ ANALIZADAS las principales políticas de gasto público de los países europeos, resulta necesario profundizar en el modo en que los distintos Estados financian dichas políticas. El diseño de los sistemas impositivos juega un papel crucial en las economías de todo el mundo por dos motivos fundamentales: en primer lugar, por los efectos que los impuestos generan sobre las decisiones individuales de trabajo, ahorro e inversión, y sobre variables de tipo macroeconómico como los precios o el saldo de la balanza comercial, factores todos ellos determinantes de la senda de crecimiento económico de un país. En segundo lugar, porque los ingresos tributarios constituyen la base de financiación de las políticas de gasto público. De hecho, el núcleo de las diferencias en los sistemas fiscales se explica en buena parte por las divergencias en el nivel de transferencias sociales entre países.

El presente capítulo revisa en primer lugar, siguiendo la estructura de capítulos anteriores, los rasgos principales de los sistemas tributarios pertenecientes a la Unión Europea. En el primer epígrafe se describen las figuras impositivas más relevantes y se resumen las tendencias recientes que han caracterizado, y caracterizan en el momento presente, las reformas fiscales en el seno de la Unión. A continuación, el capítulo se centra en la descripción de los aspectos que definen los sistemas tributarios de los países que han solicitado su adhesión a la Unión Europea, para concluir con el resumen de los principales rasgos que caracterizan los sistemas fiscales en el resto de países europeos.

A partir de la revisión descrita se ponen de manifiesto las diferencias en las estructuras fiscales de los distintos países, incluso dentro del ámbito de la Unión Europea. En este caso las principales diferencias están referidas a los impuestos que recaen sobre el factor trabajo, mientras la fiscalidad sobre el capital tiende a ser similar para todos los

Estados miembros como consecuencia de la movilidad de las bases imponibles. Por su parte, los impuestos sobre el consumo reflejan el mayor grado de armonización que se deriva del establecimiento de un mercado único. Por otro lado, las reformas fiscales tienden a concentrarse en la rebaja de la presión fiscal, especialmente de las rentas del trabajo. Los tipos impositivos se reducen, y las bases imponibles se amplían. Las reformas previstas tienen como objetivo promover la inversión, la producción y el empleo, así como mejorar la eficiencia y efectividad de los sistemas fiscales europeos. No obstante, hasta el momento las medidas adoptadas no se han integrado en un marco de reforma global de las finanzas públicas, lo que puede obstaculizar que se consigan plenamente los objetivos de producción y empleo previstos.

Por otra parte, los países candidatos a la adhesión a la Unión Europea han acelerado en los últimos años la introducción de ambiciosos programas de reforma fiscal, con el objetivo de acercar sus estructuras tributarias a las vigentes en el ámbito comunitario. Además, las tendencias reformistas de estos países han seguido las líneas maestras adoptadas por los Estados miembros durante las dos últimas décadas. No obstante, su plena integración en la UE exige que profundicen en algunos aspectos de los procesos de reforma emprendidos, especialmente por lo que respecta a la imposición indirecta y al diseño de la administración fiscal. En resumen, aún quedan tareas pendientes en la modernización de los sistemas fiscales de estos países, que resultan especialmente relevantes para el resto de economías en transición.

6.1. La fiscalidad en los países de la Unión Europea

La demanda de gasto en los países pertenecientes a la UE ha sido creciente en los últimos años como consecuencia de diversos factores: la inversión pública en capital humano e infraestructuras empleada como motor de crecimiento económico, la necesidad de mantener elevados niveles de protección social, la demanda de mayores niveles de calidad en los bienes y servicios provistos públicamente o la regulación de nuevas áreas como el medio ambiente. Este hecho ha provocado que el peso de los ingresos impositivos sobre la economía de los Estados miembros alcance niveles especialmente destacados en comparación con los estándares internacionales.

Como se observa en el cuadro 6.1, los ingresos impositivos representan en la UE, de media, en torno al 40% del PIB[1]. No obstante, ciertos países se sitúan por debajo de ese nivel, entre los que destacan Grecia, Portugal, Irlanda y España, con porcentajes inferiores al 35%. Por el contrario, los ingresos impositivos en algunos Estados mantienen un peso muy superior a la media, especialmente en el entorno de los países nórdicos, lo que indica la importancia relativa de sus Sectores Públicos, cuyo tamaño se encuentra estrechamente vinculado a los niveles de renta per cápita. Desde comienzos de los años noventa, la proporción de los ingresos impositivos sobre el conjunto de las economías de la UE no ha registrado variaciones significativas, manteniéndose más o menos constante. Sin embargo, algunos países han experimentado una destacable evolución al alza entre 1990 y 1998, como en el caso de Italia y Portugal.

Cuadro 6.1. *Dimensión económica de los ingresos impositivos en la UE*

	Total ingresos impositivos (% PIB)				
	1990	*1995*	*1996*	*1997*	*1998*
Alemania	36,7	38,5	37,6	37,2	37,1
Austria	41,0	42,4	44,1	44,3	44,3
Bélgica	43,9	45,4	45,8	46,0	46,3
Dinamarca	47,1	49,4	49,7	49,5	49,3
España	34,4	32,8	32,6	33,7	34,2
Finlandia	44,9	45,2	47,1	46,5	46,9
Francia	43,0	44,0	45,0	45,1	45,2
Grecia	29,7	32,1	32,0	33,8	24,7
Irlanda	33,6	33,1	33,2	32,8	32,3
Italia	38,9	41,2	42,9	44,4	43,5
Luxemburgo	43,9	44,4	46,6	46,5	45,1
Países Bajos	44,6	42,0	41,5	41,9	41,0
Portugal	30,2	33,3	33,2	34,2	34,9
Reino Unido	36,3	35,2	35,1	35,4	37,6
Suecia	55,6	47,9	50,0	51,9	53,0
UE	40,3	40,5	41,1	41,5	41,0

Fuente: OCDE (1999), *Statistical Compendium.*

En cuanto a las figuras impositivas que componen las fuentes de financiación principal de la UE, cabe destacar el peso de la imposición directa. La recaudación derivada del impuesto sobre la renta personal representa cerca del 11% del PIB europeo y, por lo tanto, una cuarta parte de la recaudación total por ingresos impositivos. Dicho porcentaje, no obstante, resulta muy superior en el caso de Dinamarca, que en 1998 obtenía de este impuesto un 25,4% sobre el PIB. Esta cifra contrasta con la que representa la recaudación por contribuciones a la Seguridad Social, que apenas alcanza el 1,6% del PIB danés en ese año, mientras para el conjunto de Estados miembros supone una proporción ligeramente superior a la que representa el impuesto sobre la renta personal. En consecuencia, la carga fiscal impuesta sobre el factor trabajo en Dinamarca corresponde casi exclusivamente al impuesto sobre la renta personal, en lugar de repartirse como en el resto de países entre dicho impuesto y las contribuciones sociales. Sin embargo, la suma total por ambos conceptos, si bien se sitúa entre las más elevadas de la UE, es relativamente similar a la correspondiente al resto de países.

Además de en Dinamarca, las contribuciones sociales tienen un peso relativo inferior al del impuesto sobre la renta personal en Finlandia, Irlanda, Reino Unido y Suecia. España, por su parte, registra un porcentaje prácticamente igual a la media comunitaria en la mayor parte de los años mostrados (si bien en 1990 y en 1998 dicho porcentaje resulta superior al del conjunto de la UE), y obtiene por este concepto las mayores cantidades de recursos, en comparación con el resto de las figuras impositivas. En cuanto a la carga fiscal sobre el factor trabajo, calculada como suma del impuesto sobre la renta personal y de las contribuciones sociales, se observa que Suecia, Finlandia, Dinamarca y Bélgica presentan los porcentajes más elevados, mientras Irlanda, Portugal, Reino Unido y, especialmente, Grecia, registran las cifras más bajas.

Por otro lado, el impuesto sobre beneficios y los impuestos sobre la propiedad representan las menores proporciones de recaudación entre los impuestos directos. En términos de evolución, el peso relativo del impuesto sobre beneficios ha experimentado, en el conjunto de la UE, un cierto incremento desde comienzos de la década de los noventa, especialmente destacado para los países nórdicos, Grecia e Irlanda. Por su parte, los impuestos sobre la propiedad, que representan un porcentaje más o menos estable a lo largo del período analizado, registran algunas variaciones destacables entre 1990 y 1995 para ciertos países. Así, mientras Austria, Suecia y Dinamarca experimentan los mayores descensos entre esas fechas, Italia y Reino Unido ven aumentar significativamente sus porcentajes. No obstante, las cifras muestran cómo a partir de mediados de la década de los noventa, la proporción que estos impuestos representan sobre el PIB tiende a estabilizarse para todos los países de la Unión.

En el ámbito de la imposición indirecta, el impuesto sobre el valor añadido (IVA) y los impuestos sobre consumos específicos (o accisas) representan las figuras tributarias de mayor importancia cuantitativa. En el primer caso, su peso sobre el PIB se sitúa en torno al 7% en el conjunto de la UE, siendo España e Italia los países que registran los menores porcentajes, mientras Dinamarca, Finlandia, Austria y Francia son los Estados miembros con niveles más elevados sobre la media comunitaria. En términos de evolución, los porcentajes mostrados se mantienen relativamente estables a lo largo del período analizado, si bien cabe destacar un aumento en la recaudación debida a este concepto en Dinamarca y Portugal. Por su parte, las accisas, que constituyen el componente principal del resto de impuestos indirectos, representan aproximadamente el 4% del PIB comunitario. Al igual que en el caso anterior, el peso relativo de estos impuestos no ha experimentado, en su conjunto, variaciones destacables desde 1990. La mayor parte de los Estados miembros ha visto aumentar sus porcentajes sobre el PIB por este concepto a lo largo de la última década (en especial Países Bajos, Grecia y Luxemburgo), si bien en algunos casos (como en Irlanda y Suecia) se ha experimentado una cierta tendencia a la baja. Las cifras muestran asimismo cómo Dinamarca y Luxemburgo se sitúan en los niveles más elevados, mientras en Alemania, Austria, Bélgica y España los porcentajes se encuentran, para todos los años, por debajo del 3%. Finalmente, cabe señalar el escaso peso relativo de los impuestos a la importación en el conjunto de la UE, que a finales de los noventa se había reducido a la mitad del nivel correspondiente a principios de la década.

6.1.1. Principales figuras tributarias

El criterio tradicional de clasificación de las figuras impositivas es aquel que distingue entre imposición directa (gravamen de la renta en su origen) e indirecta (gravamen de transacciones que reflejan capacidad de pago). Los impuestos directos que

Cuadro 6.2. *Importancia cuantitativa de la imposición directa en los países de la UE (principales figuras tributarias)*

	Impuesto sobre la renta personal (% PIB)					*Impuesto sobre beneficios (% PIB)*					*Contribuciones Seguridad Social (% PIB)*					*Impuesto sobre la propiedad (% PIB)*				
	1990	*1995*	*1996*	*1997*	*1998*	*1990*	*1995*	*1996*	*1997*	*1998*	*1990*	*1995*	*1996*	*1997*	*1998*	*1990*	*1995*	*1996*	*1997*	*1998*
Alemania	10,1	10,5	9,3	8,9	9,2	1,8	1,1	1,4	1,5	1,6	13,7	15,2	15,3	15,5	15,2	1,2	1,1	1,1	1,0	0,9
Austria	8,6	8,8	9,2	9,8	9,8	1,5	1,6	2,1	2,1	2,3	13,5	15,4	15,4	15,2	14,9	1,1	0,6	0,6	0,6	0,6
Bélgica	13,9	14,4	14,2	14,3		2,4	3,0	3,1	3,4		14,7	15,0	14,8	14,6	14,5	1,2	1,1	1,2	1,3	1,3
Dinamarca	24,8	26,8	26,5	25,9	25,4	1,5	2,0	2,3	2,6	2,8	1,5	1,5	1,6	1,6	1,6	2,0	1,7	1,6	1,7	1,8
España	7,5	7,8	7,4	7,4	7,1	3,0	1,8	1,9	2,6	2,5	12,2	11,9	11,7	11,8	12,1	1,9	1,8	1,8	2,0	2,0
Finlandia	17,3	16,4	17,0	15,5	15,2	2,0	1,8	2,7	3,8	4,2	9,8	12,5	12,2	11,7	11,9	1,1	1,0	1,1	1,1	1,1
Francia	5,1	5,7	6,0	6,3	8,3	2,3	2,1	2,3	2,6	2,7	18,9	18,7	18,9	18,3	16,5	2,2	2,5	2,3	2,4	2,4
Grecia	4,2	3,9	4,0	4,5	5,0	1,6	2,1	2,0	2,1	3,0	9,0	9,9	9,8	10,7	0,5	1,4	1,1	1,1	1,3	1,3
Irlanda	10,7	10,2	10,3	10,3	10,0	1,7	2,8	3,2	3,3	3,5	5,0	4,8	4,5	4,2	4,1	1,6	1,5	1,6	1,6	1,6
Italia	10,2	10,7	10,7	11,2	9,9	3,9	3,6	3,9	4,2	4,8	12,8	13,0	14,6	14,9	12,8	0,9	2,3	2,3	2,3	2,5
Luxemburgo	10,2	9,4	9,8	9,5	8,6	7,0	7,7	8,3	8,6	8,6	11,8	11,8	11,9	11,8	11,6	3,6	3,2	3,4	3,6	3,8
Países Bajos	11,0	7,9	7,3	6,5	6,2	3,4	3,1	4,0	4,4	4,3	16,7	17,6	16,4	17,1	16,6	1,6	1,7	1,9	1,9	2,0
Portugal	4,8	6,0	6,3	6,1	6,0	2,4	2,7	3,1	3,7		8,2	9,0	8,5	8,9	8,9	0,8	0,8	0,8	0,8	1,0
Reino Unido	10,1	9,5	9,1	8,8	10,3	4,2	3,3	3,8	4,3	4,1	6,2	6,2	6,1	6,1	6,6	2,9	3,8	3,8	3,8	4,0
Suecia	21,4	16,9	17,7	18,2	18,6	1,7	2,9	2,8	3,2	3,1	15,1	13,9	14,9	15,2	15,1	2,0	1,4	1,9	2,0	1,9
UE	11,3	11,0	11,0	10,9	10,7	2,7	2,8	3,1	3,5	3,7	11,3	11,8	11,8	11,8	10,9	1,7	1,7	1,8	1,8	1,9

Fuente: OCDE (1999), *Statistical Compendium.*

Cuadro 6.3. *Importancia cuantitativa de la imposición indirecta en los países de la UE (principales figuras tributarias)*

	Impuesto sobre el valor añadido (% PIB)					*Accisas (% PIB)*					*Aduanas (% PIB)*				
	1990	*1995*	*1996*	*1997*	*1998*	*1990*	*1995*	*1996*	*1997*	*1998*	*1990*	*1995*	*1996*	*1997*	*1998*
Alemania	6,1	6,7	6,6	6,5	6,6	2,5	2,7	2,8	2,6	2,6	0,3	0,2	0,2	0,2	0,2
Austria	8,5	7,7	8,4	8,2	8,3	2,5	2,4	2,7	2,7	2,7	0,5	0,1	0,1	0,1	0,1
Bélgica	7,0	6,8	7,0	7,0		2,1	2,4	2,4	2,4		0,6	0,5	0,5	0,5	
Dinamarca	8,7	9,6	9,7	9,8	9,7	4,8	5,2	5,4	5,4	5,6	0,2	0,2	0,2	0,2	0,2
España	5,4	5,2	5,3	5,5	5,7	2,0	2,5	2,6	2,6	2,8	0,7	0,2	0,1	0,1	0,2
Finlandia	8,7	7,4	8,0	8,2	8,3	4,3	4,5	4,7	4,7	4,8	0,3	0,2	0,2	0,1	0,1
Francia	7,9	7,5	7,8	7,8	7,7	2,7	3,0	3,0	3,0	3,0	0,2	0,1	0,1	0,1	0,1
Grecia	7,3	7,2	7,3	7,5	7,6	3,6	4,8	4,8	4,6	4,5	0,3	0,2	0,2	0,2	0,2
Irlanda	6,9	7,0	7,1	7,2		5,8	5,0	5,0	4,7		0,4	0,5	0,3	0,4	
Italia	5,7	5,7	5,6	5,6	5,9	3,0	3,2	2,8	2,8		0,2	0,1	0,1	0,1	
Luxemburgo	5,1	5,4	6,4	5,7	5,7	4,2	5,1	5,1	5,5	5,2	0,1	0,2	0,1	0,2	0,2
Países Bajos	7,3	6,5	6,7	6,7	6,9	2,5	3,1	3,2	3,2	3,2	0,6	0,6	0,5	0,6	0,5
Portugal	5,9	7,8	7,6	8,0		4,2	4,8	4,8	4,7		1,0	0,3	0,2	0,2	
Reino Unido	6,2	6,8	6,8	6,9	6,8	3,6	3,9	4,0	3,9	4,1	0,3	0,3	0,3	0,3	0,3
Suecia	8,3	7,3	6,8	7,0	7,1	4,1	3,6	3,8	3,6	3,6	0,6	0,3	0,2	0,2	0,2
UE	7,0	7,0	7,1	7,2	7,2	3,5	3,8	3,8	3,8	3,8	0,4	0,3	0,2	0,2	0,2

Fuente: Statistical Compendium, OCDE (1999).

vertebran los sistemas fiscales de los distintos Estados miembros son el impuesto sobre la renta personal y el impuesto sobre la renta de sociedades si bien, como se acaba de comprobar, en muchos casos las contribuciones a la Seguridad Social suponen una fuente de ingresos más importante que ambos tributos. Por su parte, el impuesto sobre el valor añadido constituye la base de la imposición indirecta en el conjunto de la Unión Europea (véanse cuadros 6.2 y 6.3).

El proceso de armonización fiscal que ha tenido lugar en la Unión Europea en las últimas décadas se ha referido básicamente a la imposición indirecta. No obstante, también se ha producido un acercamiento notable en los niveles de gravamen de los impuestos sobre la renta. En el ámbito de la imposición directa, las actuaciones comunitarias han ido dirigidas a facilitar el funcionamiento del mercado común, promoviendo la libre circulación de capitales y trabajadores. Asimismo, la prevención de la evasión fiscal, la reducción de las distorsiones a la competencia y la eliminación de la doble imposición han constituido objetivos primordiales de la UE en relación con los impuestos directos. En cualquier caso, continúan persistiendo diferencias significativas en las estructuras y tipos de gravamen del impuesto sobre la renta personal y del impuesto sobre la renta de sociedades. Los cuadros 6.4 y 6.5 se centran en la descripción de los tipos impositivos vigentes para ambos impuestos en los Estados miembros de la Unión[2].

El impuesto sobre la renta personal es el instrumento redistributivo más poderoso del sistema fiscal. Obviamente, la tarifa del impuesto es progresiva en todos los países, si bien algunos Estados miembros someten determinadas rentas a tipos distintos a los que se aplican normalmente (como en el caso de Dinamarca, España, Irlanda, Finlandia y Suecia). La estructura de la tarifa impositiva difiere significativamente entre países, tanto por lo que se refiere a número de tramos como por lo que corresponde a los tipos marginales mínimos y máximos. El número de tramos en que se divide la tarifa oscila entre los 2 de Irlanda y Suecia y los 18 de Luxemburgo, si bien la media para el resto de países se sitúa aproximadamente en 5 tramos. En cuanto a los tipos marginales, también se observa un elevado grado de dispersión entre los Estados miembros. Así, los tipos mínimos oscilan entre el 5% o 5,5% de Grecia y Finlandia, respectivamente, y cifras cercanas al 25%, como en el caso de Alemania, Irlanda o Bélgica. Por su parte, los tipos marginales máximos también registran variaciones importantes entre países, desde el 25% de Suecia o el 28% de Dinamarca (próximos a los tipos mínimos más elevados en el conjunto de la Unión) hasta los correspondientes a Alemania, Francia y Bélgica (entre el 51% y el 55%) o el tipo marginal de Países Bajos (60%)[3].

Por su parte, el cuadro 6.5 muestra los tipos impositivos vigentes en los impuestos sobre la renta de sociedades de los distintos Estados miembros para el año 2000. Hasta el momento, los intentos de armonización fiscal en este ámbito no han sido tan exitosos como hubiera sido deseable, dado que los distintos países han sido reacios a aprobar las propuestas comunitarias que se han venido redactando. No obstante, resultaría beneficioso un mayor grado de acercamiento en la imposición de los beneficios empresariales en el seno de la Unión, para prevenir los efectos de la competencia fiscal y para disminuir las posibilidades de elusión[4].

Pese a la convergencia en los tipos impositivos que se ha producido en los últimos años, aún persisten diferencias importantes en el gravamen de los beneficios empresa-

Cuadro 6.4. *Características de las tarifas del impuesto sobre la renta personal en los países de la Unión Europea (2000)*

	Tipo de tarifa	*N.º de tramos*	*Tipo marginal mínimo (%)*	*Tipo marginal máximo (%)*
Alemania	Progresiva	4 subtarifas (las 3 primeras progresivas, la última proporcional)	22,90 (0% hasta 13.499 DEM)	51
Austria	Progresiva	5	21 (0% hasta 50.000 ATS)	50
Bélgica	Progresiva	7	25	55
Dinamarca	Progresiva (la renta de acciones y la renta de sociedades extranjeras controladas son gravadas a tipos especiales)	3	7	28
España	Progresiva (las ganancias de capital generadas en más de dos años están gravadas a un tipo fijo del 20%). Separación entre tarifa estatal y autonómica	6	18 (existen mínimos personales y familiares variables)	48
Finlandia	Progresiva sobre rentas del trabajo y actividades económicas	6	5,5 (0% hasta 47.600 FIM)	38
Francia	Progresiva	7	9,5 (0% hasta 26.230 FRF)	54
Grecia	Progresiva	6	5 (0% hasta 2.000.000 GRD)	45
Irlanda	Progresiva (ganancias de capital gravadas a un tipo fijo del 20%)	2	24	46
Italia	Progresiva (los tipos de la tarifa incluyen el impuesto regional del 0,5%)	5	18,5	45,5
Luxemburgo	Progresiva	18	4,5 (0% hasta 15.255 NLG)	46
Países Bajos	Progresiva	4	6 (0% hasta 270.000 LUF)	60
Portugal	Progresiva	5	14 (0% hasta 730.000 PTE)	40
Reino Unido	Progresiva	3	10	40
Suecia	Progresiva sobre rentas del trabajo y actividades económicas (rentas del capital gravadas al 30%)	3	20 (0% hasta 232.600 SEK)	25

Fuentes: IBDF (2000) y López, Moreno y Paredes (2000).

Cuadro 6.5. *Tipos impositivos de los impuestos de sociedades en los países de la UE (1999)*

Alemania	40% para beneficios retenidos, 30% para distribuidos. Estos tipos se ven aumentados hasta el 42,2% y 31,65%, respectivamente, como consecuencia del recargo de solidaridad del 5,5%.
Austria	34%. Existe un impuesto mínimo anual, con un máximo de 50.000 ATS, variable según las empresas. Este impuesto mínimo es deducible de la deuda final a pagar.
Bélgica	39% (más un recargo de "austeridad" del 3%. Tipo efectivo: 40,17%). Para empresas con renta gravable inferior a 13 millones de francos belgas se aplica una tarifa progresiva, con tipos efectivos entre el 28,84% y el 42,23%. Algunas sociedades están gravadas al mismo tipo independientemente de su renta.
Dinamarca	32%.
España	35%. Cuando el volumen de ventas no excede de 250 millones de ptas., se aplica el 30% a los primeros 15 millones de beneficios. Existe un tipo incrementado del 40% para las sociedades dedicadas a la explotación de hidrocarburos, y tipos reducidos para ciertas actividades.
Finlandia	29%.
Francia	33 1/3, aumentado en un recargo del 10% (tipo efectivo: 36 2/3). Recargos superiores para grandes compañías. Tipos reducidos: bajo ciertas circunstancias, se aplica el 19% (tipo efectivo: 20,9%). Existe un impuesto anual mínimo igual a una fracción del volumen de ventas.
Grecia	40% para empresas residentes cuyas acciones no cotizan en la Bolsa de Atenas; 35% para las que cotizan. Cooperativas y sociedades civiles de nueva creación: 10%.
Irlanda	24% aplicable a la renta de la actividad empresarial. El gobierno reducirá el tipo estándar hasta el 20% en 2001, 16% en 2002 y 12,5% en 2003. El resto de la renta se grava al 25%.
Italia	37%. Tipo reducido del 19% para promover inversiones en nuevos activos de sociedades residentes, que se aplica sobre una parte de los beneficios.
Luxemburgo	30% (más un recargo para el fondo de desempleo del 4%). Tipo efectivo: 31,2%. Tras la deducción del impuesto municipal sobre la renta el tipo efectivo se reduce hasta el 28,36%. Para empresas cuya base imponible no supere los 600.000 francos luxemburgueses, se aplica una tarifa progresiva con dos tipos: 20% y 50% (más recargo).
Países Bajos	35%. Se aplica el 30% sobre las primeras 50.000 NLG de beneficios.
Portugal	32% (tipo normal). 25% para cías inmobiliarias e inversoras. Tipos reducidos para pequeñas empresas y empresas de nueva creación que reúnan ciertos requisitos.
Reino Unido	30% (20% para empresas pequeñas, con un tipo marginal efectivo del 32,5%).
Suecia	28%.

Fuentes: International Bureau of Fiscal Documentation (2000) y elaboración propia.

riales en el ámbito de la Unión Europea. Los tipos impositivos más bajos corresponden a Irlanda, que aplica un tipo estándar del 24%, seguida por Suecia (28%) y Finlandia (29%). Por el contrario, los tipos de gravamen más elevados ascienden hasta el 40%, y se aplican en determinados casos en Alemania, Grecia y España. No obstante, en el primer caso ya se han anunciado reducciones sustanciales que tendrán lugar en el futuro más próximo. La utilización de distintos tipos impositivos se encuentra prácticamente generalizada, salvo en los países nórdicos. En términos generales, los tipos de gravamen reducidos se aplican a los beneficios obtenidos por las empresas por debajo de cierto límite, o bien se emplean con el fin de promocionar determinado tipo de actividades. Alemania, por su parte, es el único país que aplica tipos impositivos distintos a los beneficios retenidos y a los dividendos o beneficios distribuidos, como método para aliviar la doble imposición que recae sobre estos últimos[5]. No obstante, la reforma fiscal anunciada recientemente por el gobierno alemán prevé la unificación de los tipos de gravamen en el año 2001.

Al margen de los impuestos sobre la renta –personal y empresarial–, existe toda una variedad de figuras tributarias que se integran en el ámbito de la imposición directa en la Unión Europea. La más importante corresponde, como se señaló anteriormente, a las contribuciones a la Seguridad Social. No obstante, también se integran en este grupo los impuestos sobre la propiedad (entre los que destaca el impuesto sobre la propiedad inmobiliaria, en general de carácter municipal), los impuestos sobre el establecimiento de negocios, sobre las primas de seguro o sobre sucesiones y donaciones, entre otros.

Por su parte, el peso de la imposición indirecta en los Estados miembros de la Unión Europea recae, básicamente, sobre el IVA. Dada la necesidad de minimizar las distorsiones en los mercados en un entorno donde impera la libre circulación de mercancías, el proceso de armonización de este impuesto ha sido muy intenso en los últimos años. No obstante, según muestra el cuadro 6.6, continúan existiendo notables diferencias en los tipos impositivos entre los Estados miembros, además de las diferencias que persisten en las exenciones y en el tratamiento que reciben ciertos bienes y servicios. Según se observa en el cuadro, los países nórdicos son los que han establecido los tipos más elevados (Dinamarca y Suecia con el 25%, seguidos por Finlandia, con el 22%), mientras el tipo general más bajo corresponde a Luxemburgo, que aplica el 15% (seguido por Alemania y España con el 16%). Por otro lado, se constata que la práctica totalidad de los países, a excepción de Dinamarca, han fijado tipos impositivos reducidos que se aplican, en general, a bienes y servicios considerados "esenciales". Entre ellos suelen estar incluidos los alimentos, los fármacos y los libros y periódicos, así como los transportes y las entradas a ciertos espectáculos culturales. La mayor parte de los Estados miembros utiliza más de un tipo reducido, y las diferencias de porcentajes entre países son notables. De hecho, estos tipos impositivos oscilan desde el 0% de Austria, Bélgica, Irlanda y Reino Unido, hasta el 12% de, entre otros, Bélgica. Por lo tanto, y a pesar del esfuerzo armonizador que se ha llevado a cabo en los últimos años en la legislación del IVA, persisten diferencias en el tratamiento fiscal del consumo de bienes y servicios que deberán ser suavizadas en el futuro. Además, como consecuencia del avance tecnológico, el consumo es cada vez más sensible a las diferencias en los precios (valga como ejemplo el comercio electrónico), por lo que resulta necesario homogeneizar las normativas fiscales. Asimismo, se precisan avances en la administración del impuesto y en la coordinación con otras figuras impositivas para evitar aumentos en la elusión fiscal.

Los impuestos especiales sobre consumos específicos constituyen el segundo elemento básico de la imposición indirecta en la Unión Europea. Como se observa en el cuadro 6.6, los impuestos especiales sobre el alcohol, el tabaco y los hidrocarburos se aplican de forma generalizada en todos los países, si bien existen diferencias en el resto de consumos que resultan gravados por estos impuestos. Desde comienzos de los setenta las autoridades europeas han intentado armonizar la estructura y los tipos de gravamen de los impuestos especiales sobre el alcohol y el tabaco, pero el único logro hasta el momento ha consistido en el establecimiento de tipos mínimos. Por otra parte, los esfuerzos orientados a la armonización de los impuestos sobre la energía tampoco han dado aún sus frutos. La estructura y tipos de gravamen correspondientes a los impuestos sobre los hidrocarburos han dependido de múltiples factores, como la política medioambiental de cada Estado, la política energética general, la política de transportes e incluso la política de empleo, dado que las instituciones comunitarias están interesadas en trasladar una parte de la imposición sobre el trabajo a otras fuentes de ingresos, como las que se derivan del uso de las materias primas y la energía (Parlamento Europeo, 2000).

Finalmente, en el mismo cuadro se resumen los impuestos que, junto con el IVA y los impuestos especiales, conforman la imposición indirecta en los Estados miembros de la Unión Europea. También en este caso se aprecian diferencias en la naturaleza de las figuras tributarias vigentes en cada país. No obstante, la práctica totalidad de los Estados miembros mantienen un gravamen sobre la transmisión de la propiedad inmobiliaria y sobre ciertos actos jurídicos documentados. Asimismo, es frecuente encontrar impuestos sobre primas de seguro, o sobre algunas operaciones de carácter empresarial. En cualquier caso, en términos cuantitativos y cualitativos, la importancia de estos impuestos resulta menor.

Los cuadros mencionados describen de manera resumida las tarifas y tipos impositivos de las principales figuras tributarias que componen los sistemas fiscales de la Unión Europea. Sin embargo, no ofrecen una visión de la carga fiscal efectiva impuesta sobre las distintas clases de renta y sobre el consumo en los Estados miembros. El cuadro 6.7 muestra los tipos efectivos[6] que soportan tanto los factores productivos como el consumo en los distintos países, con el fin de ilustrar las diferencias de tratamiento fiscal en cada caso.

En primer lugar, se observan importantes diferencias entre la presión fiscal que recae sobre el factor trabajo y la que soporta el factor capital. La carga impositiva sobre el trabajo resulta considerablemente más elevada que la correspondiente al capital, especialmente en el caso de los países del norte de Europa. Tan sólo el Reino Unido y Luxemburgo constituyen una excepción a esta norma. Los datos mostrados indican que los tipos efectivos sobre el trabajo se encuentran por debajo de la media tanto en los países anglosajones como en Portugal, Grecia y España. Esto es, en aquellos países donde la presión fiscal es relativamente más baja o donde los niveles de renta son menores. Por el contrario, los tipos más elevados se registran en Suecia, Bélgica, Dinamarca, Alemania y Finlandia. En conjunto, según datos de la Comisión, la Unión Europea soporta una presión fiscal efectiva sobre las rentas del trabajo muy elevada en comparación

Cuadro 6.6. *Características de la imposición indirecta en los países de la UE (1999)*

	Tipos impositivos del IVA	*Principales accisas*	*Otros impuestos indirectos*
Alemania	Tipo general: 16%. Tipos reducidos: 7% aplicable a bienes y servicios considerados esenciales, como comida o bebidas, fármacos, periódicos, libros, teatro, conciertos y museos.	Aplicables al petróleo, tabaco, cerveza y alcohol destilado.	Impuestos sobre la transmisión de bienes inmuebles. Impuesto sobre actos jurídicos documentados. Impuesto sobre primas de seguro.
Austria	Tipo general: 20%. Tipos reducidos: 10%: aplicable a alimentos, libros y revistas, transporte de pasajeros, leasing o alquiler de bienes inmuebles no exentos, transacciones de artistas y otras actividades favorecidas. 12%: coches eléctricos. 0%: entre otras, exportaciones y ciertos transportes de personas entre fronteras.	Aplicables sobre el tabaco, las bebidas alcohólicas, los refrescos, los helados, la sal, el petróleo y derivados y espectáculos.	Impuesto sobre la formación y expansión del capital, la emisión de bonos, los acuerdos de préstamo, la capitalización de reservas o la compra de una compañía. Impuesto sobre la transmisión de propiedad mobiliaria e inmobiliaria. Impuesto de actos jurídicos documentados. Aduanas. Impuesto sobre el pago de primas de seguro. Impuesto sobre la oferta final de vehículos de pasajeros nuevos y motocicletas. Impuesto sobre el uso de carreteras.
Bélgica	Tipo general: 21%. Tipos reducidos: 12%: productos fitofarmacéuticos, jeringuillas para insulina, margarina, ruedas de tractor, productos derivados del carbón, subscripciones a televisión o radio, construcción de viviendas públicas. 6%: bienes básicos (comida, agua, libros); coches para discapacitados, productos agrícolas, transporte de pasajeros, hoteles y campings, servicios artísticos, venta o concesión de copyrights, renovación o mejora de edificios con más de 15 años. 1%: oro utilizado como inversión. 0%: periódicos y revistas con contenido informativo general y publicación frecuente.	Aplicables sobre alcohol y bebidas alcohólicas, refrescos, azúcar y derivados, petróleo, gas y tabaco.	Impuesto sobre la transmisión de la propiedad mobiliaria e inmobiliaria. Impuesto sobre actos jurídicos documentados. Impuestos sobre el valor inventariado de las inversiones.

(.../...)

Cuadro 6.6. *(continuación)*

	Tipos impositivos del IVA	*Principales accisas*	*Otros impuestos indirectos*
Dinamarca	Tipo único: 25%.	Aplicables sobre gasolina, hidrocarburos, automóviles, algunos seguros, tabaco, alcohol, perfume, chocolate y azúcar, helados, televisores, agua mineral y otras bebidas, vuelos chárter.	Impuesto sobre la transmisión de activos mobiliarios e inmobiliarios. Impuesto sobre actos jurídicos documentados.
España	Tipo general: 16%. Tipos reducidos: 7% (alimentos, transportes, turismo, entre otros). 4% (necesidades básicas). En Canarias rige el Impuesto General Indirecto Canario (IGIC): tipo general 4,5%; tipo incrementado 13%; tipo reducido 2%.	Aplicables sobre labores del tabaco, alcohol, hidrocarburos, electricidad.	Impuesto sobre transmisiones patrimoniales y actos jurídicos documentados. Impuesto sobre primas de seguro. Impuesto sobre determinados medios de transporte.
Finlandia	Tipo general: 22%. Tipos reducidos: 17% aplicable a los alimentos. 8% aplicable a transporte de pasajeros, hoteles, licencias de televisión, espectáculos, servicios deportivos, medicinas y libros.	Aplicables al tabaco, alcohol, cerveza, refrescos, dulces, electricidad y combustibles.	Impuesto sobre la transmisión de activos. Impuesto sobre actos jurídicos documentados. Impuesto sobre primas de seguro. Impuesto sobre automóviles no comerciales.
Francia	Tipo general: 20,6%. Tipos reducidos: 5,5% para bienes esenciales; 2,1% medicinas que reembolsa la Seguridad Social y un número limitado de otras transacciones.	Aplicables sobre el vino, agua mineral, bebidas alcohólicas, sidra, zumos de fruta, oro, platino y plata, azúcar y productos derivados.	Impuesto de inscripción (sobre la venta de terrenos o edificios). Impuesto sobre la transmisión de activos mobiliarios. Impuesto sobre las operaciones bursátiles.
Grecia	Tipo general: 18%. Tipos reducidos: 8% aplicable a bienes y servicios básicos (alimentos en general, otros productos agrícolas no sujetos a transformación, fármacos, equipos médicos y aparatos para minusválidos, agua y electricidad, hoteles, restaurantes y similares, transporte de pasajeros y equipaje). 4% aplicable a los libros, revistas y periódicos. A estos tipos se les aplica una reducción del 30% en algunos territorios insulares.	Aplicables sobre el tabaco, alcohol e hidrocarburos.	Impuestos sobre formación y expansión del capital, emisión de préstamos o deuda, o adquisición de una empresa mediante absorción. Impuesto sobre la transmisión de la propiedad inmobiliaria y mobiliaria. Impuesto sobre actos jurídicos documentados. Diversas tasas sobre la constitución de empresas, la pertenencia a la Cámara de Comercio o la inclusión en las listas de valores de la Bolsa.

(.../...)

Cuadro 6.6. *(continuación)*

	Tipos impositivos del IVA	*Principales accisas*	*Otros impuestos indirectos*
Irlanda	Tipo general: 21%. Tipos reducidos: 12,5%: aplicable a la adquisición de vivienda, periódicos, hoteles, coches, electricidad, restaurantes, cine y espectáculos, servicios agrícolas y veterinarios, peluquería, lavandería, fotografía, obras de arte y algunas antigüedades. 3,6%: ganado y galgos. 0%: aplicable a fertilizantes, libros, comida y bebida en general, ropa y calzado de niños.	Aplicables a los hidrocarburos, bebidas alcohólicas, vino, cerveza, sidra, tabaco y vehículos de motor.	Impuesto sobre la transmisión de propiedad inmobiliaria.
Italia	Tipo general: 20%. Tipos reducidos: 10% y 4%.	Aplicables al alcohol, tabaco, hidrocarburos y electricidad.	Impuesto sobre la formación y expansión del capital, emisión de activos, capitalización de reservas y compra de compañías. Impuestos sobre la transmisión de activos mobiliarios e inmobiliarios. Impuesto sobre actos jurídicos documentados. Impuesto especial sobre materiales de desecho. Impuesto sobre el primer registro de un vehículo de motor.
Luxemburgo	Tipo general: 15%. Tipo intermedio: 12% (vinos, gasolinas, tabaco, servicios suministrados por profesionales, agencias de publicidad, administración y gestión de propiedad mobiliaria y gestión de créditos). Tipos reducidos: 6% (gas, electricidad, importación de obras de arte). 3% (alimentación en general, libros y periódicos, ropa de niños, agua, fármacos, transporte de individuos, alojamiento, servicios culturales, deportivos y educacionales y copyrights).	Aplicables sobre alcohol y derivados, azúcar, tabaco y petróleo.	Impuesto sobre la transmisión de la propiedad inmobiliaria. Impuesto sobre contratos de leasing. Tasa sobre el registro de préstamos.

(.../...)

Cuadro 6.6. *(continuación)*

	Tipos impositivos del IVA	*Principales accisas*	*Otros impuestos indirectos*
Países Bajos	Tipo general: 17,5%. Tipos reducidos: 6%: bienes y servicios esenciales, (comida, fármacos, periódicos, entradas al zoo y al cine). Para el año 2000 se ha propuesto una extensión del tipo reducido del 6% al agua, los servicios de peluquería y reparación de ropa, calzado y bicicletas.	Aplicables sobre la cerveza, vino, bebidas alcohólicas, algunos refrescos, cigarrillos y otros productos tabaqueros, azúcar y gasolina.	Impuesto sobre la formación y expansión del capital, emisión de activos y capitalización de reservas. Impuesto sobre la transmisión de la propiedad inmobiliaria. Impuesto sobre las primas de seguros. Impuesto sobre pasajeros de coches y motocicletas. Impuestos ambientales sobre residuos, gasolina, uranio enriquecido, polución de agua, aire y suelo, y consumo de agua.
Portugal	Tipo general: 17%. Tipo intermedio: 12%. Tipo reducido: 5% (se aplica a bienes y servicios básicos). En los territorios de Madeira y Azores se aplica un tipo estándar del 12%, un tipo intermedio del 8% y un tipo reducido del 4%.	Aplicables sobre vehículos de motor principalmente destinados al transporte de pasajeros, productos derivados del petróleo, bebidas alcohólicas, labores del tabaco.	Impuesto sobre la transmisión de propiedad mobiliaria e inmobiliaria. Actos jurídicos documentados. Impuesto sobre bares, discotecas, cabarets y similares.
Reino Unido	Tipo general: 17,5%. Tipos reducidos: 0%: productos agrícolas y comida, construcción de edificios no comerciales, libros, periódicos, combustible y electricidad.	Aplicables sobre hidrocarburos, bebidas alcohólicas y tabaco.	Impuesto sobre la formación y expansión del capital. Impuesto sobre vehículos de motor. Impuestos sobre primas de seguro. Actos jurídicos documentados. Impuestos sobre el juego. Impuesto sobre la emisión de residuos.
Suecia	Tipo general: 25%. Tipos reducidos: 12% (alimentos, turismo, entre otros). 6% (periódicos y revistas, espectáculos).	Aplicables sobre alcohol, cerveza y vino, tabaco, publicidad, combustible y energía eléctrica.	Actos jurídicos documentados.

Fuente: International Bureau of Fiscal Documentation (2000)

con los estándares internacionales[7]. Además, la evolución de estos tipos en las últimas tres décadas se ha caracterizado por un crecimiento significativo, en parte como consecuencia de la dificultad para gravar bases imponibles más móviles, como es el caso del capital. Dicha movilidad, además, se ha visto acentuada en los últimos años debido a los avances en el proceso de integración económica y en la liberalización de los mercados de capitales.

Cuadro 6.7. *Tipos impositivos efectivos en la Unión Europea (1999)*

	Tipo efectivo sobre el factor trabajo	*Tipo efectivo sobre el factor capital*	*Tipo efectivo sobre el consumo*
Alemania	44,0	15,9	17,9
Austria	40,6	18,8	23,4
Bélgica	44,8	23,7	20,5
Dinamarca	44,5	28,0	30,5
España	29,9	18,5	17,7
Finlandia	43,3	24,1	24,5
Francia	42,4	22,6	24,5
Grecia	29,3	19,5	20,0
Irlanda	24,2	20,8	24,8
Italia	35,8	26,2	22,9
Luxemburgo	31,0	34,0	25,7
Países Bajos	36,9	25,1	19,5
Portugal	27,8	24,6	22,7
Reino Unido	25,2	35,1	18,2
Suecia	51,3	27,9	28,0
Unión Europea	37,6	23,6	20,8

Fuente: Comisión Europea (2000a).

Por su parte, los tipos efectivos sobre el factor capital, cuyo incremento en las últimas décadas ha sido relativamente moderado, se acercan más a los estándares internacionales que los que recaen sobre el factor trabajo (Comisión Europea, 2000a). Según muestra el cuadro anterior, las diferencias en los porcentajes correspondientes a los Estados miembros son notables, oscilando los tipos efectivos entre el 16% de Alemania y el 35% del Reino Unido. Entre los países que aplican tipos más moderados se encuentran España y Austria (con un 18,5% y un 18,8%, respectivamente), muy alejados del porcentaje correspondiente a, entre otros, Luxemburgo (con un 34%).

Finalmente, según las cifras mostradas en el cuadro 6.7, los impuestos indirectos suponen aproximadamente el 21% de los precios pagados por los consumidores de la Unión Europea[8]. En este caso las diferencias entre países son mucho menores como consecuencia del proceso de armonización del IVA, si bien siguen existiendo ciertas divergencias en los tipos de gravamen de este impuesto y en los correspondientes a los impuestos especiales, tal y como se comentó anteriormente. Los tipos efectivos más bajos corresponden a España, Alemania y Reino Unido, mientras los más elevados se concentran, una vez más, en los países nórdicos.

6.1.2. Las tendencias en las reformas fiscales europeas

Las reformas fiscales que se han llevado a cabo en el ámbito de la Unión Europea durante las dos últimas décadas manifiestan claramente el cambio de jerarquía de los principios tributarios tradicionales[9]. Así, la neutralidad impositiva ha pasado a jugar un papel esencial como objetivo de las reformas establecidas, que persiguen reducir al mínimo los efectos distorsionantes que los impuestos provocan sobre los mercados competitivos, especialmente sobre el mercado de trabajo. Por otra parte, el énfasis sobre el principio de equidad vertical –que establece que individuos con capacidad de pago distinta deben contribuir de forma diferente al sostenimiento de las cargas públicas–, ha dado paso a una mayor preocupación por el cumplimiento de la equidad horizontal –individuos con igual capacidad de pago deben satisfacer impuestos iguales–. Finalmente, la reforma de los sistemas tributarios también se ha dirigido hacia la simplificación de los procedimientos administrativos, en un contexto de restricciones financieras que obligaban a reducir costes innecesarios.

Las medidas articuladas por los países de la UE con el fin de aumentar la neutralidad de los impuestos han consistido, básicamente, en reducciones de las tarifas de los impuestos sobre sociedades y sobre la renta personal. En este segundo caso, se han producido disminuciones generalizadas en los tipos marginales aplicables a partir de la década de los ochenta, correspondiendo los mayores recortes a Portugal y Suecia y las menores reducciones a Alemania y Francia. Para compensar la pérdida recaudatoria, en un contexto de necesidad de recursos para financiar las políticas de gasto público, se han incrementado los tipos mínimos en los impuestos sobre la renta personal, se han producido ampliaciones de las bases imponibles[10] y se han eliminado deducciones, exenciones y otros incentivos fiscales, que también han sufrido recortes en el impuesto sobre sociedades[11]. La ampliación de las bases de gravamen, que permite someter al mismo tratamiento a un mayor número de contribuyentes y rentas, responde también a la voluntad de fortalecer el principio de equidad horizontal. Por otro lado, la reducción del número de tramos de la tarifa en los impuestos sobre la renta personal ha contribuido a simplificar la estructura del impuesto[12].

Asimismo, las pérdidas de recaudación originadas por el recorte de los tipos impositivos en los impuestos sobre la renta y por la eliminación de ciertos "privilegios" fiscales han sido parcialmente compensadas con un aumento de la imposición indirecta, y muy especialmente del impuesto sobre el valor añadido, que ha experimentado un incremento generalizado de los tipos impositivos. Este incremento se ha traducido en notables aumentos de la recaudación.

Finalmente, en el ámbito de la gestión tributaria las principales medidas han ido encaminadas a fomentar la transparencia en las figuras impositivas y al desarrollo de mecanismos de gestión más racionales.

Al margen de las líneas de actuación expuestas, las tendencias de reforma más recientes también se han dirigido hacia otros ámbitos. En este sentido, cabe destacar el mayor peso que se ha otorgado a la imposición medioambiental. No obstante, los impuestos ambientales no se han diseñado como parte de un proyecto de reforma impositiva global y se han vinculado, en general, a objetivos ambientales concretos. Cabe señalar como excepción el caso de los países nórdicos, que a principios de los noventa también utilizaron estas figuras tributarias para compensar las pérdidas de recaudación derivadas de los recortes en los impuestos sobre la renta personal y las cotizaciones sociales. Por otra parte, los impuestos ambientales, al tratarse de impuestos indirectos, contribuyen a reforzar el principio de sencillez administrativa, por lo que se integran en el marco general de reforma fiscal expuesto.

El proceso de reformas fiscales en el ámbito de la Unión Europea se ha llevado a cabo de forma gradual. Los países que comenzaron a introducir reformas profundas durante la década de los ochenta han mantenido sus sistemas fiscales en los noventa sin cambios sustanciales, de tal forma que el peso relativo de las figuras tributarias sobre el total y la presión fiscal han experimentado variaciones poco significativas. Sin embargo, los países que no acometieron las reformas en aquel momento han comenzado a hacerlo en los años más recientes (como en el caso de España). En cualquier caso, todos ellos han seguido las líneas de reforma expuestas anteriormente, las cuales han contribuido a reducir las diferencias de partida entre los distintos países. De hecho, la tendencia hacia la convergencia de los sistemas fiscales, que se ha concentrado básicamente en el IVA, los impuestos sobre la renta y la presión fiscal, puede señalarse como una de las principales características de los procesos de reforma puestos en práctica en las dos últimas décadas (Gago *et al.*, 1998). Varios son los factores que han presionado sobre la armonización de los sistemas tributarios, entre los que cabe destacar el desarrollo de la internacionalización económica y las crecientes posibilidades de utilizar mecanismos de competencia fiscal para captar recursos, en un contexto de mayor movilidad de los factores productivos.

En la actualidad, los Estados miembros de la Unión Europea continúan inmersos en un proceso de reforma fiscal que se prolongará en el futuro más próximo. La mayor parte de las reformas previstas, si bien difieren en su articulación concreta entre países, consisten básicamente en una reducción de la carga fiscal sobre el trabajo (especialmente en los tramos salariales más bajos) y en la puesta en marcha de incentivos a las empresas de capital riesgo, así como en un aumento de los impuestos medioambientales. Los principales objetivos que han guiado estas reformas se resumen en el aumento de las oportunidades e incentivos al empleo, la promoción de la productividad y la protección del medio ambiente (OCDE, 2000). El cuadro 6.8 resume las principales medidas previstas por los distintos países para los próximos años[13, 14].

Entre las medidas destinadas a reducir la carga fiscal sobre el trabajo cabe destacar las rebajas previstas en las contribuciones a la Seguridad Social. Según se muestra en el cuadro, algunos Estados miembros, como Alemania, Austria y Finlandia, prevén articular reducciones generalizadas, mientras otro grupo de países, entre los que se incluyen Bélgica, Francia, Italia, Países Bajos y Reino Unido, han previsto reducciones dirigidas a los salarios más bajos. Por su parte, España centra el recorte de las contribuciones en los contratos indefinidos. Por lo que se refiere al impuesto sobre la renta personal, las reformas consisten en términos generales en una reducción de los tipos marginales en los tramos de renta más bajos, así como en una elevación de los mínimos exentos y en la ampliación de los beneficios fiscales para las familias.

Por otra parte, las reformas de la imposición sobre las rentas empresariales y del capital van dirigidas básicamente a mejorar el funcionamiento de los mercados de capitales, así como a generar incentivos al capital riesgo y a la inversión en intangibles. El logro de la neutralidad fiscal sobre las rentas del capital continúa siendo uno de los objetivos de los Estados miembros de la UE. Con el fin de evitar diferencias en el tratamiento fiscal de los distintos activos financieros, las rentas procedentes del capital están siendo gravadas cada vez con más frecuencia a tipos fijos, que tienden a converger entre países (como en el caso de Francia, Italia, Países Bajos y España). De hecho, se observa que algunos Estados miembros, en línea con lo que sucede en los países nórdicos, se van desplazando desde un modelo de impuesto sobre la renta global hacia un impuesto que grava separadamente las rentas del trabajo y del capital (OCDE, 2000). Mientras, los avances en la reforma de los impuestos empresariales han sido más limitados. En este ámbito cabe destacar el caso de Alemania, que reducirá los tipos de gravamen del impuesto sobre la renta de sociedades al 25% en el año 2001[15].

Por otra parte, señalar que algunas de las medidas diseñadas para fomentar la productividad, como las reducciones de tipos para las PYME (Francia, Grecia, Países Bajos, Portugal, España y Reino Unido), o las ventajas fiscales para los gastos en I+D y nuevas tecnologías, están contribuyendo a reducir la neutralidad del sistema (OCDE, 2000).

Finalmente, la reforma de la imposición indirecta no parece ocupar un lugar importante en la agenda de los gobiernos europeos. Por lo que se refiere al impuesto sobre el valor añadido, tan sólo se han previsto reducciones en los tipos impositivos aplicables a las actividades productivas intensivas en trabajo[16]. Por otra parte, algunos países prevén aumentos en los impuestos sobre el tabaco (como Irlanda y Austria), y muchos otros (Dinamarca, Alemania, Francia, Italia, Austria, Finlandia y Reino Unido) elevarán previsiblemente los impuestos sobre la energía y/o medioambientales.

De cara al futuro más próximo, los Estados miembros de la Unión Europea deben asumir algunos retos pendientes en el ámbito de las reformas fiscales. En primer lugar, existe un amplio consenso sobre la necesidad de rebajar la presión fiscal, especialmente por lo que se refiere al factor trabajo, con el fin de estimular la creación de empleo. Pero los efectos de la reducción de impuestos han de considerarse en un contexto amplio, que tenga en cuenta la interacción entre impuestos y gastos sociales. Según las estimaciones de la Comisión Europea (2000a), recortes fiscales seguidos de reducciones en los gastos públicos tendrían un impacto positivo en la economía en el largo plazo, que iría asociado a un incremento en el empleo. Sin embargo, si los recortes impositivos no se ven acompañados de rebajas en los gastos, se estima que la reforma fiscal se dejará notar en el equilibrio presupuestario.

Por otra parte, también se ha contemplado la posibilidad de desplazar parte de la carga fiscal de las rentas del trabajo a los impuestos sobre el consumo o la energía, con el doble objetivo de reducir las emisiones contaminantes y la tasa de desempleo. No obstante, sería necesario evaluar previamente los efectos distributivos que podrían derivarse de una medida de estas características.

Además, los Estados miembros deben seguir profundizando en la simplificación de los procedimientos asociados al cumplimiento de las obligaciones fiscales. Asimismo, y a pesar de que algunos países han experimentado progresos destacables en esta dirección, queda pendiente la tarea de mejorar las tecnologías de información al servicio de la administración fiscal.

Cuadro 6.8. *Principales medidas de reforma fiscal previstas por los Estados miembros de la UE*

	Contribuciones a la Seguridad Social	*Impuesto sobre la renta personal*	*Impuesto sobre sociedades y rentas de capital*	*Impuestos sobre el consumo*	*Impuestos sobre la energía o medioambientales*
Austria		Aumento de las deducciones familiares. Reducción de tipos en rentas medias y bajas.			
Alemania	Reducción de las que financian las pensiones.	Reducción de los tipos marginales mínimos y máximos. Aumento del mínimo exento.	Reducción del tipo impositivo. Exención de algunas ganancias de capital.		Introducción de impuestos ecológicos y progresivo aumento para compensar las reducciones en las contribuciones a la Seguridad Social.
Bélgica	Reducción acentuada para los salarios más bajos.	Aumento de las deducciones familiares.		Reducción del IVA en servicios intensivos en trabajo.	
Dinamarca	Se consolida la contribución al sistema complementario de pensiones.	Reducción de los tipos marginales para las rentas bajas.	Simplificación de la norma fiscal para accionistas individuales. Se introduce un impuesto sobre los dividendos para financiar fondos de pensiones.		Aumento de los impuestos sobre la energía.
España	Recortes para contratos indefinidos.	Reducción de los tipos marginales más elevados. Aumento del mínimo exento.	Eliminación de la retención sobre títulos valores. Incentivos fiscales al capital riesgo.	Reducción del IVA en servicios intensivos en trabajo.	
Finlandia	Reducción de las contribuciones.	Reducción de tipos impositivos.	Leve aumento de tipos impositivos.		Aumento de los impuestos sobre la energía y medioambientales.
Francia	Reducción para los empleadores en los salarios más bajos.		Incentivos fiscales para empresas nuevas e innovadoras.	Reducción de tipos del IVA en reparaciones y servicios domésticos.	

Cuadro 6.8. *(continuación)*

	Contribuciones a la Seguridad Social	*Impuesto sobre la renta personal*	*Impuesto sobre sociedades y rentas de capital*	*Impuestos sobre el consumo*	*Impuestos sobre la energía o medioambientales*
Grecia	Reducción para los empleadores sobre el nuevo personal.	Recortes impositivos para rentas bajas.	Rebajas fiscales para el capital riesgo.	Reducción del IVA en servicios intensivos en trabajo.	
Irlanda		Reducción de los tipos máximo y normal. Aumento del mínimo exento.	Rebajas fiscales y tipos reducidos para las ganancias de capital del capital riesgo.	Aumento de impuestos sobre el tabaco.	
Italia	Reducción para nuevos empleos y salarios más bajos.	Reducción de algunos tipos impositivos.	Incentivos a la capitalización de beneficios y al capital riesgo.	Reducción del IVA en servicios intensivos en trabajo.	Algunos impuestos especiales se han reclasificado como impuestos sobre el CO_2.
Luxemburgo				Reducción del IVA en algunos servicios intensivos en trabajo.	
Países Bajos	Reducción para los salarios más bajos.	Aumento del mínimo exento. Reducción de los impuestos sobre las rentas del trabajo.		Reducción del IVA en algunos servicios intensivos en trabajo. Aumento del tipo normal.	
Portugal	Armonización de contribuciones para autónomos y asalariados.			Reducción del IVA en servicios intensivos en trabajo.	
Reino Unido	Reducción para los salarios más bajos. Rebaja de los porcentajes para los empleadores.	Aumento del mínimo exento y garantía de una renta mínima.		Reducción del IVA en servicios intensivos en trabajo (sólo en la isla de Man).	Tasa sobre el cambio climático destinada a compensar los recortes en las contribuciones a la SS.
Suecia		Reducción del impuesto sobre la renta.			

Fuente: Comisión Europea (2000a).

6.2. Los sistemas tributarios en los países que han solicitado su adhesión a la Unión Europea

6.2.1. Países de Europa Central y Oriental

En la mayor parte de estos países la participación de los ingresos impositivos sobre el PIB registró descensos significativos a partir de 1990. Según las cifras mostradas en el cuadro 6.9, han continuado produciéndose disminuciones en este indicador entre 1995 y 1998, salvo para el caso de Letonia y Lituania, que experimentan una leve recuperación de la recaudación. Bulgaria y Rumania, por su parte, han registrado los descensos más notables en los últimos años, mientras Polonia, tras experimentar un fuerte declive en los ingresos tributarios entre 1990 y 1991, comienza a recuperarse lentamente, aunque sin alcanzar los niveles anteriores a 1990. En comparación con las cifras mostradas para la UE, la proporción que los ingresos impositivos representan sobre el PIB resulta inferior a la media comunitaria, si bien aproximadamente la mitad de este conjunto de países (Estonia, Hungría, Letonia, Polonia y la República Checa) muestran niveles similares o superiores a los de aquellos Estados miembros con porcentajes más bajos (España, Grecia, Irlanda y Portugal).

Cuadro 6.9. *Dimensión económica de los ingresos impositivos en los PECO*

	Ingresos impositivos (% PIB)			
	1995	*1996*	*1997*	*1998*
Bulgaria	29,3	26,5	26,6	
Eslovaquia				
Eslovenia				
Estonia	37,8	37,1	37,4	37,1
Hungría	42,7	40,9	39,4	39,0
Letonia	37,2		39,3	40,6
Lituania	31,6	28,8	31,9	33,5
Polonia	42,3	42,1	41,2	40,0
Rep. Checa	40,1	39,1	38,6	38,3
Rumania	28,7	27,0	26,8	

Fuentes: Fondo Monetario Internacional (varios años) y OCDE (1999), *Statistical Compendium.*

Por su parte, el peso relativo de los impuestos sobre la renta personal experimenta entre 1995 y 1998 una tendencia a la baja. La proporción que estos recursos suponen sobre el PIB se encuentra muy por debajo de la media comunitaria, y cercana en general a las cifras correspondientes a Grecia, Francia, Portugal y España, que son los Estados miembros cuya recaudación por este concepto representa un menor peso relativo sobre el PIB. Por otro lado, los porcentajes referidos al impuesto sobre los beneficios empresariales presentan mayores similitudes con los mostrados por la UE. En este caso no se registra una tendencia común para todos los países, puesto que se observan situaciones tanto de incremento como de descenso en los porcentajes a lo largo del período analizado.

En cuanto a las contribuciones a la Seguridad Social, su peso relativo resulta mayor que en los dos casos anteriores, coincidiendo con la pauta seguida por los países de la UE. En su mayor parte, el cuadro 6.10 muestra porcentajes similares a los del conjunto de Estados miembros, siendo Bulgaria y Rumania, que se sitúan en torno al 7%, los más alejados de la media comunitaria (11% para 1998). Estos dos países vuelven a mostrar los menores valores cuando se considera la carga fiscal impuesta sobre el factor trabajo, como suma de las contribuciones sociales y del impuesto sobre la renta personal, si bien el resto de países de Europa Central y Oriental también se sitúa por debajo de la media de la UE.

Cuadro 6.10. *Importancia cuantitativa de la imposición directa en los PECO (principales figuras tributarias)*

	Impuesto sobre la renta personal (% PIB)				*Impuesto sobre beneficios (% PIB)*				*Contribuciones Seguridad Social (% PIB)*			
	1995	*1996*	*1997*	*1998*	*1995*	*1996*	*1997*	*1998*	*1995*	*1996*	*1997*	*1998*
Bulgaria	4,1	4,0	4,0		3,8	4,2	5,0		7,9	6,9	6,9	
Eslovaquia												
Eslovenia												
Estonia	8,7	8,3	8,1	8,5	2,5	1,7	1,9	2,6	12,3	12,2	12,0	12,1
Hungría	6,9	7,2	6,6	6,5	1,9	1,9	1,9	2,1	15,3	13,9	14,2	14,1
Letonia	5,4	5,5	4,0	4,2	2,0	2,0	2,4	2,4	12,4	11,6	11,6	11,3
Lituania	7,0	6,6	5,1	5,7	2,3	1,9	1,6	1,4	8,4	8,3	11,5	12,9
Polonia	9,7	9,3	8,8	8,8	3,2	3,1	3,2	3,0	12,9	13,1	13,2	12,9
Rep. Checa	5,0	5,1	5,2	5,2	4,9	4,0	3,3	3,7	16,4	16,5	16,9	16,9
Rumania	6,3	6,1	5,6		3,9	3,3	4,3		8,1	7,6	7,1	

Fuentes: Fondo Monetario Internacional (varios años) y OCDE (1999), *Statistical Compendium.*

En el ámbito de la imposición indirecta, el peso relativo de los impuestos sobre las ventas resulta similar o superior a la media comunitaria, salvo en Rumania, donde tienen una importancia relativa notablemente menor. Por su parte, los porcentajes referidos a los impuestos especiales se sitúan, aproximadamente en la mitad de los casos, por debajo de la media de la Unión Europea, y oscilan, para 1997, entre el 1,7% correspondiente a Rumania y el 4% de Polonia. Finalmente, el peso relativo de los ingresos impositivos derivados del comercio internacional difiere notablemente entre países. Los porcentajes mostrados en el cuadro 6.11 indican que dichos ingresos representan una proporción del PIB más baja que la que corresponde a los impuestos especiales, pero en general muy superior a la media comunitaria.

Cuadro 6.11. *Importancia cuantitativa de la imposición indirecta en los PECO (principales figuras tributarias)*

	IVA/Impuestos sobre ventas (% PIB)				*Accisas (% PIB)*				*Aduanas (% PIB)*			
	1995	*1996*	*1997*	*1998*	*1995*	*1996*	*1997*	*1998*	*1995*	*1996*	*1997*	*1998*
Bulgaria	6,7	6,7	6,1		2,6	1,5	2,1		2,4	2,2	2,1	
Eslovaquia												
Eslovenia												
Estonia	10,0	10,1	10,4	8,8	2,8	3,3	3,7	3,8	0,2	0,0	0,0	0,0
Hungría	7,6	7,5	8,0	7,8	4,3	4,1	4,1	4,2	4,5	3,6	1,9	1,3
Letonia	9,4	9,5	8,8	8,4	1,5	2,2	2,5	3,1	0,8	0,7	0,7	0,5
Lituania	8,2	7,2	8,7	8,4	2,5	2,6	3,0	3,1	0,8	0,7	0,7	0,6
Polonia	7,2	7,8	8,4	8,2	4,2	4,3	4,0	4,0	3,1	2,6	1,6	1,2
Rep. Checa	6,9	7,0	7,0	6,6	4,1	3,9	3,8	3,7	1,3	1,3	0,9	0,8
Rumania	5,2	4,9	4,7		2,0	1,4	1,7		1,6	1,5	1,3	

Fuentes: Fondo Monetario Internacional (varios años) y OCDE (1999), *Statistical Compendium.*

La caída de los ingresos tributarios que se ha producido en este conjunto de países a partir de comienzos de los noventa se ha visto condicionada, esencialmente, por los efectos de la recesión económica y la crisis financiera derivados de la transición hacia un sistema de economía de mercado. La persistencia de tasas de inflación elevadas ha originado pérdidas importantes en el valor real de la recaudación que el sistema fiscal no siempre ha sido capaz de resolver, y se ha producido un deterioro generalizado en las tasas de cumplimiento. Los retrasos de adaptación de los esquemas tributarios al entorno económico cambiante han resultado muy costosos, especialmente si se considera que las medidas de recuperación de la recaudación han consistido, básicamente, en medidas de política fiscal no acompañadas de reformas en la administración tributaria –tolerante ante los retrasos recaudatorios y ante la evasión fiscal–, lo que ha contribuido a restar efectividad a las mismas.

La tendencia generalizada de declive en los ingresos indica que los sistemas fiscales de estos países padecen serios problemas para mantener niveles de recaudación adaptados a sus necesidades, debido tanto a la falta de elasticidad de los impuestos como a la estrechez de las bases imponibles o a la debilidad de la administración fiscal. Por otro lado, la carga fiscal impuesta sobre el factor trabajo resulta excesiva en la mayor parte de los casos, lo que genera fuertes distorsiones en la economía. Si no hay cambios en las políticas públicas, la situación fiscal será inconsistente con el objetivo de equilibrio presupuestario. No obstante, el margen de reducción de los ingresos públicos es limitado como consecuencia de las necesidades de gasto registradas, por lo que las reformas fiscales deberían diseñarse intentando no reducir la recaudación[17].

A mediados de la década pasada comenzó, en términos generales, la introducción de reformas conducentes a la reconversión de estos sistemas fiscales hacia un modelo típico de las economías de mercado[18]. Un buen ejemplo viene dado por la sustitución de los impuestos sobre las ventas por impuestos sobre el valor añadido. Asimismo, a finales de la década de los noventa empezaron a generalizarse reformas cuyo objetivo consistía en impulsar la transparencia del sistema fiscal y en conseguir una sostenibilidad financiera a medio plazo.

En el ámbito de la imposición directa, las últimas reformas que se han llevado a cabo en estos países se han dirigido, en primer lugar, a simplificar y ampliar las bases imponibles, a reducir los tipos marginales y a articular soluciones a las distorsiones provocadas por la inflación[19]. En segundo lugar, se han incorporado reformas en el impuesto personal sobre la renta que conducen hacia un impuesto sobre la renta global (a través de la eliminación de ciertas exenciones y deducciones). Para hacer frente a la excesiva carga fiscal que recae sobre el factor trabajo, problema común a las economías de los Estados miembros de la Unión Europea, las últimas reformas persiguen una reducción adicional en los tipos marginales del impuesto sobre la renta personal y un recorte de las contribuciones sociales, junto con un aumento de la base imponible de estas últimas. En la actualidad, la estructura de la tarifa correspondiente a los impuestos sobre la renta personal en estos países tiende a converger con las que corresponden al ámbito comunitario (cuadro 6.12).

Cuadro 6.12. *Rasgos principales de las tarifas del impuesto sobre la renta personal en los PECO (2000)*

	N.º de tramos	*Tipos marginales máximos*
Bulgaria	5	40%
Eslovaquia	7	
Eslovenia	6	50%
Estonia		Se aplica un tipo fijo del 26%
Hungría	3	40%
Letonia		Se aplica un tipo fijo del 25%
Lituania		Se aplican tipos diferenciados para cada tipo de renta. El tipo más elevado para las rentas del trabajo es el 35%
Polonia	3	40% (algunas rentas están gravadas a tipos fijos)
República Checa	4	32%
Rumania	5	40%

Fuentes: International Bureau of Fiscal Documentation (2000) y elaboración propia.

Según se observa en el cuadro anterior, sólo Estonia y Letonia aplican tipos impositivos únicos a todas las rentas, que resultan similares a los tipos marginales máximos vigentes en una parte de los países nórdicos (inferiores al 30%). Por su parte, el resto de países analizados aplica tarifas progresivas con unos tipos máximos que oscilan entre el 32% de la República Checa y el 50% de Eslovenia, cifras incluidas en el rango de tipos de gravamen aplicables en el ámbito de la Unión Europea.

Cuadro 6.13. Tipos impositivos del impuesto sobre la renta de sociedades en los PECO (2000)

	Tipo normal	*Casos especiales*
Bulgaria	25%	Se aplica el 20% a empresas cuyos beneficios gravables anuales no superen los 50 millones BLG. Las compañías de seguro están sujetas a un impuesto especial sobre las primas de seguro y sobre otros tipos de renta.
Eslovaquia	29%	Para empresas relacionadas con la producción agrícola, cuyos ingresos procedentes de dicha actividad sean superiores al 50% del importe total de las ventas, se aplica el 15%.
Eslovenia	25%	
Estonia	26/74	
Hungría	18%	Se aplica un tipo especial igual al 3% a los beneficios gravables de las compañías *offshore*.
Letonia	25%	
Lituania	29%	Se aplica el 0% a las empresas agrícolas; los tipos se reducen entre un 25% y un 100% para las empresas que empleen a discapacitados (en función del número de contratados); 50% de reducción para pequeñas empresas. Tipos reducidos para inversores extranjeros.
Polonia	30% (28% en 2001 y 2002, 24% en 2003 y 22% en 2004)	
República Checa	31%	Se aplica el 25% a los beneficios de los fondos de inversión y fondos de pensiones.
Rumania	25%	Los beneficios procedentes de algunas actividades, como *nightclubs* o casinos, se gravan al 50%.

Fuentes: International Bureau of Fiscal Documentation (2000) y elaboración propia.

Por otra parte, se ha producido en los últimos años una convergencia en los tipos impositivos articulados en los impuestos sobre la renta personal y empresarial. Por lo que respecta a la imposición societaria, y según muestra el cuadro 6.13, los tipos de gravamen oscilan actualmente entre el 18% de Hungría –muy por debajo de los tipos aplicables en los Estados miembros de la Unión–, y el 31% de la República Checa, también inferior a los tipos más elevados del entorno comunitario, que correspondían a Alemania, Bélgica y Grecia. Más de la mitad de los PECO aplican porcentajes reducidos a ciertas actividades que se desean promocionar, como las relacionadas con la producción agrícola (es el caso de Bulgaria, Eslovaquia o Lituania) o las asociadas a inversiones extranjeras (Lituania).

Asimismo, se han incorporado en el ámbito de la imposición directa algunas figuras tributarias adaptadas al nuevo contexto económico (como en el caso de los impuestos sobre la propiedad).

Por último, se han articulado reformas en el ámbito de las obligaciones formales de los impuestos sobre la renta, que conducen a una simplificación de los procedimientos a los que se enfrentan los contribuyentes.

Por su parte, en el ámbito de la imposición indirecta también se han llevado a cabo reformas importantes, que han consistido básicamente en dar pasos hacia la homologación de los impuestos sobre el valor añadido a las normas comunitarias (tanto en tipos impositivos como en procedimientos), y en la convergencia de la imposición sobre bienes específicos hacia los niveles de la UE. Recientemente, Rumania ha incorporado una ambiciosa reforma fiscal que ha consistido, entre otros aspectos, en la unificación de los tipos del IVA y el aumento de la base gravable de los impuestos sobre consumos específicos al mismo tiempo que una bajada de sus tipos. Eslovaquia, por su parte, está desplazando la carga de la imposición directa a la indirecta, como resultado de una reducción en los impuestos sobre la renta y un incremento en los impuestos especiales. Eslovenia ha introducido el IVA en 1999, junto con un nuevo sistema de impuestos especiales.

Finalmente, también son numerosas las reformas que se han introducido en el ámbito de los procedimientos administrativos. Así, se ha tendido a simplificar la estructura administrativa (si bien en muchos casos continúa siendo excesivamente compleja), se han reforzado los controles para evitar fraudes, se ha impulsado el desarrollo de auditorías y se han desarrollado mecanismos de mejora de la información tributaria. De este modo se ha pretendido compensar parcialmente la pérdida de recaudación derivada de las bajadas en los tipos impositivos.

6.2.2. Países del Mediterráneo oriental

Por lo que se refiere a los países pertenecientes al área del Mediterráneo oriental, el volumen relativo de los ingresos impositivos resulta aún menos cuantioso que en el resto de los candidatos a la adhesión. Sin embargo, siguiendo la tendencia de los PECO, los impuestos indirectos constituyen las figuras tributarias con mayor poder recaudatorio (cuadros 6.14, 6.15 y 6.16).

Cuadro 6.14. *Dimensión económica de los ingresos impositivos en los países del Mediterráneo oriental*

	Ingresos impositivos (% PIB)			
	1995	*1996*	*1997*	*1998*
Chipre	25,7	25,6	24,6*	
Malta	29,9	28,2	30,2	27,4
Turquía	22,6	25,4	27,9	29,8

* Datos no definitivos.
Fuentes: Fondo Monetario Internacional (varios años) y OCDE (1999), *Statistical Compendium.*

Cuadro 6.15. *Importancia cuantitativa de la imposición directa en los países del Mediterráneo oriental (principales figuras tributarias)*

	Impuesto sobre la renta personal (% PIB)				*Impuesto sobre beneficios (% PIB)*				*Contribuciones a la Seguridad Social (% PIB)*			
	1995	*1996*	*1997*	*1998*	*1995*	*1996*	*1997*	*1998*	*1995*	*1996*	*1997*	*1998*
Chipre									4,6	4,8	4,9*	
Malta	5,6	5,1	5,2	4,8	3,2	2,7	3,5	3,2	6,8	7,0	7,4	6,5
Turquía	4,9	5,2	6,0	7,6	1,5	1,5	1,6	1,7	2,7	4,0	4,0	4,1

Fuentes: Fondo Monetario Internacional (varios años) y OCDE (1999), *Statistical Compendium.*

Cuadro 6.16. *Importancia cuantitativa de la imposición indirecta en los países del Mediterráneo oriental (principales figuras tributarias)*

	IVA/Impuestos sobre ventas (% PIB)				*Accisas (% PIB)*				*Aduanas (% PIB)*			
	1995	*1996*	*1997*	*1998*	*1995*	*1996*	*1997*	*1998*	*1995*	*1996*	*1997*	*1998*
Chipre												
Malta	6,8	6,5	6,6	4,8	2,1	2,0	2,7	3,1	0,8	0,7	0,7	0,6
Turquía	5,5	6,0	6,5		0,2	0,3	0,5		0,8	0,5	0,5	

Fuentes: Fondo Monetario Internacional (varios años) y OCDE (1999), *Statistical Compendium.*

En este conjunto de países, resulta especialmente destacable la evolución sufrida por los sistemas tributarios de Turquía y Malta. En el caso de Turquía, los aumentos en la recaudación impositiva que se produjeron en la segunda mitad de los noventa, derivados de un incremento en los salarios y en las retenciones sobre los intereses del ahorro, y de una revitalización del consumo, se vieron limitados por la debilidad de la administración tributaria. En la actualidad, el fraude está muy extendido como consecuencia de las bajas sanciones y de las expectativas de amnistías fiscales regulares, que reducen la disposición a cumplir con las obligaciones tributarias. No obstante, en los últimos años han comenzado a introducirse cambios importantes en la administración fiscal, como la utilización de los números de identificación fiscal, el aumento del número de auditorías o un cierto refuerzo del sistema de sanciones.

Por su parte, Malta ha introducido en la última década cambios significativos en su sistema tributario, incluyendo una reforma en la estructura de los impuestos sobre la renta y en el ámbito de la imposición indirecta. Las medidas implementadas hasta ahora se han dirigido a mejorar la tasa de cumplimiento, aumentar la productividad de los ingresos y converger hacia los esquemas que prevalecen en la UE. El éxito de la reforma fiscal ha sido notable: los ingresos han aumentado y las bases imponibles se han ampliado notablemente. En la actualidad, el sistema fiscal de Malta se encuentra en línea con los de la UE, puesto que ya se han abordado las reformas estructurales necesarias. Las reformas pendientes se limitan, en general, al ámbito de la imposición indirecta, y se refieren a la abolición de los impuestos sobre la importación y la adopción de la tarifa exterior común, y al aumento de las accisas sobre el alcohol y el tabaco.

Por otro lado, en los cuadros 6.17 y 6.18 se resumen las características principales de las tarifas aplicadas en el ámbito de los impuestos sobre la renta para este grupo de países.

Cuadro 6.17. *Características de las tarifas del impuesto sobre la renta personal en los países del Mediterráneo oriental (2000)*

	N.º de tramos	*Tipos marginales máximos*
Chipre	4	40% (Las ganancias de capital están gravadas a un tipo fijo del 20%, más un 4% de recargo)
Malta	6	35%
Turquía	6	45% (más un 10% de recargo)

Fuente: International Bureau of Fiscal Documentation (2000).

Cuadro 6.18. *Tipos impositivos del impuesto sobre la renta de sociedades en los países del Mediterráneo oriental (2000)*

	Tipo normal	*Casos especiales*
Chipre	Tarifa en dos tramos: 20% aplicable hasta 40.000 CYP, 25% al resto de beneficios.	Se aplica el 20% a las ganancias de capital, y el 10% sobre algunos tipos de beneficios.
Malta	35%	
Turquía	30% (más 10% de recargo: tipo efectivo igual al 33%).	

Fuente: International Bureau of Fiscal Documentation (2000).

Los cuadros anteriores muestran que, en el ámbito de la imposición personal, la estructura de la tarifa impositiva resulta comparable a la del resto de países candidatos tanto en número de tramos como en cuanto a tipos marginales máximos y, por lo tanto, a la de los Estados miembros de la UE. Por su parte, los tipos impositivos correspondientes al impuesto sobre sociedades también resultan similares a los comentados a lo largo del capítulo. Cabe destacar en este ámbito el caso de Chipre, que establece una tarifa en dos tramos en lugar de un tipo único, con la peculiaridad de que el tipo impositivo más elevado se aplica en el tramo de renta más baja.

En términos generales, la mayor parte de los países candidatos a la adhesión han adoptado programas de reforma fiscal ambiciosos que, por otra parte, han seguido las tendencias reformadoras características de los Estados miembros durante las dos últimas décadas. Sin embargo, la plena integración de este conjunto de economías en el ámbito de la Unión exige que se profundice en las reformas introducidas hasta ahora, especialmente por lo que se refiere a la generalización del IVA y a la adaptación de las accisas a las directivas comunitarias. Asimismo, es preciso que se complete el proceso de reforma de la administración fiscal si se desea optar a unos niveles de recaudación aceptables, dadas las necesidades de gasto público.

Los efectos de la adhesión tendrán, previsiblemente, un efecto neto positivo sobre los ingresos de estas economías. Por una parte, los ingresos se reducirán como consecuencia de las aportaciones al presupuesto de la UE y de la reducción de los derechos de aduanas, y se producirá un incremento en los costes administrativos derivado de la necesidad de establecer nuevos procedimientos. Asimismo, algunos cambios a los que deben enfrentarse estos países estarán asociados a un aumento sustancial de los costes: entre otras cosas, será preciso incrementar los gastos de inversión con el fin de estimular el desarrollo regional, reestructurar el sistema legal, alcanzar los estándares ambientales exigidos por la UE, mejorar las redes de transporte y comunicaciones, reestructurar la empresa y la banca o modificar los sistemas de protección social. Sin embargo, se prevé que el volumen de transferencias de la Unión (procedentes de la Política Agrícola Común, el Fondo de Cohesión y los fondos estructurales) y la mayor recaudación impositiva procedente de un aumento de la producción (vía recaudación por impuestos sobre la renta e IVA), compensen sobradamente los efectos negativos de la adhesión.

El diseño de la política fiscal, el crecimiento de la economía y la capacidad de las autoridades de capturar los ingresos desde su base constituyen los principales factores que afectarán a la evolución de los ingresos tributarios en estos países. Las bases imponibles pueden reducirse en el corto plazo como consecuencia del menor ritmo económico; sin embargo, a medida que mejore el crecimiento los ingresos deberán recuperarse. La recaudación también se verá afectada por las mejoras en la administración tributaria y por los cambios en los tipos impositivos, que a su vez incidirán sobre el crecimiento económico y sobre los incentivos al cumplimiento fiscal.

6.3. La fiscalidad en el resto de países europeos

El peso de los ingresos impositivos en los países de Europa Central y Oriental, que se muestra en el cuadro 6.19, es considerablemente inferior a la media comunitaria y, en general, menor al correspondiente al resto de economías en transición analizadas en el apartado anterior. Cabe señalar en este sentido el caso de Albania, cuyos ingresos impositivos en relación con el PIB apenas representan en 1998 el 15,8%[20]. Por su parte, en el grupo de países pertenecientes a Europa Occidental cabe destacar el caso de Noruega, cuyos ingresos impositivos representan un porcentaje del PIB similar a la media comunitaria. Islandia y Suiza, por el contrario, registran porcentajes notablemente inferiores, cercanos a los correspondientes a España e Irlanda.

Por su parte, el peso de los impuestos directos en los países de Europa Central y Oriental, según indica el cuadro 6.20, es prácticamente irrelevante en comparación con los países de la UE, y también menor que en el resto de economías de transición analizadas, en buena parte debido a la baja tasa de cumplimiento de los contribuyentes. Es de destacar la importancia relativa del impuesto sobre beneficios, que representa una proporción sobre el PIB mayor a la del impuesto sobre la renta personal (salvo en el caso de Macedonia). En términos de evolución, se observa que los porcentajes asociados al impuesto sobre beneficios han experimentado un claro descenso desde 1995, que no ha sido compensado por incrementos paralelos en los porcentajes de las contribuciones a la Seguridad Social o del impuesto sobre la renta personal. Por su parte, el resto de países europeos analizado presenta una situación más similar a la de la UE. En cuanto al impuesto sobre la renta personal, las cifras se sitúan algo por debajo de la media comunitaria, con niveles notablemente inferiores a los que registran otros países nórdicos como Dinamarca o Suecia. En el ámbito de la imposición sobre los beneficios, las cifras muestran panoramas distintos para los tres países. Así, Islandia y Suiza presentan porcentajes inferiores a la media de los Estados miembros, mientras en Noruega la importancia cuantitativa del impuesto sobre beneficios es significativamente más elevada, y notablemente superior a la media de la UE. Finalmente, en lo referido al peso de las contribuciones a la Seguridad Social, tan sólo Suiza se sitúa en niveles cercanos a los del conjunto de la UE, mientras Noruega e Islandia se encuentran claramente por debajo. En este último caso las cifras apenas alcanzan el 3% sobre el PIB, por debajo de todos los Estados miembros a excepción de Dinamarca.

Cuadro 6.19. *Dimensión económica de los ingresos impositivos en otros países europeos*

	Ingresos impositivos (% PIB)			
	1995	*1996*	*1997*	*1998*
Países de Europa Central y Oriental				
Albania	17,7	15,3	13,5	15,8
Bielorrusia				
Bosnia-Herzegovina		27,6	20,9	
Croacia				
Macedonia		37,9	36,1	34,5*
Moldavia	28,8	27,4	29,9	29,0
Rusia				
Ucrania				
Yugoslavia				
Otros países de Europa Occidental				
Islandia	31,2	32,3	32,2	32,6
Noruega	41,5	41,5	42,6	43,6
Suiza	33,5	34,2	33,8	34,8

* Datos no definitivos.

Fuente: Fondo Monetario Internacional (varios años) y OCDE (1999), *Statistical Compendium*.

En el ámbito de la imposición indirecta, los impuestos sobre las ventas de los países de Europa Central y Oriental representan, en todos los casos, una proporción mayor que la que corresponde a los impuestos sobre la renta personal y sobre beneficios. Asimismo, en este caso los porcentajes muestran una mayor semejanza a los presentados para la UE y los PECO. Por otra parte, las accisas suponen un peso relativo algo más bajo, salvo en el caso de Macedonia, que obtiene mayor volumen de recaudación por este concepto que por el impuesto sobre valor añadido. Por último, los derechos de aduanas son los tributos de menor importancia cuantitativa de los reflejados en el cuadro 6.20. Sin embargo, en ciertos países (como en Albania o Macedonia) presentan un peso relativo destacable. El peso de la imposición indirecta en el resto de países de Europa Occidental resulta superior en comparación con los otros Estados incluidos en el cuadro 6.20. La proporción que representa el IVA es incluso mayor a la mostrada para el conjunto de Estados de la UE en Islandia y Noruega, si bien en Suiza los porcentajes se encuentran muy por debajo de la media comunitaria. En el caso de los impuestos especiales la situación difiere entre países. Así, Islandia muestra unas cifras similares a la media de la UE, Noruega se sitúa en niveles superiores a los de la media comunitaria, y Suiza, por su parte, registra unos porcentajes significativamente más bajos, que representan aproximadamente la mitad de los correspondientes al conjunto de la Unión.

Cuadro 6.20. *Importancia cuantitativa de la imposición indirecta en otros países europeos (principales figuras tributarias)*

	IVA/Impuestos sobre ventas (% PIB)				*Accisas (% PIB)*				*Aduanas (% PIB)*			
	1995	*1996*	*1997*	*1998*	*1995*	*1996*	*1997*	*1998*	*1995*	*1996*	*1997*	*1998*
Países de Europa Central y Oriental												
Albania	2,5	3,2	4,6	6,2	4,6	1,8	0,6	1,1	2,8	2,7	2,6	2,7
Bielorrusia	8,3	7,8	9,5		2,8	3,5	4,2		1,7	1,8	2,6	
Bosnia-Herz.										5,9	4,5	
Croacia												
Macedonia		5,6	5,3	5,2*		7,6	7,1	7,1*		4,2	3,3	3,6*
Moldavia	7,5	7,0	9,4	11,1	2,5	2,2	5,0	3,7	0,7	1,1	1,3	1,1
Rusia	6,9	7,2	6,7	5,8	1,5	2,8	2,6	2,0	1,9	1,3	1,2	1,5
Ucrania												
Yugoslavia												
Otros países de Europa Occidental												
Islandia	9,4	9,4	9,5	9,3	2,8	3,7	3,4	3,6	0,4	0,4	0,4	0,4
Noruega	8,8	8,7	8,8	9,3	5,5	5,4	5,4	5,1	0,3	0,2	0,2	0,2
Suiza	2,4	3,3	3,4	3,5	1,8	1,8	1,8	1,9	0,3	0,3	0,3	0,2

* Datos no definitivos.
Fuentes: Fondo Monetario Internacional (varios años) y OCDE (1999), *Statistical Compendium*.

En el ámbito de los países de Europa Central y Oriental, los ingresos han seguido en general una tendencia descendente desde el comienzo de la transición, lo que ha ocasionado que la proporción que los ingresos impositivos representan sobre el PIB sea tan baja. La situación más crítica, tal y como se muestra en el cuadro 6.21, corresponde a Albania, donde la ruptura en el orden público y la incapacidad de la administración para recaudar han generado unas cifras recaudatorias muy bajas. De hecho, la drástica reducción de los ingresos que se registró durante la época de conflictos llegó a elevar el déficit por encima del 10% del PIB. No obstante, durante los últimos años de la década de los noventa las autoridades albanesas han redoblado los esfuerzos por mantener la disciplina presupuestaria a través de la política fiscal.

Por su parte, Rusia también se encuentra entre los países más afectados por la transición, desde cuyo comienzo se han registrado descensos notables en los ingresos. La política fiscal ha logrado un éxito limitado en sus objetivos, dirigidos básicamente a reducir el déficit a través del freno en la prolongada caída de los ingresos y de la reducción del tamaño del gobierno y de los gastos improductivos. En 1997, a pesar de los signos de recuperación de la economía real, los ingresos continuaron reduciéndose y a finales de año el presupuesto se resintió como consecuencia de la crisis asiática, lo que contribuyó a aumentar el volumen de deuda del gobierno federal. No obstante, se han hecho esfuerzos importantes en la mejora del cumplimiento fiscal, y algunos factores adicionales han contribuido al repunte de la recaudación en los años más recientes, especialmente la recuperación del output en el proceso de depreciación del rublo y las mejoras en los términos de comercio por el aumento de los precios del petróleo, que aumentaron la base fiscal en el sector de la energía.

Cuadro 6.21. *Importancia cuantitativa de la imposición directa en otros países europeos (principales figuras tributarias)*

	Impuesto sobre la renta personal (% PIB)				*Impuesto sobre beneficios (% PIB)*				*Contribuciones a la Seguridad Social (% PIB)*			
	1995	*1996*	*1997*	*1998*	*1995*	*1996*	*1997*	*1998*	*1995*	*1996*	*1997*	*1998*
Países de Europa Central y Oriental												
Albania	0,3	0,2	0,2	0,3	1,5	1,5	0,8	1,1	4,1	4,5	3,8	3,4
Bielorrusia	2,8	2,9	3,2		7,0	4,0	4,7					
Bosnia-Herz.												
Croacia												
Macedonia		5,8	5,3	4,9*		1,3	0,8	0,9*		13,2	13,7	12,2
Moldavia	2,7	2,5	2,8	2,2	5,2	4,1	2,4	1,8	8,5	8,6	7,2	7,7
Rusia	2,4	2,6	2,9	2,3	7,6	4,6	4,0	3,6				
Ucrania												
Yugoslavia												
Otros países de Europa Occidental												
Islandia	9,7	10,4	10,6	11,7	0,9	0,9	0,9	1,1	2,5	2,8	2,8	2,7
Noruega	10,8	10,7	11,0	11,9	3,8	4,4	5,2	4,2	9,8	9,6	9,6	10,2
Suiza	10,7	11,1	10,6	11,1	1,9	1,9	2,0	2,1	12,3	12,6	12,5	12,4

* Datos no definitivos.

Fuentes: Fondo Monetario Internacional (varios años) y OCDE (1999), *Statistical Compendium*.

El potencial recaudatorio de la economía rusa se ve limitado, sin embargo, por la debilidad de su administración tributaria. Durante la transición han aparecido importantes oportunidades de corrupción, y se ha generado la creencia generalizada entre los contribuyentes de que el gobierno central es incapaz de hacer cumplir las obligaciones tributarias. En realidad, los grandes contribuyentes negocian habitualmente sus pagos fiscales, y las funciones de auditoría e investigación están muy debilitadas. Por otro lado, la existencia de leyes tributarias complejas y contradictorias, los elevados tipos marginales (especialmente sobre las rentas del trabajo)[21], el problema de falta de pago general de la economía y la generalizada corrupción de contribuyentes y funcionarios de la administración tributaria, han contribuido al deterioro del grado de cumplimiento de las obligaciones fiscales.

Con el fin de recuperar el nivel de ingresos, las autoridades rusas han adoptado desde mediados de la década de los noventa una serie de medidas que van desde la introducción de grandes unidades de inspección al establecimiento de límites en el diferimiento de impuestos y la eliminación de exenciones y privilegios fiscales. No obstante, el impacto de estas medidas sobre la recaudación ha sido escaso como consecuencia de una inadecuada implementación y de los problemas estructurales señalados. Más recientemente se han introducido reformas adicionales, como la obligatoriedad del uso de facturas en el IVA y la modernización de las técnicas de auditoría. Sin embargo, aún no se ha puesto en práctica un sistema de lucha contra el fraude efectivo, que requerirá del apoyo explícito del gobierno ruso.

Por su parte, Macedonia es el país que registra la situación más favorable en términos de ingresos, ya que desde la independencia ha conseguido niveles de recaudación aceptables, en contraste con el deterioro generalizado que han experimentado otras economías en transición. La proporción de ingresos impositivos sobre el PIB es muy elevada, debido fundamentalmente a cuatro factores: en primer lugar, Macedonia dependía menos de los impuestos sobre el beneficio en comparación con otros países ex socialistas, de manera que cuando los beneficios se colapsaron como consecuencia del declive en el *output,* el impacto sobre la recaudación fue modesto. En segundo lugar, los tipos de gravamen sobre las rentas del trabajo son muy elevados, lo que redunda en un mayor volumen de recaudación por este concepto. En tercer lugar, el monopolio existente en la ejecución de la mayoría de operaciones financieras y en el control de información sobre los contribuyentes dota de mayor efectividad a la política fiscal. Finalmente, el sistema tributario del país se ha simplificado notablemente en la última década, lo que ha reducido las posibilidades de evasión fiscal. Cabe destacar en este sentido la reforma del impuesto sobre la renta personal que se lleva a cabo en 1994, que consolidó los nueve impuestos preexistentes en una sola figura y eliminó gran número de exenciones.

Desde ese año Macedonia ha articulado una política fiscal estricta que permitió, entre 1994 y 1996, reducciones progresivas del déficit total. En 1997, no obstante, se produjo un debilitamiento de la economía y un deterioro del cumplimiento fiscal, lo que causó una reducción en los ingresos en la primera mitad del año e impidió el logro del superávit previsto. La liberalización del comercio acentuó el declive en los ingresos del gobierno central procedentes de los derechos sobre la importación, y la reducción del tipo impositivo del impuesto sobre beneficios a la mitad contribuyó a la caída de los ingresos impositivos. Por su parte, las contribuciones a la Seguridad Social se redujeron como consecuencia de los problemas de *cash-flow* de las empresas, enfrentadas a una política monetaria de sostenimiento del tipo de cambio. La recuperación económica y la mejora de liquidez que tuvo lugar a mediados de 1997, como consecuencia de la devaluación, alivió en cierto modo los problemas anteriores. Asimismo, las medidas de refuerzo del cumplimiento fiscal contribuyeron a la recuperación de los ingresos. Finalmente, a partir de 1998 las autoridades tributarias orientaron sus esfuerzos a sustituir una parte de la carga impositiva sobre el trabajo por un mayor gravamen sobre los beneficios, con el fin de reducir los efectos adversos sobre la competitividad y la demanda de trabajo, y obtener así una ampliación de la base fiscal total.

La tendencia a la descentralización de los impuestos constituye uno de los rasgos comunes de la evolución de los sistemas fiscales en estos países. En la mayor parte de ellos los gobiernos territoriales cuentan con un cierto grado de autonomía tributaria, que ha ido ampliándose durante el proceso de transición. En general, las bases imponibles móviles se asignan al presupuesto estatal, y las bases imponibles estrechas e inmóviles a los presupuestos regionales y locales. Los principales ingresos de los gobiernos territoriales proceden de la recaudación por impuestos sobre la propiedad y la tierra o impuestos sobre vehículos, así como de figuras no impositivas como las tasas por el uso y explotación de los recursos naturales, y por el consumo de bienes y servicios provistos localmente. Asimismo, en algunos países el impuesto personal sobre la renta se asigna a los gobiernos subcentrales, mientras en otros casos tan sólo se les permite establecer un impuesto adicional al fijado por el gobierno central. No obstante, las bases imponibles locales son, en general, pequeñas, por lo que los ingresos son compartidos a menudo entre los niveles de gobierno locales y superiores.

Otro de los rasgos comunes a este grupo de países corresponde al impulso de la estrategia de modernización fiscal, que ha sido continuo en los últimos años y ha tenido como uno de sus objetivos primordiales evitar el endeudamiento interior. Las reformas, impulsadas en su mayoría por organismos internacionales, se han centrado en la modernización de la legislación de impuestos directos e indirectos a través de simplificaciones en las normas fiscales y de la introducción de mecanismos de fomento de la equidad y la neutralidad, con el fin de establecer un marco tributario moderno adaptado al nuevo contexto económico. Para reforzar la recaudación procedente de los impuestos directos se ha procedido a la reforma del impuesto sobre la renta personal y del impuesto sobre los beneficios empresariales. En general, las medidas introducidas en los últimos años se resumen en la aplicación de tipos impositivos bajos a bases imponibles más amplias, con el fin de minimizar las distorsiones impositivas y reforzar el principio de equidad horizontal, el acercamiento de los tipos marginales de los impuestos sobre la renta personal y sobre los beneficios empresariales, la imposición de límites en el diferimiento impositivo y la eliminación de complejidades que dificultan la administración de los impuestos. Asimismo, se ha producido una profunda revisión de los impuestos indirectos (especialmente del IVA y de los impuestos especiales), que han ido adaptándose progresivamente a las nuevas condiciones económicas imperantes en estos países.

Los cambios en la estructura del sistema fiscal deben ir complementados con reformas importantes en la administración para que las normas tengan efecto real en la recaudación. Las principales reformas administrativas que se han llevado a cabo hasta ahora se han centrado en el control del fraude y la corrupción (esta última asociada especialmente al área de los impuestos sobre el comercio internacional). Las distintas líneas de actuación seguidas hasta el momento han conseguido ciertos avances en la mejora del cumplimiento fiscal, si bien en algunos casos el impacto sobre la recaudación ha sido escaso como consecuencia de una inadecuada implementación y de los problemas estructurales que padecen estos sistemas tributarios. Con el fin de abordar la debilidad de la administración fiscal, se han adoptado una serie de medidas que van desde la creación de grandes unidades de inspección a la modernización de las técnicas de auditoría. No obstante, se necesita un compromiso serio y continuado de los más altos niveles de la administración con los procesos de mejora en los mecanismos de gestión, organización y control del fraude.

Finalmente, el resto de países de Europa Occidental, con unos sistemas tributarios propios de economías avanzadas, se caracterizan por establecer, en general, una carga fiscal por impuestos directos inferior a la media comunitaria. En el impuesto sobre la renta personal los tipos marginales son considerablemente más bajos que los correspondientes a los Estados miembros de la Unión Europea (cuadro 6.22) y, en términos generales, los tipos de gravamen aplicables al impuesto sobre la renta de sociedades también resultan inferiores a la media comunitaria (cuadro 6.23). Por el contrario, el peso relativo de la imposición indirecta resulta en estos países (salvo en el caso de Suiza) más importante que en el conjunto de la UE.

Cuadro 6.22. *Características de las tarifas del impuesto sobre la renta personal en otros países de Europa Occidental (2000)*

	Número de tramos	*Tipos marginales máximos*
Islandia		Salarios, pensiones y similares, y rentas de actividades empresariales o profesionales: 26,41%. Se aplica un impuesto adicional del 7% sobre lo que exceda de 3.198.000 ISK (6.396.000 para una pareja). Los dividendos, intereses y ganancias de capital se gravan a un tipo fijo del 10%.
Noruega		28% (suma de impuesto nacional = 10,35% y del municipal = 17,65%).
Suiza	Impuestos federales: entre 12 y 16 tramos, dependiendo de si se trata de individuos o familias. Impuestos cantonales y municipales: varía según el territorio (máximo 14 tramos, mínimo 7).	Impuestos federales: 11,5%. Impuestos cantonales y municipales: el tipo marginal más elevado llega hasta el 29% en el cantón con mayor porcentaje.

Fuentes: International Bureau of Fiscal Documentation (2000) y elaboración propia.

Cuadro 6.23. *Tipos impositivos del impuesto sobre la renta de sociedades en otros países de Europa Occidental (2000)*

	Tipo normal	*Casos especiales*
Islandia	30%	Se aplica el 38% para algunas sociedades registradas como sujetos pasivos, y el 5% a cooperativas y sociedades de comercio internacional.
Noruega	28%	
Suiza	8,5% para compañías y cooperativas (impuestos federales). Impuestos cantonales y municipales: los cantones pueden fijar sus propios tipos.	4,25% para otras entidades legales (impuestos federales).

Fuentes: International Bureau of Fiscal Documentation (2000) y elaboración propia.

CAPÍTULO SIETE

Otras políticas de gastos e ingresos públicos

A PESAR DE LA ENORME IMPORTANCIA cuantitativa y cualitativa de los gastos en protección social y del sistema tributario, es obvio que los Sectores Públicos europeos destinan una parte notable del gasto público a otros fines y cuentan con otras formas de financiación. Para contemplar el resto de políticas de gasto y la financiación obtenida por otras vías se desarrolla a continuación un breve análisis de las principales actuaciones del Sector Público en estos campos. En primer lugar se aborda el estudio del gasto desde una doble perspectiva económica y funcional, para pasar después a contemplar los otros ingresos corrientes y las transferencias de capital recibidas por los países de la Unión Europea. Finalmente, se revisa brevemente el proceso de privatizaciones que se ha producido en la última década en el conjunto de países europeos.

El volumen de gasto público de las economías europeas responde a un conjunto de circunstancias históricas, económicas e ideológicas que condicionan, no sólo el tamaño de los sectores públicos, sino también la estructura y composición de sus gastos. Así, los Estados europeos otorgan una importancia relativa distinta a las diferentes políticas de gasto público, a pesar de que compartan, en muchos casos, intereses comunes. El primer epígrafe de este capítulo revisa, para el conjunto de los Estados miembros de la UE, la evolución reciente y la situación actual de la estructura y composición de los gastos, a partir de la clasificación económica y funcional. En él se resumen las principales tendencias experimentadas por los gastos públicos durante la década de los noventa, entre las que cabe citar la pérdida de peso relativo de los programas de inversión y de la carga de intereses de la deuda pública. Igualmente, se ponen de manifiesto algunos rasgos que han caracterizado la evolución de los gastos públicos en las economías en transición. Entre ellos, cabe destacar el fuerte aumento de las transferencias corrientes e intereses de la deuda pública en los momentos de crisis económica, que derivaron en una importante reducción de los niveles de inversión. La priorización de proyectos de infraestructura y medio ambiente se señala como uno de los objetivos básicos de las reformas más recientes implementadas por estos países.

Por último, los otros ingresos corrientes, cuya dimensión económica varía entre los distintos Estados miembros, y las transferencias de capital recibidas, normalmente canalizadas a través del presupuesto comunitario, completan el análisis realizado junto con la incidencia presupuestaria de las privatizaciones llevadas a cabo en algunos países europeos.

7.1. Dimensión económica y principales actuaciones a través del gasto público en los países de la Unión Europea

7.1.1. Estructura del gasto público: clasificación económica

Como ya se mostró en capítulos anteriores, el volumen de gasto público en el conjunto de la UE resulta más que notable, y se sitúa en torno al 50% del PIB a lo largo de toda la década de los noventa. El año 1995 marca el punto de inflexión en cuanto al peso que el gasto público representa sobre la riqueza total de la Unión, puesto que a partir de dicho año comienza a registrarse una tendencia a la baja que ha continuado hasta el año 2000. A partir de los datos suministrados por la Comisión Europea, se revisa en este apartado la evolución de la estructura del gasto público en los Estados miembros a lo largo de tres fechas clave: 1990 (año que marca el comienzo de la última década), 1995 (punto de inflexión en la evolución del gasto total) y 1999 (último año para el que se dispone de información estadística).

Los cuadros 7.1-7.6 muestran la estructura del gasto público definida a partir de la clasificación económica, que divide el gasto total en dos categorías básicas: los gastos corrientes y los gastos de capital. A su vez, los gastos corrientes aparecen agrupados en transferencias corrientes, intereses de la deuda pública y consumo público. En el primer caso se muestra la desagregación de las transferencias por destinatarios (familias, empresas y otros países). Por su parte, el consumo público hace referencia al gasto destinado a proveer bienes y servicios a los ciudadanos[1].

Los cuadros 7.1 y 7.2 ilustran la estructura del gasto público en los países de la Unión Europea a comienzos de la década pasada. Según se observa en dichos cuadros, el peso de los gastos corrientes en el conjunto de Estados miembros resulta muy significativo, tanto en términos absolutos como relativos. Este bloque de gastos representa en 1990 el 44,7% del PIB de la UE y el 94% del gasto público total[2]. No obstante, el reparto entre gastos corrientes y gastos de capital difiere de modo notable según los Estados miembros: así, mientras España dedicaba casi el 12% de su gasto público total a inversiones y transferencias de capital, Bélgica y Dinamarca destinaban a este concepto algo menos del 3% de su gasto.

La partida que, en conjunto, explica la mayor parte del gasto corriente realizado durante 1990 en la Unión Europea, corresponde a las transferencias corrientes (que suponen casi el 22% del PIB de la Unión, y representan un 45,3% del total de gasto). Este patrón se repite para la mayor parte de Estados miembros, a excepción de los paí-

Cuadro 7.1. *Estructura del gasto público (1990) en la Unión Europea (% PIB)*

	GASTOS CORRIENTES							GASTOS DE CAPITAL	TOTAL
	Transferencias corrientes				*Intereses*	*Consumo*	*Total*		
	Empresas	*Familias*	*Otras*	*Total*					
Alemania*	2,2	15,8	3,0	21,0	2,6	18,3	42,0	2,3	44,3
Austria	2,8	19,8	0,3	22,9	4,1	18,7	45,6	3,2	48,8
Bélgica	2,9	23,3	0,8	27,0	10,5	14,0	51,5	1,3	52,8
Dinamarca	3,4	18,6	0,8	22,8	7,5	26,4	56,8	1,6	58,4
España	2,5	14,0	1,5	18,0	3,9	15,2	37,1	4,9	42,0
Finlandia	2,9	15,1	1,7	19,7	1,5	21,9	43,0	4,0	47,0
Francia	2,1	21,2	2,3	25,6	2,9	18,0	46,6	3,6	50,2
Grecia	4,1	15,2	–2,2	17,1	10,2	15,3	42,5	2,8	45,3
Irlanda	5,7	13,5	–4,0	15,2	7,5	14,4	37,0	2,0	39,0
Italia	2,5	18,6	0,9	22,0	9,5	17,6	49,1	3,3	52,4
Luxemburgo	3,1				0,5	12,9		4,5	
Países Bajos	3,1	27,3	0,7	31,1	6,0	14,6	51,7	2,0	53,7
Portugal	1,5	11,8	–0,4	12,9	8,1	15,6	36,5	3,3	39,8
Reino Unido	1,1	13,0	0,9	15,0	3,8	20,1	38,9	2,6	41,5
Suecia	4,7	19,8	1,4	25,9	5,0	27,2	58,1	2,4	60,5
Unión Europea	2,3	17,6	1,7	21,6	4,8	18,3	44,7	3,0	47,7

* República Federal Alemana.
Fuente: Comisión Europea (1999).

Cuadro 7.2. *Estructura del gasto público (1990) en la Unión Europea (% sobre el total)*

	GASTOS CORRIENTES							GASTOS DE CAPITAL	TOTAL
	Transferencias corrientes				*Intereses*	*Consumo*	*Total*		
	Empresas	*Familias*	*Otras*	*Total*					
Alemania*	5,0	35,7	6,8	47,4	5,9	41,3	94,8	5,2	100,0
Austria	5,7	40,6	0,6	46,9	8,4	38,3	93,4	6,6	100,0
Bélgica	5,5	44,1	1,5	51,1	19,9	26,5	97,5	2,5	100,0
Dinamarca	5,8	31,8	1,4	39,0	12,8	45,2	97,3	2,7	100,0
España	6,0	33,3	3,6	42,9	9,3	36,2	88,3	11,7	100,0
Finlandia	6,2	32,1	3,6	41,9	3,2	46,6	91,5	8,5	100,0
Francia	4,2	42,2	4,6	51,0	5,8	35,9	92,8	7,2	100,0
Grecia	9,1	33,6	–4,9	37,7	22,5	33,8	93,8	6,2	100,0
Irlanda	14,6	34,6	–10,3	39,0	19,2	36,9	94,9	5,1	100,0
Italia	4,8	35,5	1,7	42,0	18,1	33,6	93,7	6,3	100,0
Luxemburgo									
Países Bajos	5,8	50,8	1,3	57,9	11,2	27,2	96,3	3,7	100,0
Portugal	3,8	29,6	–1,0	32,4	20,4	39,2	91,7	8,3	100,0
Reino Unido	2,7	31,3	2,2	36,1	9,2	48,4	93,7	6,3	100,0
Suecia	7,8	32,7	2,3	42,8	8,3	45,0	96,0	4,0	100,0
Unión Europea	4,8	36,9	3,6	45,3	10,1	38,4	93,7	6,3	100,0

* República Federal Alemana.
Fuente: Comisión Europea (1999).

ses nórdicos, Reino Unido y Portugal, donde el consumo público absorbe la mayor proporción de gasto público.

A su vez, las transferencias a familias, materializadas principalmente a través del gasto en pensiones, desempleo y otras ayudas directas de carácter social, constituyen la partida más cuantiosa del conjunto de transferencias corrientes (36,9% del gasto total), alcanzando aproximadamente el 18% del PIB de la UE. Del conjunto de Estados miembros, Países Bajos, Bélgica y Francia son los que destinan un mayor volumen de recursos a esta partida, mientras Portugal y Reino Unido destacan por ser los países que transfieren a las familias una menor proporción de su gasto público. Por su parte, las transferencias corrientes a empresas representan, en términos relativos, una cuantía muy pequeña (en torno al 2,3% del PIB de la UE). Nuevamente las diferencias por países dentro de los Estados miembros resultan muy amplias, destacando su importancia relativa en Irlanda, Suecia y Grecia, frente al escaso peso que tienen en Portugal o el Reino Unido. El resto de transferencias corrientes engloban las transferencias netas al resto del mundo, y suponen el 1,7% del PIB de la UE en 1990, lo que representa la partida de menor importancia de las mostradas. Del conjunto de Estados miembros, Irlanda, Grecia y Portugal presentan saldos negativos, lo que indica que reciben más recursos por cuenta corriente del exterior de lo que transfieren a otros países. Por el contrario, Alemania y Francia registran aportaciones positivas significativas al principio de la década, superiores incluso a las destinadas a sus empresas.

El consumo público representa, de media, la segunda partida más cuantiosa tras el conjunto de transferencias corrientes. Cabe destacar su importancia en términos de PIB en los países nórdicos y el Reino Unido, donde alcanza porcentajes superiores al 20%, frente a Luxemburgo, Bélgica y Países Bajos, que se sitúan por debajo del 15%. En este último grupo de países, el gasto en consumo público absorbe menos del 30% del gasto público total, mientras en el conjunto de países nórdicos dicho porcentaje supera el 45%.

Finalmente, el gasto en intereses de la deuda pública representa en 1990 aproximadamente el 5% del PIB de la Unión Europea, y en torno al 10% del gasto público total. No obstante, algunos países se sitúan muy por encima de esas cifras, como en el caso de Bélgica, Grecia, Irlanda, Italia y Portugal, que dedican a esta partida en torno al 20% de sus gastos. Por el contrario, otros Estados miembros, como Alemania, Francia y, especialmente, Finlandia, registran porcentajes muy inferiores a la media comunitaria.

A mediados de los años noventa los niveles de gasto público sobre el PIB alcanzan, en general, su punto máximo (cuadros 7.3 y 7.4). En este contexto, la causa del incremento del gasto se encuentra básicamente en el comportamiento de las transferencias corrientes destinadas a las familias, que pasan a representar en el conjunto de la Unión Europea el 20,2% del PIB en 1995. En algunos Estados miembros, como Bélgica, Francia, Países Bajos, Finlandia y Suecia, el gasto dedicado a esta partida se sitúa por encima del 22% del PIB. Por su parte, las transferencias corrientes a empresas y al resto del mundo pierden peso sobre el conjunto de los gastos públicos.

El segundo factor determinante del incremento del gasto entre 1990 y 1995 viene dado por el aumento de la carga de intereses que, a pesar de experimentar un cierto aumento en términos de PIB, mantiene su peso sobre el total de gasto para el conjunto de la Unión Europea. No obstante, algunos países registran un descenso en la pro-

Cuadro 7.3. *Estructura del gasto público (1995) en la Unión Europea (% PIB)*

	GASTOS CORRIENTES							GASTOS DE CAPITAL	TOTAL
	Transferencias corrientes				*Intereses*	*Consumo*	*Total*		
	Empresas	*Familias*	*Otras*	*Total*					
Alemania	2,2	19,5	1,2	22,9	3,8	19,9	46,6	2,4	49,0
Austria	3,0	22,0	0,9	25,9	4,4	20,2	50,5	2,8	53,3
Bélgica	2,5	24,7	1,0	28,2	9,0	14,8	52,0	1,4	53,4
Dinamarca	3,7	21,7	0,9	26,3	6,6	26,8	59,7	1,9	61,6
España	3,1	15,3	0,9	19,3	5,4	16,2	40,9	3,7	44,6
Finlandia	3,3	22,8	1,7	27,8	5,2	23,3	56,3	3,0	59,3
Francia	2,3	23,4	2,5	28,2	3,7	19,4	51,3	3,2	54,5
Grecia	3,3	15,7	–1,8	17,2	12,9	15,5	45,7	3,3	49,0
Irlanda	4,0	13,5	–2,0	15,5	4,9	14,0	34,3	2,3	36,6
Italia	2,0	19,4	0,9	22,3	11,2	16,2	49,7	2,2	51,9
Luxemburgo	2,1				0,3	12,9		4,6	
Países Bajos	1,9	26,2	1,5	29,6	6,0	14,4	49,9	2,0	51,9
Portugal	1,1	15,5	–0,2	16,4	6,3	17,7	40,5	3,7	44,2
Reino Unido	1,1	17,3	0,8	19,2	3,5	20,0	42,7	2,0	44,7
Suecia	5,0	23,3	2,4	30,7	6,4	25,7	62,8	2,9	65,7
Unión Europea	2,3	20,2	1,3	23,8	5,4	18,9	48,1	2,6	50,7

Fuente: Comisión Europea (1999).

Cuadro 7.4. *Estructura del gasto público (1995) en la Unión Europea (% sobre el total)*

	GASTOS CORRIENTES							GASTOS DE CAPITAL	TOTAL
	Transferencias corrientes				*Intereses*	*Consumo*	*Total*		
	Empresas	*Familias*	*Otras*	*Total*					
Alemania	4,5	39,8	2,4	46,7	7,8	40,6	95,1	4,9	100,0
Austria	5,6	41,3	1,7	48,6	8,3	37,9	94,7	5,3	100,0
Bélgica	4,7	46,3	1,9	52,8	16,9	27,7	97,4	2,6	100,0
Dinamarca	6,0	35,2	1,5	42,7	10,7	43,5	96,9	3,1	100,0
España	7,0	34,3	2,0	43,3	12,1	36,3	91,7	8,3	100,0
Finlandia	5,6	38,4	2,9	46,9	8,8	39,3	94,9	5,1	100,0
Francia	4,2	42,9	4,6	51,7	6,8	35,6	94,1	5,9	100,0
Grecia	6,7	32,0	–3,7	35,1	26,3	31,6	93,3	6,7	100,0
Irlanda	10,9	36,9	–5,5	42,3	13,4	38,3	93,7	6,3	100,0
Italia	3,9	37,4	1,7	43,0	21,6	31,2	95,8	4,2	100,0
Luxemburgo									
Países Bajos	3,7	50,5	2,9	57,0	11,6	27,7	96,1	3,9	100,0
Portugal	2,5	35,1	–0,5	37,1	14,3	40,0	91,6	8,4	100,0
Reino Unido	2,5	38,7	1,8	43,0	7,8	44,7	95,5	4,5	100,0
Suecia	7,6	35,5	3,7	46,7	9,7	39,1	95,6	4,4	100,0
Unión Europea	4,5	39,8	2,6	46,9	10,7	37,3	94,9	5,1	100,0

Fuente: Comisión Europea (1999).

porción que los intereses de la deuda pública representan sobre el total: es el caso de Bélgica, Dinamarca, Irlanda, Portugal y Reino Unido. Por otra parte, las variaciones en el consumo público resultan, en general, poco apreciables durante la primera mitad de la década de los noventa. Finalmente, los gastos de capital experimentan una caída en este período, y pasan del 3% del PIB en 1990 al 2,6% en 1995. Dicho descenso también se ve reflejado en la pérdida de importancia relativa de este tipo de gastos, que pasan del 6,3% del gasto total en 1990 al 5,1% a mediados de la década. Sin embargo, algunos Estados miembros ven aumentar la proporción de gasto público que dedican a esta partida, ya sea de forma poco apreciable (como en Bélgica, Grecia, Portugal o Suecia) o con incrementos más destacables (como en Dinamarca e Irlanda).

Durante la segunda mitad de los años noventa, el crecimiento del gasto público sufre una cierta desaceleración, de manera que, en el conjunto de la Unión Europea, el gasto total pasa del 50,7% del PIB en 1995 al 47,1% en 1999. Este descenso se explica por la reducción simultánea de distintos componentes del gasto, tal y como ilustran los cuadros 7.5 y 7.6. El componente que registra un mayor descenso con respecto al nivel de 1995 es el correspondiente a los gastos en intereses de la deuda (que se reducen un 22%). Esta reducción se produce de forma generalizada para todos los Estados miembros (salvo en Luxemburgo, donde el porcentaje entre ambos años registra un aumento poco apreciable), y es especialmente destacada en el caso de Portugal, Irlanda, Italia, Grecia y España, que partían de niveles de endeudamiento muy elevados. Por su parte, las transferencias corrientes a empresas también se reducen de forma notable entre 1995 y 1999 (en torno al 17%). Asimismo, los gastos de capital mantienen su tendencia descendente dentro de la Unión Europea. Esta disminución no se produce, sin embargo, en Bélgica, Grecia, Irlanda, Italia y Portugal, que aumentan sus gastos de inversión en comparación con años anteriores.

De acuerdo con los datos mostrados, cabe destacar el enorme peso relativo de los gastos corrientes como rasgo característico de la estructura del gasto público en la UE. En la actualidad, el porcentaje de gasto destinado a inversiones públicas y transferencias de capital en la Unión (4,7% para 1999), es considerablemente más reducido que el correspondiente a Japón o Estados Unidos (20,8% y 8,1%, respectivamente). En el ámbito de la Unión Europea, y salvo en el caso de Luxemburgo, son los países con menor grado de desarrollo económico (Grecia, España, Irlanda y Portugal) los que destinan una proporción mayor de sus recursos a gastos de capital. Este hecho viene determinado por dos factores: la mayor necesidad de infraestructuras de estos países, y su mayor acceso a los fondos comunitarios (fondos estructurales y Fondo de Cohesión) para financiar el esfuerzo inversor (Utrilla y Pérez, 2000a).

Dentro de los gastos corrientes, es destacable el peso que representan las transferencias a las familias y el consumo público. La suma de ambos componentes supone, a lo largo de la década de los noventa, algo más de las tres cuartas partes del gasto público en la Unión Europea. Tan sólo Grecia, España e Italia muestran porcentajes sensiblemente inferiores a la media comunitaria, y otorgan un peso mayor al pago de intereses de la deuda.

La evolución de los distintos componentes del gasto público durante la última década aparece resumida en el cuadro 7.7.

Cuadro 7.5. *Estructura del gasto público (1999) en la Unión Europea (% PIB)*

	GASTOS CORRIENTES							GASTOS DE CAPITAL	TOTAL
	Transferencias corrientes				*Intereses*	*Consumo*	*Total*		
	Empresas	*Familias*	*Otras*	*Total*					
Alemania	1,9	18,9	1,2	22,0	3,6	18,8	44,3	1,8	46,1
Austria	2,2	20,8	1,4	24,4	3,9	18,6	46,9	2,0	48,9
Bélgica	2,0	23,9	1,4	27,3	7,0	14,1	48,4	1,5	49,9
Dinamarca	3,0	18,9	1,7	23,6	5,0	26,8	55,4	1,7	57,1
España	3,0	14,4	1,3	18,7	3,9	15,1	37,7	3,4	41,1
Finlandia	2,0	19,0	1,9	22,9	4,4	20,1	47,4	2,5	49,9
Francia	2,4	23,4	2,4	28,2	3,4	19,3	50,8	2,8	53,6
Grecia	3,0	15,8	–1,7	17,1	8,8	14,3	40,2	4,0	44,2
Irlanda	3,7	10,8	–2,2	12,3	2,6	12,1	26,9	2,6	29,5
Italia	1,9	19,9	0,9	22,7	6,7	16,3	45,7	2,6	48,3
Luxemburgo	2,2	23,1	0,2	25,5	0,4	12,3	38,2	4,6	42,8
Países Bajos	1,9	24,6	1,2	27,7	4,5	14,0	46,2	1,9	48,1
Portugal	0,7	16,8	0,0	17,5	3,2	18,6	39,3	4,2	43,5
Reino Unido	0,6	14,5	1,7	16,8	3,2	18,7	38,6	1,3	39,9
Suecia	3,8	21,6	2,7	28,1	6,0	26,0	60,1	2,3	62,4
Unión Europea	1,9	19,2	1,4	22,5	4,2	18,1	44,9	2,2	47,1

Fuente: Comisión Europea (1999).

Cuadro 7.6. *Estructura del gasto público (1999) en la Unión Europea (% sobre el total)*

	GASTOS CORRIENTES							GASTOS DE CAPITAL	TOTAL
	Transferencias corrientes				*Intereses*	*Consumo*	*Total*		
	Empresas	*Familias*	*Otras*	*Total*					
Alemania	4,1	41,0	2,6	47,7	7,8	40,8	96,1	3,9	100,0
Austria	4,5	42,5	2,9	49,9	8,0	38,0	95,9	4,1	100,0
Bélgica	4,0	47,9	2,8	54,7	14,0	28,3	97,0	3,0	100,0
Dinamarca	5,3	33,1	3,0	41,3	8,8	46,9	97,0	3,0	100,0
España	7,3	35,0	3,2	45,5	9,5	36,7	91,7	8,3	100,0
Finlandia	4,0	38,1	3,8	45,9	8,8	40,3	95,0	5,0	100,0
Francia	4,5	43,7	4,5	52,6	6,3	36,0	94,8	5,2	100,0
Grecia	6,8	35,7	–3,8	38,7	19,9	32,4	91,0	9,0	100,0
Irlanda	12,5	36,6	–7,5	41,7	8,8	41,0	91,2	8,8	100,0
Italia	3,9	41,2	1,9	47,0	13,9	33,7	94,6	5,4	100,0
Luxemburgo	5,1	54,0	0,5	59,6	0,9	28,7	89,3	10,7	100,0
Países Bajos	4,0	51,1	2,5	57,6	9,4	29,1	96,0	4,0	100,0
Portugal	1,6	38,6	0,0	40,2	7,4	42,8	90,3	9,7	100,0
Reino Unido	1,5	36,3	4,3	42,1	8,0	46,9	96,7	3,3	100,0
Suecia	6,1	34,6	4,3	45,0	9,6	41,7	96,3	3,7	100,0
Unión Europea	4,0	40,8	3,0	47,8	8,9	38,4	95,3	4,7	100,0

Fuente: Comisión Europea (1999).

Cuadro 7.7. *Evolución de la estructura del gasto público en % del PIB (índice 99-90)*

	GASTOS CORRIENTES							GASTOS DE CAPITAL	TOTAL
	Transferencias corrientes				*Intereses*	*Consumo*	*Total*		
	Empresas	*Familias*	*Otras*	*Total*					
Alemania	86	120	40	105	138	103	105	78	104
Austria	79	105	467	107	95	99	103	63	100
Bélgica	69	103	175	101	67	101	94	115	95
Dinamarca	88	102	213	104	67	102	98	106	98
España	120	103	87	104	100	99	102	69	98
Finlandia	69	126	112	116	293	92	110	63	106
Francia	114	110	104	110	117	107	109	78	107
Grecia	73	104	77	100	86	93	95	143	98
Irlanda	65	80	55	81	35	84	73	130	76
Italia	76	107	100	103	71	93	93	79	92
Luxemburgo	71				80	95		102	
Países Bajos	61	90	171	89	75	96	89	95	90
Portugal	47	142		136	40	119	108	127	109
Reino Unido	55	112	189	112	84	93	99	50	96
Suecia	81	109	193	108	120	96	103	96	103
Unión Europea	83	109	82	104	88	99	100	73	99

Fuente: Comisión Europea (1999).

Según se observa en el cuadro, resulta especialmente destacable la tendencia decreciente de los gastos de capital en el conjunto de la Unión Europea. Dicha tendencia no ha sido seguida por otras potencias económicas. Según los datos de la Comisión (1999), en ese mismo período Estados Unidos y Japón aumentaron el peso de estos gastos sobre el PIB en un 8% y un 38%, respectivamente. No obstante, cabe destacar el importante crecimiento que este componente ha experimentado en una parte de los países cohesión (Grecia, Irlanda y Portugal).

Por su parte, las transferencias corrientes a las familias constituyen la partida más dinámica del gasto en los últimos años. Sólo Irlanda y Países Bajos han registrado descensos en el porcentaje que estos gastos representan sobre el PIB. El resto de las transferencias corrientes, sin embargo, han experimentado descensos notables durante la década de los noventa. En el caso de las transferencias a empresas, los mayores descensos corresponden a Portugal y Reino Unido, mientras España y Francia aparecen como los únicos Estados miembros que han aumentado (y de manera destacada) el peso que esta partida representa sobre su economía. Por lo que respecta a las transferencias al resto del mundo, las diferencias entre países resultan especialmente marcadas.

Siguiendo con los gastos corrientes, se observa también una tendencia decreciente en el peso que los intereses de la deuda representan sobre el PIB[3]. No obstante, la carga de intereses ha aumentado fuertemente en Finlandia, Suecia, Alemania y Francia, correspondiendo los mayores descensos a Irlanda y Portugal. España, por su parte, es el único país que mantiene en 1999 el mismo porcentaje que a principios de la década. Por último, el gasto en consumo público se ha mantenido muy estable a lo largo del último decenio. Tan sólo cabría destacar el marcado incremento que corresponde a Portugal y el descenso que estos gastos han experimentado en el caso de Irlanda.

7.1.2. Estructura del gasto público: clasificación funcional

La desagregación por funciones del gasto público nos ofrece una visión de las actividades que llevan a cabo los Sectores Públicos de los países europeos. El cuadro 7.8 muestra los porcentajes de gasto que se destinan a cada una de las funciones, calculados sobre el gasto total, para los Estados miembros de la Unión Europea, teniendo en cuenta el último año disponible para cada país.

La clasificación funcional agrupa el gasto público bajo diez categorías, que incluyen servicios de carácter general, defensa, seguridad y orden público, educación, sanidad, seguridad y bienestar social, vivienda, cultura, servicios económicos y otras políticas de gasto[4]. Las políticas de protección social, que han sido analizadas en el capítulo 5, se integran básicamente en la función de seguridad y bienestar social, a excepción de la sanidad, que aparece como un programa de gasto separado del resto. Según se observa en el cuadro 7.8, los Estados miembros destinan entre un 40% y un 50% de su gasto público a estos dos bloques, a excepción de Grecia y Portugal, que dedican un volumen de recursos algo inferior. En segundo lugar, la partida que, de media, resulta más cuantiosa, corresponde al grupo de "otros gastos", si bien un número importante de países clasifica de este modo porcentajes de su gasto relati-

Cuadro 7.8. *Composición del gasto público en los países de la Unión Europea (% sobre el total)*

	Servicios generales	*Defensa*	*Orden público y seguridad*	*Educación*	*Sanidad*	*Seguridad y bienestar social*	*Vivienda*	*Asuntos recr., cultur. y religiosos*	*Servicios de carácter económico*	*Otros*	*Ajuste al gasto total*
Alemania (95)[a]	6,85	2,45	3,01	7,61	12,10	38,29	1,99	1,41	19,73	6,57	0,00
Austria (96)[b]	11,32	1,69	2,20	11,19	14,09	38,00	3,06	0,89	8,69	8,87	0,00
Bélgica (88)[b]	3,24	4,75	1,55	12,31	1,74	42,30	2,30	0,94	8,17	22,70	0,00
Dinamarca (95)[a]	7,19	2,90	1,70	11,66	8,43	43,94	1,63	2,51	9,38	10,66	0,00
España (95)[a]	3,90	3,20	4,75	10,30	11,66	32,20	3,61	2,46	13,06	14,86	0,00
Finlandia (96)[b]	5,84	3,85	2,59	10,13	3,03	38,53	2,98	1,01	12,56	19,48	0,00
Francia (93)[a]	8,05	5,29	2,18	10,62	19,02	34,26	6,52	2,13	8,70	3,23	0,00
Grecia (96)[b]	3,85	7,33	2,91	9,58	6,71	18,44	2,05	1,02	8,64	39,45	0,00
Irlanda (95)[b]	6,78	2,13	0,46	12,88	22,63	22,57	5,79	0,95	12,26	13,55	0,00
Italia (95)[a]	8,56	3,26	3,37	8,86	10,27	33,93	2,22	1,17	8,81	19,56	0,00
Luxemburgo (95-96)[b]	10,36	1,63	2,00	11,11	1,92	45,21	6,04	3,50	14,30	6,53	–2,60
Países Bajos (97)[b]	7,06	3,02	2,96	11,70	12,13	34,18	5,51	1,53	5,54	16,36	0,00
Portugal (95)[a]	4,01	4,43	4,31	13,71	10,04	25,46	2,37	2,14	12,64	20,89	0,00
Reino Unido (95)[a]	4,34	7,45	4,93	12,13	13,15	36,95	3,44	1,38	7,42	8,80	0,00
Suecia (97)[b]*	6,23	5,35	2,71	5,66	2,38	47,43	3,33	0,71	4,44	24,00	–2,24
Media UE	6,51	3,92	2,78	10,63	9,95	35,45	3,52	1,58	10,29	15,70	

[a] OCDE; [b] FMI.
* Sólo Gobierno central.
Entre paréntesis aparece el año al que se refiere los datos.
Fuentes: FMI (1998) y OCDE (1999).

vamente bajos. La dispersión que corresponde a esta partida se debe a las diferencias en los criterios de clasificación para cada país.

A continuación, las funciones que absorben, de media, un mayor volumen de fondos públicos, son las que aparecen bajo el epígrafe de "Servicios de carácter económico" y "Educación", con unos porcentajes medios cercanos al 10% del gasto total. Por su parte, el gasto en servicios de carácter general se sitúa, de media, en torno a un 6,5%. Esta partida incluye una amplia diversidad de gastos, entre los que cabe citar los asociados al funcionamiento de la Administración de Justicia, de la Administración Tributaria o de las oficinas nacionales de Estadística. Por último, se observa en el cuadro cómo el resto de funciones representan, de media, porcentajes inferiores al 4%. Mientras los gastos en defensa absorben el 3,9% del total de gasto, las políticas de vivienda se sitúan en torno al 3,5%. Finalmente, los gastos en orden público y seguridad apenas alcanzan el 2,8%, tan sólo por delante de las actividades culturales (1,6%), que aparece como la partida menos relevante en términos cuantitativos.

El cuadro anterior permite describir las diferencias entre países en cuanto al peso relativo que cada una de las partidas de gasto representa sobre el total. En general, se observa una elevada dispersión entre países para las funciones de seguridad y bienestar social y de otros gastos. En el primer caso, Suecia y Luxemburgo destacan por la elevada proporción que destinan a esta función (con porcentajes superiores al 45%), mientras Grecia aparece como el país que destina un menor volumen de recursos a dicha política de gasto, con una cifra cercana al 18%. En el grupo de otros gastos, por su parte, Grecia es precisamente el país que registra una proporción más elevada sobre el total, cercana al 40%, lo que representa más del doble de la media para el conjunto de la Unión. Por el contrario, Francia (3,23%), Luxemburgo y Alemania (en torno al 6%) destinan los porcentajes más bajos a esta función. Las diferencias entre países son relativamente escasas, sin embargo, por lo que respecta a los gastos en servicios culturales. Esta función absorbe en todos los casos, a excepción de Dinamarca, Irlanda y Luxemburgo, el menor volumen de gasto público. Entre los países que mayor proporción dedican a esta función se encuentran Luxemburgo, España y Dinamarca (con porcentajes que alcanzan el 3,5% en el caso de Luxemburgo y en torno al 2,5% en los dos últimos casos), mientras Suecia y Austria registran cifras inferiores al 0,9% de su gasto total.

Por lo que respecta al resto de políticas de gasto, la dispersión entre países se sitúa en un nivel intermedio, si bien continúan registrándose diferencias destacables entre los porcentajes correspondientes a unos Estados y otros. Así, en el ámbito de la defensa, la seguridad y el orden público, cabe destacar las diferencias entre el Reino Unido, que destina una proporción relativamente elevada del gasto a ambas funciones (7,5% y 5%, respectivamente), e Irlanda, que dedica proporciones muy bajas a dichas partidas (2% y 0,5%, aproximadamente). Por otra parte, la importancia relativa de los gastos en educación también difiere de modo importante según los Estados: mientras Portugal es el país que mayor porcentaje del gasto total destina a la función educativa (con el 13,7%), Suecia (con algo menos del 6%) es el que dedica una proporción menor de sus recursos a dicha política.

Por lo que se refiere al gasto en vivienda, las diferencias entre países resultan, en general, menos relevantes, aunque también son destacables en ciertos casos. Según indican los datos mostrados, Francia dedicaba en 1993 alrededor de un 6,5% del total de gasto público a dicha función, cifra cuatro veces superior a la correspondiente a Dinamarca. Por su parte, en el caso de los gastos sanitarios son Irlanda y Bélgica los países que aparecen en los extremos de la distribución (con el 22,6% y el 1,7% del gasto total, respectivamente). Asimismo, resulta interesante destacar las diferencias entre Alemania, por un lado, y Suecia y Países Bajos, por otro, en cuanto a los porcentajes que representa el gasto en servicios de carácter económico (alrededor del 20% en el primer caso, y en torno al 5% en los dos últimos). Por último, y por lo que respecta a los servicios de carácter general, Austria y Luxemburgo son los países que destinan mayor proporción de sus gastos a dicha función (algo más del 10%), mientras Bélgica, Grecia y España dedican a esta partida porcentajes inferiores al 4%.

7.2. El gasto público en otros países europeos

Los dos grandes bloques de Estados europeos no pertenecientes a la Unión corresponden, en primer lugar, a los países candidatos a la adhesión y, en segundo lugar, al resto de países de Europa Central y Oriental. En consecuencia, la estructura y composición del gasto público en este conjunto de países comparte rasgos comunes, determinados por el cambio de sistema económico en el que se han visto inmersos durante la última década.

En buena parte de las economías en transición, como ya se comprobó en el capítulo 2, el gasto público representa una proporción del PIB muy elevada. No obstante, los niveles de gasto aún no han alcanzado los estándares de la UE, y su estructura dista mucho de ser la adecuada: mientras la inversión pública es muy baja, los gastos en salarios y transferencias (especialmente las destinadas a programas sociales) son muy elevados.

En los capítulos anteriores también se ha hecho referencia a las importantes tensiones presupuestarias que han padecido estos países en los últimos años. Dichas tensiones se han resuelto básicamente de dos maneras: en primer lugar, a través de ajustes en las partidas más discrecionales de gasto público, como la defensa, los subsidios a la industria y a la agricultura, o en general la inversión pública, pese a los efectos adversos que esta medida ha generado sobre el crecimiento económico. En segundo lugar, y dado que el nivel de discrecionalidad en el gasto es, en general, escaso, se han producido importantes retrasos en el pago de salarios y transferencias, y se ha generado un aumento notable en el nivel de endeudamiento público, con el consiguiente incremento de la carga de intereses[5]. Dicho incremento de los gastos por intereses ha tendido, a su vez, a expulsar al resto de gastos, lo que ha provocado situaciones muy problemáticas en el auge de la crisis financiera, cuando aumentó la necesidad de protección social y, simultáneamente, el gasto social se redujo en muchos países[6].

Las tensiones financieras apuntadas han promovido que en muchos casos se abordasen políticas de reducción de los compromisos de gasto en los últimos años de la década pasada. De hecho, la crisis económica de finales de los noventa forzó a ciertos países a establecer prioridades (como ocurrió en Ucrania durante 1998) para cubrir el pago de salarios, prestaciones sociales, intereses y asignaciones para bienes básicos.

Aunque la mayor parte del recorte de gastos tuvo lugar en funciones no prioritarias, en ocasiones también se redujeron los gastos en sanidad, educación y en las prestaciones de la Seguridad Social. Sin embargo, estos recortes no siempre fueron acompañados de reformas estructurales que promovieran el logro de una posición fiscal sostenible en el largo plazo. Obviamente, a medida que se han ido produciendo mejoras en la situación económica de estos países, la presión sobre una parte de los gastos sociales se ha visto reducida, como consecuencia de la reducción en el número de beneficiarios del seguro de desempleo. Este hecho ha permitido que se produzcan aumentos en los gastos de capital, y en otras partidas que fueron recortadas previamente.

Desde que comenzó la transición hacia un modelo de economía de mercado, se ha producido en algunos de estos países un proceso de transferencia gradual de ciertas responsabilidades de gasto hacia los gobiernos locales y regionales (como en el caso de los gastos educativos o la provisión de vivienda). No obstante, dichas competencias no siempre se han visto acompañadas de una transferencia de financiación suficiente, lo que ha conducido en ciertos casos a un deterioro importante de los presupuestos regionales y locales. Actualmente, muchos gobiernos están llevando a cabo una serie de reformas institucionales que tienen por objeto racionalizar las operaciones del Sector Público y reforzar las relaciones fiscales intergubernamentales. La racionalización de las relaciones entre niveles de gobierno evitará duplicidades en el gasto, contribuirá a una mayor eficiencia en la ejecución presupuestaria y permitirá definir fórmulas de cofinanciación adecuadas, como ya se apuntó en capítulos anteriores.

Al margen de la consolidación de las relaciones entre distintos niveles de gobierno, la racionalización de la Administración Pública en estos países requiere, en general, una revisión global del gasto. Esta revisión debe concentrarse en la priorización (especialmente en la identificación de proyectos de inversión clave en el ámbito de las infraestructuras y el medio ambiente), en la eliminación de ciertas funciones que hasta ahora habían sido asumidas por el Sector Público, y en la reducción del número de empleados públicos y reforma del funcionariado. Asimismo, resulta preciso reforzar los sistemas de control del gasto, que en muchos casos se limitan básicamente al nivel estatal, sin incidir en el resto de niveles subcentrales. La mayoría de estos países ya han iniciado con éxito estas reformas, especialmente en el caso de los candidatos a la adhesión. En muchos casos se cuenta, además, con asistencia técnica de instituciones internacionales (como el Banco Mundial) en la modernización de la gestión y de las estructuras de gasto. Asimismo, en el año 2000 la UE ha comenzado a ofrecer apoyo financiero a los países candidatos, dirigido a proyectos ambientales y de infraestructura, a través del "Instrumento de Políticas Estructurales para la pre-Adhesión", con el fin de facilitar las condiciones económicas necesarias para el acceso a la Unión. Teniendo en cuenta lo anterior, es de esperar que en los próximos años se produzca una convergencia creciente en los niveles, estructura y composición del gasto público en los distintos países europeos.

Este proceso de convergencia, sin embargo, requerirá un tiempo de adaptación en el comportamiento de Sectores Públicos que responden, en su origen, a realidades económicas y políticas muy diferentes. Si se considera la importancia cuantitativa de algunas políticas relevantes a la hora de destacar la actuación del Sector Público en los países europeos, como es el caso del gasto público en educación, sanidad o defensa, se observan grandes diferencias, que se recogen en el cuadro 7.9.

Cuadro 7.9. *Comparación de niveles de gasto entre países europeos*

	Educación (%/PIB)	*Salud (%/PIB)*	*Militar (%/PIB)*
Unión Europea			
Alemania	4,7	8,2	
Austria	5,5	5,9	0,9
Bélgica	5,7	7,0	1,7
Dinamarca	8,3	5,3	1,8
España	5,0	6,0	1,6
Finlandia	7,6	5,7	2,0
Francia	5,9	8,0	3,1
Grecia	3,7	5,5	5,5
Irlanda	6,3	5,4	1,3
Italia	4,9	5,4	1,8
Luxemburgo			
Países bajos	5,3	6,7	2,1
Portugal	5,4	4,5	2,6
Reino unido	5,5	5,8	3,0
Suecia	8,0	6,0	2,8
Países de Europa Central y Oriental que han solicitado su ingreso en la UE			
Bulgaria	4,2	4,0	2,8
Eslovaquia	4,4	6,0	3,0
Eslovenia	5,8	7,5	1,5
Estonia	6,6	6,3	1,1
Hungría	6,0	6,8	1,5
Letonia	6,3	4,4	0,9
Lituania	6,1	5,1	0,5
Polonia	4,6	4,8	2,3
Rep. Checa	6,1	7,7	2,3
Rumania	3,2	3,6	2,5
Otros países de Europa Occidental			
Islandia			
Noruega	8,3	6,6	2,7
Suiza	5,5	7,2	1,6
Otros países europeos del Mediterráneo Oriental			
Chipre			
Malta			
Turquía	3,4	2,7	4,0

(.../...)

Cuadro 7.9. *(continuación)*

	Educación (%/PIB)	*Salud (%/PIB)*	*Militar (%/PIB)*
Otros países de Europa Central y Oriental			
Albania	3,4	2,7	1,1
Bielorrusia	5,6	5,3	0,8
Bosnia-Herzegovina			
Croacia	5,3	8,5	10,5
Macedonia	5,5	7,3	3,3
Moldavia	6,1	4,9	2,1
Rusia	4,1	4,1	11,4
Ucrania	7,7	5,0	2,9
Yugoslavia			

Fuente: Anuario EL PAÍS, 2000.

7.3. Otros ingresos públicos

La dimensión, estructura y composición de los ingresos públicos en Europa responden, igualmente, a condicionantes muy diversos entre los distintos países. Como se ha señalado en otros capítulos, los niveles de presión fiscal existentes y la articulación y el desarrollo de los sistemas tributarios presentan importantes diferencias. Esto ocurre, incluso, entre los Estados miembros de la Unión Europea, a pesar de que se hallan sometidos a procesos de armonización fiscal. Dichas diferencias se trasladan también al resto de los ingresos públicos obtenidos, corrientes y de capital, y a su repercusión sobre las distintas economías, tal como puede observarse en los cuadros 7.10 y 7.11. Así, en el ámbito de la Unión, los países donde el peso de los ingresos corrientes no tributarios representa una mayor dimensión relativa siguen siendo los países del norte de Europa, aunque comparten con el resto la tendencia a la baja de esta partida, con la única excepción de Grecia.

En el caso de las transferencias de capital, su incidencia económica es menor, salvo en el caso de los países de la Unión Europea con un menor nivel de desarrollo, que se ven favorecidos por el conjunto de acciones estructurales diseñadas por las autoridades comunitarias.

Por lo que se refiere a la obtención de ingresos a través de la venta del Sector Público empresarial, la realidad muestra que la mayor parte de las privatizaciones que se han producido en estos últimos años han tenido como objetivo prioritario la necesidad de reducir el endeudamiento y de obtener recursos directos. Este proceso ha sido especialmente significativo en el ámbito de las economías en transición, como ya se analizó en el capítulo 2. No obstante, si bien los Estados miembros prácticamente lo han completado, los países del este europeo deben seguir avanzando en el diseño de las privatizaciones en el próximo futuro, pese a los avances realizados hasta el momento.

Cuadro 7.10. *Ingresos corrientes no tributarios en los países de la UE (%/PIB)*

	1995	1996	1997	1998	1999
Alemania	3,6	3,5	3,3	3,3	3,2
Austria	6,2	5,5	3,9	3,3	3,2
Bélgica	3,0	3,1	2,7	2,7	2,7
Dinamarca	6,8	7,1	6,7	6,6	6,0
España	3,8	4,2	4,0	3,7	3,6
Finlandia	7,3	6,7	6,3	6,0	5,9
Francia	3,7	4,0	3,9	3,8	3,6
Grecia	2,9	2,9	3,6	2,9	4,1
Irlanda	2,9	2,9	2,9	3,1	2,6
Italia	3,1	3,2	3,3	3,2	3,2
Luxemburgo	5,4	5,2	5,0	5,0	4,9
Países Bajos	6,0	5,8	5,5	5,1	4,9
Portugal	4,8	4,9	4,5	4,6	4,5
Reino Unido	2,8	2,9	2,6	2,6	2,2
Suecia	7,3	6,9	6,2	6,2	5,7
Unión Europea	3,9	3,9	3,6	3,5	3,4

Fuente: Comisión Europea (2000a).

Cuadro 7.11. *Transferencias de capital recibidas por los países de la UE (%/PIB)*

	1995	1996	1997	1998	1999
Alemania	0,5	0,4	0,4	0,4	0,5
Austria	0,1	0,1	0,2	0,1	0,1
Bélgica	0,4	0,5	0,6	0,5	0,5
Dinamarca	0,5	0,4	0,5	0,5	0,5
España	1,4	1,4	1,3	1,3	1,3
Finlandia	0,2	0,2	0,3	0,3	0,3
Francia	0,4	0,3	0,8	0,1	0,2
Grecia	0,0				
Irlanda	1,8	1,7	1,7	1,6	1,8
Italia	0,8				
Luxemburgo	0,2	0,1	0,2	0,1	0,1
Países Bajos	0,3	0,6	0,4	0,4	0,4
Portugal	1,9	2,1	2,4	2,6	2,9
Reino Unido	0,6	0,9	0,6	0,6	0,6
Suecia	0,2	0,2	0,1	0,2	0,2
Unión Europea	0,6				

Fuente: Comisión Europea (2000a).

CAPÍTULO OCHO

La orientación de las políticas fiscales

LA EVOLUCIÓN de la economía europea en estos últimos años y las perspectivas recientes para los próximos establecen un horizonte de estabilidad y crecimiento económico que no es ajeno al desarrollo de las políticas económicas llevadas a cabo por los países europeos. La búsqueda de la estabilidad presupuestaria y el saneamiento, en general, de las políticas públicas ha sido una regla de comportamiento común desde mediados de los años noventa en los países de la Unión Europea y, más recientemente, por los países que han solicitado su adhesión a las instituciones comunitarias y, por extensión, por otros países europeos. La convergencia europea está condicionando las políticas fiscales adoptadas por los países comunitarios para garantizar con éxito el funcionamiento efectivo de una unión económica y monetaria estable. Las etapas recorridas y sus implicaciones presupuestarias en cada Estado miembro son objeto de análisis en este capítulo, que revisa las orientaciones generales de la política fiscal en el conjunto de la Unión Europea y la respuesta de los distintos países a través de los planes de estabilidad aprobados y su realización efectiva.

La integración europea presenta implicaciones evidentes en las políticas fiscales llevadas a cabo por los países que han solicitado su adhesión a la Unión Europea y aspiran a incorporarse próximamente a sus instituciones. El proceso de adaptación tutelado en la etapa de transición hasta la integración plena cuenta con una serie de instrumentos financieros importantes que son señalados a lo largo del capítulo. También las principales reformas llevadas a cabo por cada uno de los países en las estructuras de sus Sectores Públicos que posibilitan su convergencia con el desarrollo alcanzado por la Unión Europea.

8.1. Las políticas fiscales en los países de la Unión Europea

8.1.1. La creación y evolución de la unión económica y monetaria

El proceso de integración europea generado desde mediados de los años ochenta con la aplicación del Acta Única y la constitución del mercado interior se ha visto impulsado decisivamente al entrar en vigor en noviembre de 1993 el Tratado de la Unión Europea. Esta aceleración en el proceso de construcción europea, que tiene en los acuerdos alcanzados en la Cumbre Europea de Maastricht de diciembre de 1991 sobre la unión económica y monetaria y unión política su principal referencia, ha supuesto un solapamiento de las etapas de integración en un contexto europeo en pleno proceso de reforma. Las implicaciones que estas modificaciones van a tener en el diseño final de la Unión Europea, su alcance e, incluso, la composición de su estructura y de los países que la configuren, constituyen el principal reto europeo en los próximos años.

En este proceso de transformación emprendido, el Tratado de Amsterdam por el que se revisan los tratados en los que se fundamenta la Unión Europea –producto de los trabajos emprendidos por la Conferencia Intergubernamental (CIG) desde marzo de 1996 hasta junio de 1997[1]–, constituye un nuevo hito, que ha tenido su continuidad en la reforma aprobada en diciembre de 2000 en la Cumbre de Niza.

En este marco global y cambiante, que transciende la perspectiva exclusivamente económica, hay que situar el actual proceso de convergencia de las políticas económicas de los Estados miembros para hacer posible la plena integración de las economías europeas. El cumplimiento generalizado de las previsiones de autodisciplina presupuestaria y monetaria de la mayor parte de los Estados miembros ha posibilitado en la Cumbre Europea de Bruselas de mayo de 1998 la aprobación definitiva de la entrada en vigor de la tercera fase de la unión económica y monetaria a partir del 1 de enero de 1999.

Los acuerdos alcanzados en la Cumbre de Maastricht constituyen la culminación de un proceso iniciado en el Consejo Europeo de Hannover, de junio de 1988, con la creación de un Comité de expertos con el fin de definir las fases de la integración[2]. Este proceso se ha centrado en la definición de una nueva etapa –la Unión Europea– basada en los siguientes objetivos:

— Promover un progreso económico y social que sea equilibrado y sostenible mediante la creación de un espacio sin fronteras interiores, el fortalecimiento de la cohesión económica y social y el establecimiento de una unión económica y monetaria (UEM) que implicará la adopción de una moneda única.
— Afirmar su identidad en el ámbito internacional mediante la realización de una política exterior y de seguridad común.
— Reforzar la protección de los derechos e intereses de los nacionales de sus Estados miembros mediante la creación de una ciudadanía de la Unión.
— Desarrollar una cooperación estrecha en el ámbito de la justicia y de los asuntos de interior.
— Mantener y desarrollar el acervo comunitario y asegurar la eficacia de los mecanismos e instituciones comunitarios.

Este planteamiento integrador se ha afianzado más en el ámbito económico. Desde esta perspectiva, la coordinación internacional de las políticas económicas presenta un balance positivo como mecanismo válido para internalizar los efectos externos que surgen a causa de la transmisión a escala internacional de los efectos de las políticas económicas nacionales. En este sentido, la coordinación desempeña un elemento esencial, tanto en las actuaciones expansivas conjuntas, al eliminar en gran medida la restricción exterior evitando devaluaciones en los tipos de cambio y movimientos de reservas, como limitando los ajustes nacionales competitivos que conducen a respuestas similares, con el consiguiente empobrecimiento del área.

En el contexto europeo, el planteamiento teórico general se sustenta en la conveniencia del progresivo avance hacia la unión económica y monetaria, con una doble justificación derivada de la consecución del mercado único: la reducción de la capacidad de maniobra para una política económica independiente, al reforzarse la interdependencia económica entre los países miembros, ampliando los efectos exteriores de las acciones emprendidas por cada Estado y, por otra parte, la conveniencia de complementar las ventajas potenciales del mercado único con una política económica que potencie las expectativas de crecimiento estable. Además, la UEM supera los objetivos y el programa del mercado interior, generando unas mayores expectativas de bienestar económico para la Unión Europea en su conjunto.

La UEM puede ser definida, en consecuencia, como el resultado final de un proceso de integración económica progresiva destinado a alcanzar los objetivos de: estabilidad de precios, crecimiento equilibrado, convergencia de los niveles de vida, pleno empleo y equilibrio externo. La consecución de estos objetivos implica lograr una total libertad de circulación para personas, bienes, servicios y capitales, la irrevocabilidad de unos tipos de cambio fijos entre las monedas nacionales y, finalmente, la creación de una moneda única. El cumplimiento de estos objetivos requeriría la formulación de una política monetaria común y la determinación de un marco macroeconómico consensuado, con procedimientos y normas de carácter obligatorio sobre la dimensión y vías de financiación de los déficit presupuestarios.

El planteamiento adoptado por las autoridades comunitarias define la unión monetaria como una zona monetaria en la cual las políticas se gestionan de forma conjunta, con objeto de alcanzar unos objetivos macroeconómicos comunes. Las condiciones necesarias para su consecución serían:

a) La garantía de una convertibilidad total e irreversible de las monedas europeas.
b) La completa liberalización de los movimientos de capital y la plena integración de la Banca y otros mercados financieros en los Estados miembros.
c) La eliminación de los márgenes de fluctuación y la fijación irrevocable de las paridades de los tipos de cambio.
d) La adopción de una moneda única, considerada como una prolongación natural del proceso, para facilitar la gestión monetaria de la Unión Europea y evitar los costes producidos por los cambios de monedas.

Paralelamente, la unión económica respondería a las siguientes características básicas:

a) La realización efectiva del mercado único, en el que las personas, los bienes, los servicios y los capitales puedan circular libremente en el espacio europeo.
b) El desarrollo de una política de competencia y otras medidas encaminadas al fortalecimiento de los mecanismos de mercado.
c) La existencia de políticas comunes que permitan cambios estructurales y garanticen el desarrollo regional, a través del fortalecimiento de la cohesión económica y social.
d) La coordinación de la política macroeconómica, incluyendo reglas de obligado cumplimiento en materia presupuestaria.

El alcance de los objetivos planteados ha obligado a establecer una periodificación gradual basada en una serie de etapas para lograr su consecución efectiva. Estas etapas y las principales medidas adoptadas han sido las siguientes:

— I Etapa. Iniciada el 1 de julio de 1990. Ha tenido como objetivo incrementar el grado de convergencia de las economías europeas, reforzando la coordinación de las políticas económicas y monetarias dentro del marco institucional anteriormente existente. En concreto, las actuaciones se han orientado en cuatro direcciones:

- Completar la creación del mercado interior y reforzar la política de competencia europea.
- Incrementar la capacidad y los efectos sobre el desarrollo regional y la corrección de los desequilibrios económicos de las políticas europeas.
- Reforzar la coordinación de las políticas económicas y monetarias a través de la presentación de cada Estado ante el Consejo de Ministros de Economía y Hacienda de los programas plurianuales de convergencia.
- Preparar la liberalización total de los movimientos de capital y la supervisión monetaria por el Comité de Bancos Centrales.

— II Etapa. Iniciada el 1 de enero de 1994. Se basaba, en el marco del nuevo Tratado de la Unión y con los cambios institucionales realizados, en el reforzamiento de los objetivos ya señalados y, en concreto en:

- La aplicación de la vigilancia multilateral de los programas plurianuales de convergencia.
- El establecimiento de reglas precisas en lo referente a la dimensión de los déficit públicos y su financiación.
- Iniciar el proceso de independencia de los Bancos Centrales, a través de la creación del Instituto Monetario Europeo y la congelación de la composición de la cesta del ecu.
- Asumir un papel más activo en los diversos foros de coordinación internacional de políticas en las cuestiones relativas al ámbito económico y de tipo de cambio.

— III Etapa. Para la cual, en principio, no se establecía una fecha determinada para su comienzo. El Consejo Europeo de Madrid, de diciembre de 1995, aprobó el calendario definitivo de acceso a la tercera fase y la denominación de la futura moneda única: el euro y el escenario de transición a la misma. Su inicio vendría determinado en un principio en función del cumplimiento, por parte de la mayoría de Estados miembros, de los siguientes criterios:

- Situación sostenible de las finanzas públicas.
- Estabilidad de los precios.
- Convergencia de los tipos de interés nominales a largo plazo.
- Adhesión a la banda estrecha del Sistema Monetario Europeo.

El escenario establecido partía de la definición de los principios que debían guiar la transición: viabilidad técnica, respeto del Tratado de la Unión, credibilidad del proceso, simplicidad, flexibilidad, minimización de los costes de ajuste y evitar distorsiones de la competencia. Teniendo en cuenta estos objetivos, el calendario adoptado se desarrolla en tres fases: lanzamiento de la unión económica y monetaria (fase A), inicio efectivo de la UEM y formación de una masa crítica de operaciones en moneda única (fase B) y generalización de la moneda única (fase C).

— La fase A) se inició en mayo de 1998 con la decisión del Consejo sobre los países que participarían inicialmente en el proceso. En el mes de julio se procedió a la constitución e inicio de las actividades del Banco Central Europeo y el Sistema Europeo de Bancos Centrales y a la adopción del marco definitivo para la puesta en marcha de la política monetaria única. También en 1998 se procedió al comienzo de la producción de billetes y monedas en euros y a fijar su fecha de emisión.

— La fase B) se ha iniciado el 1 de enero de 1999 con la fijación irrevocable de los tipos de cambio de las monedas participantes y la asunción de la política monetaria única por el Sistema Europeo de Bancos Centrales. El ecu dejó de existir y se sustituyó por el euro, generándose una masa crítica de operaciones en moneda única, principalmente a través de emisiones de deuda pública.

— La fase C) se iniciará el 1 de enero del 2002 y supondrá el final del proceso de introducción de la moneda única, con la ejecución de las políticas monetaria y cambiaria únicas en euros, la emisión de deuda pública negociable en euros y la preparación del cambio a la moneda única en el ámbito público y privado que deberá culminar, seis meses más tarde, el 1 de julio del 2002, con la pérdida del *status* de curso legal para las monedas nacionales, la retirada de billetes y monedas y la implantación completa del cambio en el Sector Público.

En paralelo al cumplimiento de este calendario se han creado una serie de instituciones encargadas de desarrollar la política monetaria y velar por su coordinación con las políticas económicas desarrolladas.

El Banco Central Europeo (BCE) está dirigido por un Comité Ejecutivo formado por un presidente, un vicepresidente y cuatro miembros más, todos ellos nombrados por los gobiernos de los Estados miembros de la UEM por un período no renovable de ocho años.

El Comité Ejecutivo es responsable de la gestión ordinaria del BCE y, en particular, de la ejecución de la política monetaria en función de las decisiones del Consejo de Gobierno. Un Consejo de Gobierno formado por los miembros del Comité Ejecutivo y por los gobernadores de los bancos centrales de los países miembros de la UEM formula la política monetaria y establece las orientaciones necesarias para su cumplimiento. Un Consejo General formado por el presidente y el vicepresidente del BCE y por los gobernadores de los bancos centrales de todos los Estados miembros de la Unión Europea mantiene funciones transitorias, dado que se encarga de las relaciones con los países todavía no integrados en la UEM. El BCE asume las funciones de dirigir el Sistema Europeo de Bancos Centrales y presentar al Consejo Europeo, al Consejo, al Parlamento Europeo y a la Comisión un informe anual sobre las actividades del Sistema Europeo de Bancos Centrales y sobre la política monetaria del año en curso y del año precedente.

El Sistema Europeo de Bancos Centrales (SEBC) está formado por el BCE y por los bancos centrales nacionales. Su objetivo primordial es mantener la estabilidad de los precios, desarrollando las funciones siguientes:

— Definir y ejecutar la política monetaria única en euros.
— Realizar operaciones de cambio de divisas que sean coherentes con la política de tipos cambio establecida por el Consejo.
— Poseer y gestionar las reservas oficiales de divisas de los Estados participantes.
— Garantizar el buen funcionamiento de los sistemas de pagos en la zona euro.
— Contribuir a la buena gestión de las políticas de supervisión prudencial de las entidades de crédito y a la estabilidad del sistema financiero.
— Autorizar la emisión de billetes de banco en la zona euro.

El Comité Económico y Financiero, compuesto por un máximo de seis miembros, designados a partes iguales por los Estados miembros, la Comisión y el BCE tiene las mismas funciones que las del Comité Monetario, al que sucedió el 1 de enero de 1999, excepto la información a la Comisión y al Consejo sobre la evolución de la situación monetaria, que pasa a ser competencia del BCE.

El Consejo Europeo de Luxemburgo de diciembre de 1997 decidió crear el "Consejo del Euro", o "Euro 11", que es una instancia de coordinación de las políticas económicas donde los ministros de Economía y Finanzas de los Estados miembros de la UEM pueden reunirse informalmente para examinar asuntos de su competencia en materia de moneda única. No obstante, cada vez que se planteen cuestiones de interés común, éstas serán examinadas por los ministros de todos los Estados miembros y, siempre que se deba adoptar una decisión, corresponderá hacerlo al Consejo de Economía y Finanzas (ECOFIN), con arreglo a los procedimientos previstos en el Tratado. El 1 de enero de 2001 con la incorporación de Grecia al euro, sólo Suecia, Dinamarca y el Reino Unido están fuera de este Consejo.

De acuerdo con este calendario, las instituciones que lo desarrollan y la definición y el cumplimiento de los objetivos a alcanzar durante el proceso, la convergencia económica y presupuestaria constituye un elemento esencial de esta nueva etapa abierta en Europa.

8.1.2. Los condicionantes de la política económica en la Unión Europea

La consecución del conjunto de medidas señaladas en materia de política económica implica necesariamente la definición de un marco a medio plazo para la política presupuestaria, a través de un adecuado equilibrio entre el recurso a reglas vinculantes y la coordinación discrecional adaptada a cada situación. Entre las normas vinculantes se pueden considerar las siguientes:

— La fijación de unos límites máximos a los déficit públicos de los Estados miembros.
— La exclusión del acceso al crédito directo del Banco Central y a otras formas de financiación monetaria, estableciendo límites a los empréstitos en monedas no comunitarias.
— Y la definición de la orientación global de la política presupuestaria a medio plazo, incluidos el tamaño y la financiación del saldo presupuestario agregado, comprendiendo los saldos nacionales y el comunitario.

El reforzamiento de la coordinación de las políticas económicas y fiscales articulado en el Tratado de la Unión se basa en un conjunto de medidas escalonadas. Así, las actuaciones contempladas en la primera etapa encuentran su antecedente en la Decisión del Consejo 74/120/CEE, apenas aplicada anteriormente en la práctica. Con objeto de potenciar la convergencia de las políticas económicas, el Consejo aprobó la Decisión 90/141/CEE. En ella se establecía como objetivo de la convergencia económica en la primera fase la supervisión multilateral de las políticas económicas de los Estados miembros, bajo los principios de: precios estables, finanzas públicas y condiciones monetarias saneadas, balanzas de pagos equilibradas y mercados competitivos abiertos.

La supervisión multilateral, como método de aprendizaje, abarcaba todos los aspectos de la política económica, refiriéndose esencialmente a las políticas macroeconómicas, microeconómicas y estructurales y, en la medida de lo posible, a las políticas presupuestarias. En este último caso, en lo referente a la magnitud y a la financiación de los déficit presupuestarios, así como a la orientación a medio plazo de la política presupuestaria, con el fin de reducir los déficit excesivos y evitar la financiación monetaria de los mismos.

La supervisión, realizada por el Consejo de Ministros de Economía y Hacienda, se basaba en los informes y análisis presentados por la Comisión, en particular:

a) Los indicadores de resultados y de políticas económicas como: las tendencias de la oferta y la demanda, la evolución de los precios y los costes, el empleo, el desarrollo regional, los mercados financieros, las finanzas públicas, los agregados monetarios, los tipos de interés, tipos de cambio y los desequilibrios exteriores.
b) Informes periódicos sobre la situación económica, las perspectivas y las políticas de los Estados miembros.
c) Evaluaciones periódicas de la situación económica de la Unión y un informe anual que examina la situación económica global a medio plazo.

A través de la supervisión multilateral, realizada con una periodicidad al menos semestral, se esperaba alcanzar progresivamente una compatibilidad de políticas, con compromisos específicos por parte de los Estados miembros.

En este contexto de coordinación, el Consejo puede formular sugerencias en materia de política económica y, a propuesta de la Comisión, establecer recomendaciones. En este sentido, la Decisión aprobada contempla una doble función –interna y externa– de los órganos competentes. En primer lugar, cuando la estabilidad y la cohesión económica de la Unión Europea se vean amenazadas por la evolución económica potencial o real de uno o varios Estados miembros, el Consejo, examinada la situación, podrá formular recomendaciones específicas destinadas a éstos, con vistas a incitarlos a efectuar las correcciones necesarias de la política económica. En segundo lugar, cuando la estabilidad y cohesión económica de la Unión se vean amenazadas por acontecimientos externos a ella, se celebrará una consulta en el seno de las instancias europeas competentes para considerar las posibles medidas a adoptar.

Ya en el marco del nuevo Tratado de la Unión Europea, el capítulo 1 del título VI del mismo establece las líneas que deben regir la configuración de la política económica en la UEM. La coordinación de las políticas económicas se define en los artículos 99 y 104 del Tratado de la Unión. Desde el comienzo de la tercera fase, los Estados miembros deben considerar la política económica como una cuestión de interés común. El Consejo se encarga de la coordinación en este ámbito y establece las orientaciones generales de las políticas económicas de los Estados miembros y de la Comunidad previa presentación de un informe al Consejo Europeo y teniendo en cuenta las conclusiones de éste. Según la normativa existente, el Consejo garantizará el respeto de esas orientaciones generales y supervisará la evolución económica de los Estados miembros. En particular, el Consejo vigilará los déficit públicos excesivos. Sobre la base de una recomendación de la Comisión, el Consejo decidirá sobre la existencia de déficit excesivo en un Estado y recomendará a ese Estado las medidas que debe adoptar para poner fin a esa situación en un plazo determinado. Si el Estado no adopta esas medidas, el Consejo podrá decidir adoptar sanciones contra el mismo.

Las limitaciones impuestas a las políticas económicas nacionales reducen considerablemente su margen de autonomía, quedando prohibidas:

- La autorización de descubiertos o la concesión de cualquier otro tipo de créditos por el Banco Central Europeo y por los bancos centrales nacionales en favor de instituciones u organismos europeos, Gobiernos centrales, autoridades regionales o locales, u otras autoridades públicas y otros organismos o empresas públicos, así como la adquisición directa de deuda emitida por los mismos. Estas disposiciones no afectarán a las entidades de crédito públicas, que, en el marco de la provisión de reservas por los bancos centrales, deberán recibir por parte de los mismos y del Banco Central Europeo el mismo trato que las entidades de crédito privadas.
- Cualquier medida que establezca un acceso privilegiado a las entidades financieras para las instituciones u organismos de la Unión, Gobiernos centrales, autoridades regionales, locales, u otras autoridades públicas y otros organismos de derecho público o empresas públicas de los Estados miembros.

Además, ni la Unión Europea ni los Estados miembros asumirán o responderán de los compromisos de ningún Estado, sin perjuicio de las garantías financieras mutuas para la realización conjunta de proyectos específicos.

Con el objeto de evitar que los Estados miembros incurran en déficit públicos excesivos, las instituciones europeas supervisan la evolución de su situación presupuestaria y del nivel de endeudamiento público alcanzado. En particular, la observancia de la disciplina presupuestaria se ha centrado, durante la segunda fase, en los siguientes criterios:

— Que la proporción entre el déficit público previsto o real y el producto nacional bruto a precios de mercado no sobrepase el 3%, a menos que la proporción haya descendido sustancial y de forma continuada hasta aproximarse al valor de referencia o que éste se sobrepase sólo excepcional y temporalmente.
— Que la proporción entre la deuda pública y el producto nacional bruto a precios de mercado no rebase el 60%, a menos que la proporción disminuya suficientemente y se aproxime al valor de referencia.

Si un Estado miembro no cumplía los requisitos anteriores, las instituciones europeas elaborarían un informe, teniendo en cuenta si el déficit público superaba los gastos públicos en inversión, así como su situación económica y presupuestaria a medio plazo. De la valoración de este informe se podían derivar recomendaciones dirigidas a las autoridades del Estado en el que se aprecie un déficit excesivo para poner fin a esta situación en un plazo determinado. Si estas recomendaciones no son seguidas, las instituciones europeas decidirán la adopción de medidas que, en caso de incumplirse, podrán implicar las siguientes acciones:

— Exigir al Estado miembro que publique información adicional antes de emitir obligaciones y valores.
— Recomendar al Banco Europeo de Inversiones que reconsidere su política de préstamos respecto al Estado en cuestión.
— Exigir al Estado que efectúe ante la Unión Europea un depósito sin devengo de intereses por un importe apropiado hasta que se corrija el déficit excesivo.
— Imponer multas de una magnitud apropiada.

Las disposiciones del Tratado se han completado con un Pacto de Estabilidad y Crecimiento adoptado por el Consejo Europeo de Amsterdam en junio de 1997, que mantiene la disciplina presupuestaria incluso después del inicio de la tercera fase. Este Pacto obliga a los países participantes en la unión monetaria a elaborar programas de estabilidad para mantener a medio plazo el equilibrio presupuestario, definiendo el calendario de aplicación y las sanciones del procedimiento de déficit excesivo.

El Pacto de Estabilidad, que está en vigor en la tercera fase de la UEM, establece objetivos de déficit más ambiciosos con un horizonte de equilibrio presupuestario y un régimen de sanciones acumulables a través de depósitos y multas económicamente importantes. No obstante el régimen de sanciones muestra un nivel de discrecionalidad amplio para su aplicación y la determinación financiera de su destino.

Como ya se ha señalado, la convergencia económica se ha planteado a través de una serie de fases sucesivas cuya finalidad ha sido profundizar en la consecución de un marco macroeconómico estable y sostenible. Desde esta perspectiva, los Estados miembros han elaborado y presentado a las autoridades europeas los planes económicos encaminados a su consecución, coincidente con el inicio de la tercera etapa de la UEM. La aplicación de las condiciones impuestas para 1997 es generalizada a excepción de Grecia, de tal forma que el Consejo Europeo de Bruselas aprobó que Bélgica, Alemania, España, Francia, Irlanda, Italia, Luxemburgo, Países Bajos, Austria, Portugal y Finlandia cumplían las condiciones y podían acceder a la tercera fase de la UEM. Dinamarca, Suecia y Gran Bretaña, aunque las cumplen, han optado por retrasar su entrada. Como se ha señalado, Grecia forma parte de la zona euro desde el 1 de enero de 2001.

8.1.3. Los planes de estabilidad en los Estados miembros

Los planes de estabilidad presentados por los distintos Estados miembros responden al compromiso de reducir los desequilibrios presupuestarios todavía existentes, aprovechando la etapa prolongada de crecimiento económico para afianzar el saneamiento las finanzas públicas.

Bélgica presentó la actualización de su programa de estabilidad para el período 2000-2003 ante las autoridades comunitarias en febrero de 2000. En el se prevé adelantar el equilibrio presupuestario a 2002 y contar con un mayor margen de maniobra para reducir su elevado nivel de endeudamiento. El aumento de los gastos primarios en términos reales da preferencia a la inversión pública con el fin de mejorar las infraestructuras y el potencial de producción de su economía y resulta compatible con el logro de un superávit primario. Por otro lado, el acuerdo de cooperación para fijar los objetivos presupuestarios a medio plazo en todos los niveles de gobierno constituye un elemento de estabilidad en un país fuertemente descentralizado.

El programa de convergencia actualizado de Dinamarca para el período 1999-2005 contempla una situación de superávit presupuestario con valores superiores al 2% del PIB en todo el período cubierto. Por ello, las autoridades comunitarias consideran la posibilidad de una disminución más ambiciosa de la presión fiscal en los próximos años para mejorar las perspectivas de crecimiento y empleo a medio plazo.

En el caso de Alemania el programa de estabilidad para el período 1999-2003, examinado por el Consejo el 28 de febrero de 2000, plantea un escenario de crecimiento económico donde se alcanzará un saldo presupuestario próximo al equilibrio. Las autoridades comunitarias, sin embargo, plantean algunas cautelas referentes a la necesidad de alcanzar una mayor cooperación en materia de financiación pública entre el Gobierno federal y los otros niveles de gobierno, con el fin de facilitar la planificación y supervisión del proceso de consolidación presupuestaria, y a la moderada evolución de la inversión pública prevista. El programa actualizado prevé una disminución del déficit público hasta el 0,5% del PIB para el 2003 y que su deuda pública se reduzca hasta el 58,5% del PIB durante este período. La consolidación presupuestaria prevista en el programa se logra mediante una reducción del gasto, manteniendo su aumento nominal global por debajo del crecimiento previsto del PIB nominal. Esta disminución es contrarrestada, sólo parcialmente, por una disminución de los ingresos debido a reducciones tributarias derivadas de la reforma de los impuestos sobre la renta y sobre sociedades. Con este escenario, el saldo presupuestario de Alemania se mantendría próximo al mínimo de referencia, lo cual permite el funcionamiento de los estabilizadores automáticos sin el riesgo de que el déficit rebase el valor de referencia del 3% del PIB. El programa incluye, además, medidas de reforma de los sistemas de pensiones y sanitario y de la administración pública que son fundamentales para la sostenibilidad de las finanzas públicas a más largo plazo.

El programa de convergencia actualizado de Grecia para el período 1999-2002 prevé el paso de una situación de déficit a un superávit del 0,2% del PIB en 2002 y que la proporción de deuda se reduzca hasta el 98% del PIB en ese año. Esto supone proseguir con el esfuerzo de consolidación fiscal llevado a cabo los últimos años.

El programa de estabilidad actualizado para España que abarca el período 1999-2003 tiene como objetivo alcanzar un superávit presupuestario del 0,2% del PIB en 2003 y una reducción de la deuda hasta el 55,8% basándose en la contención del gasto corriente. Esta estrategia permitiría reforzar la inversión pública y la reducción de la presión fiscal. El Consejo Europeo considera al respecto que, dado el papel creciente desempeñado por los gobiernos autonómicos en las diversas categorías de gasto, es necesario proseguir con los mecanismos de coordinación entre administraciones.

El programa de estabilidad actualizado de Francia para el período 2000-2003 contempla una estrategia presupuestaria basada en un control del gasto en términos reales que permita una reducción de la proporción del gasto público en relación al PIB y reducir así el déficit público en 2003.

El programa de estabilidad actualizado de Irlanda, que comprende el período 2000-2002, contempla un escenario de superávit presupuestario muy positivo para el conjunto de las administraciones públicas, incluso teniendo en cuenta la importante prefinanciación de las pensiones del Estado.

El Consejo de la Unión Europea examinó en febrero de 2000 el programa de estabilidad actualizado de Italia, correspondiente al período 1999-2003. En él se mantiene la estrategia presupuestaria definida en el programa inicial, consistente en proseguir la tarea de estabilización de las finanzas públicas, la promoción del crecimiento económico y la distribución equitativa de la renta. Esto se lograría a través del mantenimiento del superávit primario en un nivel elevado y en la reducción del gasto corriente en relación con el PIB, al tiempo que se aligera la aún pesada carga tributaria y se incrementa la inversión pública, sobre todo en el sur del país. Las autoridades comunitarias consideran viable este escenario aunque reiteran que Italia debe garantizar el descenso continuado de su todavía elevada proporción de deuda pública y acercarla al valor de referencia del 60% del PIB.

El programa de estabilidad actualizado de Luxemburgo para el período 1999-2003 fija unos resultados presupuestarios más ambiciosos que el programa inicial, ya que se prevé que el superávit de las administraciones públicas aumente hasta el 2,5% del PIB en 2000 y hasta el 3,1% en el año 2003.

El programa de estabilidad actualizado de los Países Bajos para el período 1999-2002 fue examinado por el Consejo de la Unión Europea el 31 de enero de 2000 y plantea un horizonte donde el déficit público general alcanzaría el 1,1% del PIB en 2002, teniendo en cuenta los efectos de la reforma fiscal que habrá de llevarse a cabo en 2001.

Este escenario situaría a las finanzas públicas neerlandesas en un margen de seguridad para cumplir las exigencias del pacto de estabilidad y crecimiento.

El programa de estabilidad actualizado de Austria para el período 2000-2003 fue presentado ante las autoridades comunitarias que emitieron su dictamen el 8 de mayo de 2000. El programa contempla una disminución del déficit del sector administraciones públicas desde el 2% del PIB en 1999 hasta el 1,3% en 2003, mientras la deuda lo haría desde el 64,9% al 61,2% durante el mismo período. El Consejo de la Unión Europea se ha mostrado crítico con estos objetivos, ya que considera que los costes presupuestarios derivados de las reformas recientes del impuesto sobre la renta y de las prestaciones familiares se han cubierto en el programa con medidas esporádicas. Esto dificulta la necesaria reducción sostenible del déficit público y no da un margen de seguridad lo bastante amplio para evitar que el déficit supere el valor de referencia del 3% del PIB en caso de descenso cíclico.

El programa de estabilidad actualizado de Portugal, que comprende el período 2000-2004, prevé una reducción gradual del déficit de las administraciones públicas del 2% del PIB en 1999 a una situación de equilibrio en el año 2004. A este respecto, el Consejo de la Unión Europea, en su examen del 13 de marzo de 2000, reitera la recomendación de intentar lograr una reducción más rápida del déficit con vistas a aumentar el margen de seguridad necesario para permitir el funcionamiento de los estabilizadores automáticos en caso de una desaceleración cíclica.

El programa de estabilidad actualizado de Finlandia para el período 1999-2003 presenta una estrategia fiscal basada en una situación de superávit presupuestario superior al 4% del PIB mediante una reducción del gasto público de forma simultánea a la disminución, más moderada, de la presión fiscal.

El programa de convergencia actualizado de Suecia (1999-2002) prevé superávit presupuestarios durante todo el período hasta 2002 equivalentes al 2% del PIB durante el ciclo económico.

Finalmente, en el caso del Reino Unido su programa de estabilidad actualizado abarca el período comprendido entre 1998-1999 y 2004-2005 y prevé un superávit presupuestario hasta 2002 y pequeños déficit posteriores. Esto satisface la previsión de que el saldo ajustado cíclicamente de las administraciones públicas tienda a aproximarse al equilibrio durante el período cubierto y se ajuste así a las exigencias del pacto de estabilidad y crecimiento. Esta estabilidad presupuestaria (cuadro 8.1) permite proseguir con la reducción de los niveles de endeudamiento a la vez que se aumenta la proporción del gasto de inversión pública en el PIB. Todo gracias al procedimiento de asignación trienal de los gastos de los ministerios que contribuye a garantizar la consolidación de las restricciones presupuestarias durante el ciclo económico.

A lo largo de 2001 se están presentando las actualizaciones de los programas de estabilidad que, en general, son continuistas con el proceso de consolidación presupuestaria.

La Comisión está poniendo un mayor énfasis en los procesos de liberación y de mayor competencia para favorecer las políticas anti-inflacionistas. La posición crítica de la Comisión ante el programa presentado por Irlanda constituye el hecho más destacable en el nuevo convenio de las autoridades comunitarias.

Cuadro 8.1. *Previsiones de los programas de estabilidad*

	Déficit público %/PIB					
	1998	*1999*	*2000*	*2001*	*2002*	*2003*
Alemania	–1,7	–1,2	–1,0	–1,5	–1,0	–0,5
Austria	–2,5	–2,0	–1,7	–1,5	–1,4	–1,3
Bélgica	–1,0	–1,1	–1,0	–0,5	0,0	0,2
Dinamarca	0,9	2,9	2,1	2,2	2,3	2,5
España	–2,3	–1,3	–0,8	–0,4	0,1	0,4
Finlandia	1,4	3,1	4,7	4,2	4,6	4,7
Francia	–2,7	–2,1	–1,7	–1,3	–0,9	–0,5
Grecia	–2,5	–1,5	–1,2	–0,2	0,2	
Irlanda	2,1	1,4	1,2	2,5	2,6	
Italia	–2,7	–2,0	–1,5	–1,0	–0,6	–0,1
Luxemburgo	2,6	2,3	2,5	2,6	2,9	3,1
Países Bajos	–0,8	–0,6	–0,6	–1,3	–1,1	
Portugal	–2,1	–2,0	–1,5	–1,1	–0,7	–0,3
Reino Unido	0,5	0,4	0,2	0,2	0,0	–0,3
Suecia	2,3	1,7	2,1	2,0	2,0	
Unión Europea	–1,4	–0,9	–0,7	–0,7	–0,4	–0,1

Fuente: Comisión Europea (2000a).

8.1.4. La evolución de las políticas públicas

El inicio de la unión económica y monetaria coincidió con una situación económica menos favorable para la Unión Europea en su conjunto, tras un período de fuerte expansión. En 1995, tras la fuerte recuperación de 1994, se produjo una ralentización del crecimiento, estancándose la economía de algunos Estados miembros. Sin embargo, desde 1996 el ritmo de crecimiento económico ha sido importante y sostenido. La introducción del euro el 1 de enero de 1999, decidida en la Cumbre de Bruselas, se inició con buenas perspectivas de crecimiento económico. Con una preocupación marcada en el crecimiento del empleo, el objetivo de la política económica fue establecer las condiciones adecuadas para un mayor fortalecimiento de la recuperación y su transformación a medio y largo plazo en un proceso de crecimiento económico elevado, no inflacionista y autosostenido. En el ámbito macroeconómico la estrategia marcada se centró desde el principio en tres aspectos fundamentales:

— Una política monetaria orientada a la estabilidad.
— Proseguir los esfuerzos sostenidos para lograr y mantener una situación presupuestaria saneada y coherente con el Pacto de Estabilidad y Crecimiento.

— Mantener una evolución de los salarios nominales coherente con el objetivo de estabilidad de precios.

Los países participantes de la UEM deben mantener una evolución presupuestaria adecuada con la política monetaria común y el marco de referencia se altera en virtud del contenido de los tratados, el Pacto de Estabilidad y Crecimiento y la Resolución del Consejo Europeo de Amsterdam sobre crecimiento y empleo. Así:

— La política monetaria única de la zona euro quedará bajo la responsabilidad del Banco Central Europeo. Su objetivo principal será mantener la estabilidad de precios y apoyar los objetivos económicos de la Unión Europea, en particular un crecimiento sostenible y no inflacionista y un elevado nivel de empleo, tal como se establece en el Tratado de la Unión.
— Las políticas presupuestarias seguirán siendo competencia de los Gobiernos nacionales pero estarán sujetas a las normas establecidas en el art. 104 del Tratado y en el Pacto de Estabilidad, que centra sus objetivos en conseguir una situación presupuestaria cercana al equilibrio o con superávit en condiciones económicas normales.
— La fijación de salarios seguirá siendo competencia de los interlocutores sociales a escala nacional, regional o sectorial, según sus respectivas tradiciones. Éstos tienen la responsabilidad de compatibilizar un elevado ritmo de creación de empleo con acuerdos salariales adecuados.

Las últimas orientaciones generales en materia de política económica, aprobadas por el Consejo Europeo de Feira de junio de 2000 proponen una estrategia global para hacer frente a los cuatro principales desafíos de la economía europea: la vuelta al pleno empleo, la transición a una economía basada en el conocimiento, el impacto del rápido envejecimiento demográfico y la mejora de la cohesión social. Con una política monetaria orientada a mantener la estabilidad de precios, la política presupuestaria se debería centrar en los siguientes aspectos:

— Aprovechar las favorables perspectivas de crecimiento económico para mejorar el saneamiento presupuestario recogido en los programas de estabilidad y convergencia, alcanzando antes el equilibrio presupuestario e, incluso, superávit.
— Introducir amplias reformas que reestructuren el gasto público y reduzcan la carga fiscal, aumentando al mismo tiempo la consolidación fiscal. Así, se recomienda a los Estados acometer reformas en la composición del gasto a favor de la inversión en capital físico y humano, I+D, innovación y tecnologías de la información y políticas activas del mercado laboral. Revisar los sistemas impositivos y sociales a favor del empleo y sus regímenes de pensiones y atención sanitaria para aumentar la eficiencia y tener en cuenta el envejecimiento demográfico. Proseguir con el esfuerzo de reducir la carga fiscal, especialmente en el trabajo con salarios bajos y mejorar la eficiencia y transparencia de los regímenes impositivos, ampliando la base impositiva y reduciendo los tipos impositivos y aumentar la coordinación fiscal con el fin de evitar la competencia nociva en esta materia.

De acuerdo con las previsiones económicas de otoño de 2000 (cuadro 8.2) el ritmo de crecimiento se va a moderar en 2001 y 2002, salvo para Grecia y el Reino Unido. No obstante, se mantendrá por encima del 3% anual en la mayor parte de los Estados miembros.

Los recursos destinados a formación bruta de capital fijo se situarán en el entorno del 5% de incremento interanual, previéndose una desaceleración de la inflación y del desempleo en el conjunto de la Unión Europea. No obstante, las diferencias por países resultan importantes en estos indicadores. Así, el crecimiento de la inversión será mucho mayor en Grecia, Suecia, Irlanda, España y Portugal, favorecido en los países cohesión por la aportación de fondos estructurales comunitarios (cuadro 8.3).

En el caso de la inflación, el repunte en los índices armonizados ha resultado mayor en algunos países, que tendrán mayores dificultades para su reducción, como es el caso de Países Bajos e Irlanda y, en menor medida, España, Luxemburgo y Portugal. En materia de empleo y, a pesar del mejor comportamiento de los mercados laborales en estos países, siguen siendo comparativamente elevadas las tasas de paro en España, Grecia, Italia, Francia y Finlandia, aunque en todos los casos, salvo en Portugal, se prevén disminuciones en el número de desempleados en los próximos años (cuadros 8.4 y 8.5).

Por lo que se refiere a la actividad del Sector Público de los países comunitarios cabe destacar la tendencia marcada en los próximos años a la reducción del peso del gasto público en relación con la actividad económica en la mayor parte de Estados miembros (cuadro 8.6). Así, con la excepción de Alemania, Portugal y el Reino Unido, el resto de países disminuirán la presencia del gasto. Del mismo modo, los ingresos públicos (cuadro 8.7) descenderán su peso en el PIB, con la excepción de España y Portugal. Todo ello dará lugar a una contención del superávit presupuestario previsto para el conjunto de Estados miembros desde el 1,2% del PIB previsto para 2000 hasta el 0,2% en 2002. En este último caso, Alemania e Italia son las que presentan las peores perspectivas. En el primer caso es el aumento del gasto público el causante del incremento en el déficit previsto. En Italia, la reducción de ingresos explicaría el empeoramiento de las cifras de déficit. En el resto de países: Dinamarca, Irlanda, Finlandia y Suecia aumentan el superávit presupuestario ya existente. Bélgica, Grecia y España pasarán a alcanzarlo en los próximos años. Francia y Austria conseguirán reducir sus niveles de déficit. Portugal mantendrá prácticamente igual el déficit existente y Luxemburgo, Países Bajos y el Reino Unido reducirán los superávit alcanzados en los últimos años (cuadro 8.8).

Respecto al endeudamiento público acumulado (véase cuadro 8.9) las tendencias están más definidas, marcando una evolución a la baja en todos los Estados salvo en Portugal. El análisis por países ofrecería las siguientes tendencias:

— En el caso de Bélgica su evolución económica en los últimos años ha mostrado un crecimiento superior a la media comunitaria, con un fuerte aumento hasta 2000 y unas previsiones de crecimiento más moderado en los próximos años. El consumo privado mantiene una senda de crecimiento estable, aunque con tasas interanuales más reducidas, tal como ocurre también con el consumo público. La evolución de la inversión resulta igualmente estable y con tasas de crecimiento que duplican las del consumo privado. La inflación en términos armonizados se ha

Cuadro 8.2. *Crecimiento de la economía en los países de la Unión Europea*

	% Interanual		
	2000	*2001*	*2002*
Alemania	3,1	2,8	2,8
Austria	3,5	2,9	2,8
Bélgica	3,9	3,3	3,2
Dinamarca	2,6	2,3	2,4
España	4,1	3,5	3,3
Finlandia	4,8	4,3	3,8
Francia	3,3	3,1	2,8
Grecia	4,1	4,5	4,8
Irlanda	10,5	8,2	7,1
Italia	2,9	2,8	2,7
Luxemburgo	7,8	6,5	6,0
Países Bajos	4,3	4,0	3,5
Portugal	3,0	2,7	2,7
Reino Unido	3,1	3,0	3,0
Suecia	4,0	3,7	3,2
Unión Europea	3,4	3,1	3,0

Fuente: Comisión Europea. Previsiones de otoño 2000.

Cuadro 8.3. *Crecimiento de la inversión en los países de la UE*

	% Interanual		
	2000	*2001*	*2002*
Alemania	3,4	3,5	3,6
Austria	5,2	4,0	4,2
Bélgica	4,6	4,5	4,5
Dinamarca	7,9	1,3	3,3
España	6,7	5,4	5,9
Finlandia	4,4	5,3	4,8
Francia	6,2	5,4	4,6
Grecia	8,6	10,6	10,9
Irlanda	9,4	7,8	6,5
Italia	7,1	6,2	5,8
Luxemburgo	–1,7	5,7	4,8
Países Bajos	6,8	5,4	5,0
Portugal	6,0	5,6	5,8
Reino Unido	3,2	3,8	3,9
Suecia	6,0	7,5	7,0
Unión Europea	5,3	4,9	4,9

Fuente: Comisión Europea. Previsiones de otoño 2000.

Cuadro 8.4. *Inflación armonizada en los países de la UE*

	% Interanual		
	2000	*2001*	*2002*
Alemania	2,0	1,8	1,7
Austria	1,9	1,8	1,6
Bélgica	2,7	2,0	1,5
Dinamarca	2,8	2,4	1,8
España	3,4	2,9	2,2
Finlandia	2,9	2,5	2,2
Francia	1,8	1,6	1,7
Grecia	2,7	2,6	2,3
Irlanda	5,2	3,7	3,1
Italia	2,6	2,2	1,8
Luxemburgo	3,8	2,9	1,9
Países Bajos	2,3	3,9	2,8
Portugal	2,7	2,9	2,3
Reino Unido	1,0	1,3	1,4
Suecia	1,3	1,5	1,9
Unión Europea	2,1	2,0	1,8

Fuente: Comisión Europea. Previsiones de otoño 2000.

Cuadro 8.5. *Tasas de desempleo en los países de la UE*

	% Pob. activa		
	2000	*2001*	*2002*
Alemania	8,3	7,8	7,1
Austria	3,3	3,0	2,7
Bélgica	8,6	8,0	7,4
Dinamarca	4,8	4,6	4,5
España	14,2	12,9	12,0
Finlandia	9,8	9,3	9,1
Francia	9,9	9,0	8,2
Grecia	11,2	10,6	10,1
Irlanda	4,2	3,6	3,3
Italia	10,5	10,0	9,6
Luxemburgo	1,9	1,6	1,4
Países Bajos	2,6	2,3	2,1
Portugal	4,0	4,2	4,3
Reino Unido	5,6	5,3	5,1
Suecia	6,5	5,7	5,4
Unión Europea	8,4	7,8	7,3

Fuente: Comisión Europea. Previsiones de otoño 2000.

Cuadro 8.6. *Gasto público en los países de la UE*

	% PIB		
	2000	*2001*	*2002*
Alemania	45,8	47,5	46,9
Austria	52,0	50,4	49,0
Bélgica	49,8	49,0	48,6
Dinamarca	54,7	53,9	53,0
España	40,0	39,8	39,7
Finlandia	49,6	47,6	45,7
Francia	53,0	51,0	51,2
Grecia	44,8	44,2	43,2
Irlanda	32,3	31,0	30,1
Italia	47,2	47,7	46,9
Luxemburgo	42,3	42,3	41,4
Países Bajos	45,4	44,6	43,1
Portugal	47,0	47,8	48,3
Reino Unido	36,8	39,0	38,7
Suecia	58,3	56,8	55,6
Unión Europea	45,8	46,1	45,6

Fuente: Comisión Europea. Previsiones de otoño 2000.

Cuadro 8.7. *Ingresos públicos en los países de la UE*

	% PIB		
	2000	*2001*	*2002*
Alemania	47,2	46,1	45,8
Austria	50,6	49,6	48,5
Bélgica	49,8	49,7	49,4
Dinamarca	57,3	57,2	56,1
España	39,7	39,9	39,9
Finlandia	53,9	51,9	50,6
Francia	51,5	50,9	50,7
Grecia	44,0	43,9	43,6
Irlanda	36,4	35,5	34,6
Italia	47,1	46,6	45,8
Luxemburgo	47,2	46,5	45,0
Países Bajos	47,1	45,3	44,7
Portugal	45,5	46,4	46,9
Reino Unido	41,3	41,0	40,7
Suecia	61,9	60,5	59,7
Unión Europea	47,0	46,3	45,9

Fuente: Comisión Europea. Previsiones de otoño 2000.

Cuadro 8.8. *Déficit público en los países de la UE*

	% PIB		
	2000	*2001*	*2002*
Alemania	1,4	–1,5	–1,2
Austria	–1,3	–0,8	–0,5
Bélgica	0,0	0,7	0,8
Dinamarca	2,6	3,3	3,1
España	–0,3	0,1	0,2
Finlandia	4,2	4,4	4,9
Francia	–1,4	0,0	–0,5
Grecia	–0,8	–0,3	0,3
Irlanda	4,2	4,5	4,6
Italia	–0,1	–1,1	–1,0
Luxemburgo	4,9	4,2	3,6
Países Bajos	1,8	0,6	1,6
Portugal	–1,5	–1,4	–1,4
Reino Unido	4,5	2,0	2,0
Suecia	3,5	3,6	4,1
Unión Europea	1,2	0,2	0,3

Fuente: Comisión Europea. Previsiones de otoño 2000.

Cuadro 8.9. *Deuda pública en los países de la UE*

	% PIB		
	2000	*2001*	*2002*
Alemania	60,0	57,8	56,6
Austria	64,4	62,8	61,0
Bélgica	111,1	105,3	99,2
Dinamarca	48,5	44,6	40,9
España	61,0	58,1	55,6
Finlandia	42,5	39,3	36,9
Francia	58,3	56,9	55,7
Grecia	103,9	99,8	96,4
Irlanda	41,6	33,3	26,3
Italia	110,7	105,8	102,3
Luxemburgo	5,5	5,3	5,1
Países Bajos	56,9	52,7	47,5
Portugal	56,1	56,5	56,5
Reino Unido	38,8	34,8	30,9
Suecia	58,6	52,7	47,1
Unión Europea	63,9	60,7	57,9

Fuente: Comisión Europea. Previsiones de otoño 2000.

elevado en 2000 por encima de la media comunitaria aunque se prevé su reducción en los próximos años hasta situarla en niveles inferiores a la del conjunto de la Unión Europea. Los aumentos en los costes laborales unitarios se han mantenido por debajo del 1% en los últimos años, siendo negativos en términos reales. Las expectativas de crecimiento del empleo son más favorables en los próximos años frente al conjunto de países comunitarios, aunque su tasa de paro se situará ligeramente por encima de la media comunitaria. Sus niveles de gasto público muestran una tendencia decreciente respecto al PIB aunque siguen siendo superiores a la media comunitaria. Lo mismo ocurre con los ingresos públicos, aunque en este caso se trata de una disminución mucho más lenta. Fruto de esta evolución se alcanza en 2000 el equilibrio presupuestario que se convertirá en superávit en los próximos años, consiguiendo un saneamiento presupuestario superior al del conjunto de la Unión Europea. Por otro lado, la reducción de su fuerte nivel de endeudamiento en los próximos años permitirá ir disminuyendo sus altos costes en intereses pagados. El superávit primario se situará en los próximos años por encima del 7% y mantendrá un superávit cíclicamente ajustado creciente.

— Dinamarca mantiene un nivel de crecimiento económico inferior a la media comunitaria que, a pesar del fuerte aumento en 2000, será más moderado en los próximos años. El consumo privado mantiene una evolución creciente en los últimos años, aunque con tasas interanuales mucho más reducidas que la media comunitaria. El consumo público se mantiene más estable, superando la menor tasa alcanzada en 2000. La evolución de la inversión resulta mucho más errática, presentando grandes oscilaciones en los últimos años. La inflación en términos armonizados se ha elevado en 2000 por encima de la media comunitaria aunque se prevé su reducción en los próximos años hasta situarla en los mismos del conjunto de la Unión Europea. Los aumentos en los costes laborales unitarios se han mantenido por encima de la media en los últimos años, siendo igualmente negativos en términos reales. Las expectativas de crecimiento del empleo resultan muy moderadas en los próximos años frente al conjunto de países comunitarios. No obstante su tasa de paro, mucho más baja que la media, mantendrá su tendencia decreciente. Sus niveles de gasto público muestran una línea descendiente respecto al PIB aunque siguen siendo muy superiores a la media comunitaria. Lo mismo ocurre con los ingresos públicos, aunque en este caso se trata de una disminución mucho más moderada. Mantiene sus finanzas públicas en una situación de superávit que se prolonga en toda la segunda mitad de los noventa, resultando superior al 3% del PIB en los próximos años. Su nivel de endeudamiento, que es muy inferior a la media europea, continuará disminuyendo en los próximos años y eso permitirá continuar reduciendo los intereses de la deuda. El superávit cíclicamente ajustado se mantendrá en unos valores muy significativos y seguirá creciendo en los próximos años, facilitando la buena marcha de sus datos presupuestarios.

— Alemania ha recuperado unas expectativas de crecimiento de su economía mejores que los niveles alcanzados a finales de los noventa, aunque siga situándose por debajo de la media comunitaria. El consumo privado que había protagonizado el crecimiento económico a finales de los noventa modera su aumento en 2000, aunque se espera que vuelva a recuperar sus tasas de incremento en los próximos años. En el caso del consumo público el descenso producido en 1999 no tiene continuidad y la recuperación de los próximos años lo situará en línea con la mayor parte de países comunitarios. La evolución de la inversión resulta muy estable en los últimos años y claramente en unos niveles inferiores a la media europea. La inflación en términos armonizados se ha elevado fuertemente en 2000 después de unos años con muy buen comportamiento, pero se prevé su reducción en los próximos años hasta situarla en niveles inferiores a la del conjunto de la Unión Europea. Los aumentos en los costes laborales unitarios se han mantenido claramente por debajo de la media comunitaria en los últimos años, siendo negativos en términos reales. Las expectativas de crecimiento del empleo están en línea con las de la media europea y su tasa de paro disminuirá más rápidamente. Como ya se ha señalado, sus niveles de gasto público han disminuido en 2000, aunque se prevé un aumento en los próximos años y siguen siendo superiores a la media comunitaria. En el caso de los ingresos públicos se va a producir una disminución en los próximos años en línea con lo que ocurre con el conjunto de países comunitarios. La situación de superávit presupuestario que se alcanzará en 2000 no se prolongará en los próximos años, retornando a un nivel de déficit público importante. Así, el déficit cíclicamente ajustado en términos de PIB se duplicará a corto plazo, aunque su nivel de endeudamiento seguirá reduciéndose en los próximos años.

— En el caso de Grecia su evolución económica en los últimos años ha mostrado un crecimiento mucho más elevado en estos últimos tres años que en casi toda la década de los noventa, presentando una tendencia muy superior a la media comunitaria para los próximos años. El consumo privado mantiene una senda de crecimiento estable, aunque con tasas interanuales más reducidas pero superiores a la media comunitaria, lo contrario de lo que ocurre con el consumo público, que prácticamente se mantiene estable. La evolución de la inversión presenta una tendencia de crecimiento muy elevada, manteniendo durante los últimos años y en el futuro las mayores tasas de crecimiento de la Unión Europea, duplicando sus porcentajes de incremento anual. La inflación en términos armonizados, aún siendo superior a la media, presenta una fuerte desaceleración en 1999 que, a pesar del repunte en 2000, se consolidará en los próximos años. Los aumentos en los costes laborales unitarios se han frenado desde 1999, siendo negativos en términos reales. Las expectativas de crecimiento del empleo son más favorables en los próximos años, pasado el ajuste producido en 1999, y su tasa de paro empieza a disminuir aunque más lentamente, situándose por encima de la media comunitaria. Sus niveles de gasto público han empezado a disminuir ligeramente y se prevé una tendencia decreciente respecto al PIB en los próximos años, situándose por debajo de la media comunitaria. Lo mismo ocurre con las expectativas de ingresos públicos, aunque en este caso han aumentado en los últimos años. Como consecuencia de esta evolución de gastos e ingresos se espera conseguir una situación de superávit presupuestario a partir de 2002, tras presentar en 1998 el déficit de mayor importancia relativa de la Unión Europea. Por otro lado, aunque más lentamente, prosigue la reducción de su fuerte nivel de endeudamiento en los próximos años, lo que permitirá ir disminuyendo sus altos costes en intereses pagados. La situación de déficit cíclicamente ajustado se mantiene, aunque en unos niveles menores.

— España mantiene unas tasas de crecimiento muy importantes en los últimos años, aunque se moderarán a corto plazo, debido a la desaceleración del consumo privado. Por el contrario, el consumo público se recupera a partir de 2000, presentando unos valores superiores a la media comunitaria. La inversión, que ha mantenido una senda decreciente de aumento en los últimos años, se recuperará en 2002 manteniéndose por encima de la media comunitaria. La inflación en términos armonizados se ha elevado en los últimos años y, en especial, en 2000 por encima de la media comunitaria aunque se prevé su reducción en los próximos años, si bien permanecerá en niveles superiores a los del conjunto de la Unión Europea. Los aumentos en los costes laborales unitarios se han mantenido por encima de la media en los últimos años, aunque siguen siendo negativos en términos reales. Las expectativas de crecimiento del empleo son más favorables en los próximos años frente al conjunto de países comunitarios, aunque su tasa de paro seguirá siendo la más elevada de la Unión Europea. Su nivel de gasto público muestra una tendencia estable respecto al PIB, después de la fuerte reducción de los años anteriores, situándose claramente por debajo de la media comunitaria. Lo mismo ocurre con los ingresos públicos, que seguirán aumentando hasta estabilizarse en 2002. Con esta evolución se alcanza en 2001 el equilibrio presupuestario que se mantendrá en los próximos años. La reducción de su nivel de endeudamiento proseguirá en los próximos años permitiendo un equilibrio en sus cuentas públicas ajustadas al ciclo económico.

— En el caso de Francia su evolución económica en los últimos años ha mostrado un crecimiento superior a la media comunitaria que se irá moderando en el futuro. El consumo privado mantiene una senda ascendente estable que contribuirá a sostener el crecimiento, mientras el consumo público reduce su ritmo de incremento y la inversión se desacelerará en los próximos años. La inflación en términos armonizados se ha triplicado en 2000, aunque permanece por debajo de la media comunitaria y su reducción en los próximos años será mucho más lenta que en el pasado. Los costes laborales unitarios, que se habían mantenido prácticamente invariables en los últimos años, empezarán a crecer por encima de la media comunitaria a partir de 2001, manteniéndose en términos reales. Las expectativas de crecimiento del empleo son menos favorables en los próximos años, aunque siguen siendo superiores a las del conjunto de países comunitarios, y su tasa de paro seguirá disminuyendo. Sus niveles de gasto público muestran una tendencia decreciente respecto al PIB aunque se recuperarán en 2002, siendo superiores a la media comunitaria. Lo mismo ocurre con los ingresos públicos, aunque en este caso presenta una tendencia claramente decreciente en todo el período analizado. Fruto de esta evolución el equilibrio presupuestario alcanzado en 2001 volverá a quebrarse en el año siguiente con la aparición nuevamente de déficit público. El déficit cíclicamente ajustado, aunque disminuye en los próximos años, seguirá siendo importante y la reducción del nivel de endeudamiento será más lenta que en otros países.

— Irlanda presenta desde hace años la economía con mayor crecimiento de la Unión Europea. Sus tasas de incremento interanual alcanzan los dos dígitos en 2000 y seguirán siendo muy elevadas en los próximos años. El consumo privado mantiene una evolución similar al comportamiento del PIB con tasas elevadas de crecimiento y el consumo público, con menores valores, se mantiene más estable. La evolución de la inversión se ralentizará después de años de aumento interanual del 14,7% en 1998 o del 12,5% en 1999, de tal forma que las previsiones para 2002 sitúan su tasa de crecimiento en el 6,5%. La inflación en términos armonizados sigue siendo la más elevada de la Unión Europea en 2000 y, aunque se moderará en los años siguientes, seguirá siendo la más alta. Los aumentos en los costes laborales unitarios se mantienen crecientes desde 1998, aunque en términos reales están estabilizados. Las expectativas de crecimiento del empleo son más favorables en los próximos años frente al conjunto de países comunitarios, aunque no a los ritmos de años anteriores y su tasa de paro se situará en niveles inferiores a la mitad de la media comunitaria. Sus niveles de gasto público continuarán descendiendo respecto al PIB, convirtiéndose en el país con más baja presencia del sector público en su economía. Lo mismo ocurre con los ingresos públicos, aunque en este caso se trata de una disminución mucho más lenta. Fruto de esta evolución el superávit presupuestario seguirá incrementando su cuantía hasta alcanzar el 4,6% del PIB en 2002. Con un endeudamiento que se reduce en una proporción espectacular, que pasa de representar el 97,5% de su PIB en 1990 a una previsión de sólo el 26,3% en 2002, y una situación de superávit ajustado al ciclo equivalente al 3,8% del PIB Irlanda presenta, con Luxemburgo y Finlandia, la situación más favorable en términos presupuestarios.
— En el caso de Italia la tendencia es a mejorar en los próximos años sus bajas tasas de crecimiento económico alcanzadas en 1998 y 1999, gracias a la recuperación del consumo privado y de la inversión, mientras el consumo público mantiene unas tasas de crecimiento menor y más estables. La inflación en términos armonizados se ha elevado en los últimos años por encima de la media comunitaria aunque se prevé su reducción en los próximos años hasta situarla en niveles similares a la del conjunto de la Unión Europea. La evolución de los costes laborales unitarios ha sido muy moderada, siendo negativa en términos reales, tendencia que se mantiene en las previsiones para el próximo año. Las expectativas de crecimiento del empleo tienden a igualarse con las del conjunto de países comunitarios, aunque su tasa de paro seguirá situándose por encima de la media comunitaria. Sus niveles de gasto público muestran una tendencia menos definida que en otros países, con una disminución menor de su peso respecto al PIB. Por el contrario, en los ingresos públicos si se prevén reducciones en términos de PIB. Por ello, el déficit público que se había ido reduciendo volverá a repuntar en los próximos años y su nivel de endeudamiento será el más importante de la Unión Europea, ya que superará la dimensión de su economía.
— En el caso de Luxemburgo su evolución económica en los últimos años ha mostrado un crecimiento muy superior a la media comunitaria y mantiene unas previsiones de incremento muy altas en los próximos años. Este crecimiento tan ele-

vado se traduce en la evolución tanto del consumo privado como del público y de la inversión. La inflación en términos armonizados se ha elevado en 2000 por encima de la media comunitaria, aunque se prevé su reducción en los próximos años hasta situarla en niveles similares a la del conjunto de la Unión Europea. Los aumentos en los costes laborales unitarios se han mantenido por debajo del 1% en los últimos años, aunque aumentarán a mayores tasas en los próximos, siendo negativos en términos reales. Las expectativas de crecimiento del empleo son mucho más favorables en los próximos años respecto al conjunto de países comunitarios y su tasa de paro es la menor de la Unión Europea. Sus niveles de gasto público muestran una gran estabilidad, aunque se espera una reducción de la presencia del Sector Público en la economía en 2002. Lo mismo ocurre con los ingresos públicos. El tradicional saneamiento de las cuentas públicas en el país alcanza sus valores máximos en 2000 para disminuir ligeramente en los próximos años y la deuda pública apenas tiene relevancia en la economía luxemburguesa.

— Los Países Bajos mantienen el alto ritmo de crecimiento económico alcanzado en los últimos años basado, tanto en el crecimiento del consumo privado, como de la inversión. El consumo público también presenta tasas elevadas de aumento, aunque no tan altas. Este fuerte crecimiento económico se ha producido con una elevada inflación que presenta resistencias a la baja en los próximos años. Los aumentos en los costes laborales unitarios se han mantenido por encima de la media comunitaria, aunque resultan negativos en términos reales. Las expectativas de crecimiento del empleo son muy favorables en los próximos años, en línea con el comportamiento de los últimos ejercicios económicos y su tasa de paro se situará en los niveles más bajos de la Unión Europea. Sus niveles de gasto público continúan su tendencia decreciente respecto al PIB, resultando inferiores a la media comunitaria. Lo mismo ocurre con los ingresos públicos, aunque en este caso se trata de una disminución algo más moderada. Fruto de esta evolución se alcanzó en 1999 un superávit presupuestario que se mantendrá en los próximos años y que permitirá seguir reduciendo sus niveles de endeudamiento público.

— En el caso de Austria su evolución económica en los últimos años ha mostrado un crecimiento superior a la media comunitaria, presentando unas previsiones de incremento más moderado en los próximos años. El consumo privado mantiene una senda de crecimiento estable, aunque con tasas interanuales más reducidas. El consumo público presentará tasas negativas en los próximos años mientras la inversión empezará a recuperarse a partir de 2001. La inflación en términos armonizados se ha elevado en 2000, aunque por debajo de la media comunitaria y se prevé su reducción en los próximos años. Los costes laborales unitarios se han mantenido en unos niveles muy reducidos, disminuyendo en algunos años, con lo que en términos reales han caído y lo seguirán haciendo en el futuro. Las expectativas de crecimiento del empleo son moderadas e inferiores respecto al conjunto de países comunitarios, aunque su tasa de paro se situará claramente por debajo de la media comunitaria. Sus niveles de gasto público muestran una tendencia decreciente respecto al PIB aunque siguen siendo superiores a la media comunitaria. Lo mismo ocurre con los ingresos públicos, aunque en este caso se trata de una disminución mucho más lenta. Fruto de esta evolución se irá reduciendo el déficit público existente hasta situarlo en un 0,5% del PIB en 2002. Por otro lado, la deuda acumulada empezará a reducirse en 2002, aunque más lentamente que en otros Estados miembros.

— La evolución económica de Portugal en los últimos años ha mostrado un crecimiento similar a la media comunitaria y seguirá con esa tendencia, debido a la moderación del consumo privado y público y a pesar del alto ritmo de crecimiento de la inversión. La inflación en términos armonizados se ha elevado en 2000 por encima de la media comunitaria y se prevé que lo siga haciendo en 2001. Los aumentos en los costes laborales unitarios se han mantenido en tasas importantes, creciendo en términos reales desde 1999. Las expectativas de crecimiento del empleo son muy moderadas en los próximos años frente al conjunto de países comunitarios, aunque su tasa de paro se reducirá más lentamente. Sus niveles de gasto público muestran una tendencia creciente respecto al PIB, siendo superiores a la media comunitaria. Lo mismo ocurre con los ingresos públicos. El déficit público, aunque disminuirá en los próximos años, seguirá siendo importante y el más elevado de la Unión Europea. Es por ello que su nivel de endeudamiento continuará creciendo, aunque más moderadamente.

— En el caso de Finlandia su evolución económica en los últimos años ha mostrado un crecimiento muy importante y superior a la media comunitaria, que proseguirá en los próximos años, con un aumento importante de la inversión y más moderado del consumo. La inflación en términos armonizados se ha elevado fuertemente en 2000 por encima de la media comunitaria aunque se prevé una moderada reducción en los próximos años. Los aumentos en los costes laborales unitarios se han mantenido por debajo del 1% en los últimos años y con una tendencia decreciente, siendo negativos en términos reales. Las expectativas de crecimiento del empleo son favorables en los próximos años pero en menor medida que el conjunto de países comunitarios y su tasa de paro se situará por encima de la media comunitaria. Sus niveles de gasto público muestran una tendencia decreciente respecto al PIB y serán inferiores respecto a la media comunitaria. Los ingresos públicos, por el contrario, se mantienen en unos valores superiores pese al lento descenso que experimentan en los últimos años. Fruto de esta evolución el superávit presupuestario ya existente a finales de los noventa se afianza hasta alcanzar los valores máximos de la Unión Europea. Esta situación permitirá proseguir con una fuerte reducción de sus niveles de endeudamiento.

— En el caso de Suecia su evolución económica en los últimos años ha mostrado un crecimiento superior a la media comunitaria, con unas previsiones de aumento elevado en los próximos años. El consumo privado y, sobre todo, la inversión presentan una tendencia claramente expansiva, mientras el consumo público reduce el moderado crecimiento de finales de los años noventa. La inflación en términos armonizados se ha elevado en 2000 y seguirá esta tendencia en los próximos años, aunque se situará en unos niveles próximos a la media comunitaria. Los aumentos en los costes laborales unitarios se han mantenido por encima de la media de la Unión Europea, aunque su ritmo de crecimiento desciende en términos reales, esperando que disminuyan en 2002. Las expectativas de crecimiento del empleo son moderadas y su tasa de paro seguirá disminuyendo en los próximos años. Sus niveles de gasto público muestran una tendencia decreciente respecto al PIB aunque siguen siendo claramente superiores a la media comunitaria. Lo mismo ocurre con los ingresos públicos, aunque en este caso se trata de una disminución mucho más lenta. Fruto de esta evolución se mantiene y se afianza la situación de finanzas saneadas, caracterizada por un importante superávit presupuestario creciente y una reducción significativa de su nivel de endeudamiento.

— Finalmente, en el caso del Reino Unido el ritmo de crecimiento económico más moderado de finales de los noventa se potenciará en los próximos años gracias al mantenimiento de fuertes tasas de crecimiento del consumo público y privado y de la inversión. Además, este incremento no será inflacionista ya que los precios en términos armonizados no experimentarán cambios significativos. Los aumentos en los costes laborales unitarios se están moderando en los últimos años y seguirán esa tendencia, manteniendo tasas negativas en términos reales. Las expectativas de crecimiento del empleo son menores frente al conjunto de países comunitarios, aunque su tasa de paro se situará claramente por debajo de la media comunitaria. Sus niveles de gasto público muestran una tendencia mucho más estable respecto al PIB en relación a otros países comunitarios, aunque siguen siendo inferiores a la media. Lo mismo ocurre con los ingresos públicos. Las finanzas públicas proseguirán su tendencia favorable, aumentando el superávit presupuestario y disminuyendo el nivel de endeudamiento del Sector Público.

8.2. Las políticas fiscales en los países que han solicitado su adhesión a la Unión Europea y en otros países europeos

8.2.1. Los instrumentos para la ampliación de la Unión Europea

El primer informe provisional de la Comisión Europea relativo a los efectos de la ampliación a los países asociados de Europa Central y Oriental sobre las políticas de la Unión Europea se presentó al Consejo Europeo de Madrid en diciembre de 1995. A partir de aquí se procedió a profundizar en la evaluación de dichos efectos sobre las políticas comunitarias, en particular por lo que se refiere a la política agrícola y las políticas estructurales.

El proceso de integración ha experimentado una fuerte aceleración en los diez últimos años. La ampliación hacia los países de Europa Central y Oriental y Chipre, además de Malta y Turquía, puede considerarse como uno de los acontecimientos más destacados de la política europea de los próximos años. La primera consecuencia será la ampliación del Mercado Único, que pasará de 370 a aproximadamente 565 millones de consumidores, seguido por un proceso global de integración así como por el refuerzo de la posición de la Unión en los mercados mundiales. Este incremento en su dimensión vendrá acompañado por una mayor heterogeneidad de los intereses en la Unión Europea e implicará también importantes presiones en favor de ajustes sectoriales y regionales. Con el objeto de preparar estas consecuencias se ha establecido una estrategia de preadhesión definida por la Comisión sobre la base de las conclusiones del Consejo Europeo de

Luxemburgo de diciembre de 1997. Como toda adhesión el proceso se basa fundamentalmente en la incorporación del acervo comunitario por los países candidatos. Ello implica también el refuerzo de la capacidad institucional y administrativa de estos países así como la conformidad de sus empresas respecto a las normas comunitarias. Sus progresos realizados en este ámbito son objeto de informes periódicos en el Consejo.

Con el fin de responder a las exigencias de la estrategia de preadhesión para los países candidatos de la Europa Central y Oriental, la Comisión estableció las Asociaciones para la Adhesión y abrió los programas comunitarios a los países candidatos, además de duplicar su asistencia a partir de enero de 2000.

La Asociación para la Adhesión es el eje esencial de la estrategia reforzada destinada a canalizar todas las formas de asistencia a los países candidatos en un único marco para la aplicación de programas nacionales de preparación para su estatuto de miembro de la Unión Europea. Este instrumento fija prioridades a corto y a medio plazo para cada país candidato y define los medios disponibles para la preparación de los Estados candidatos a la adhesión. La Asociación para la Adhesión incluye una programación plurianual y reviste la forma de decisiones de la Comisión y el Consejo tomadas previa consulta a los países candidatos.

Los Acuerdos Europeos constituyen el instrumento jurídico básico en que se basan las relaciones entre la Unión y los países candidatos. Los Acuerdos Europeos se refieren a las cuestiones del comercio, el diálogo político y otros ámbitos de cooperación. Tienen por objeto establecer progresivamente el libre comercio entre la Unión y los países candidatos. Desde el Consejo Europeo de Luxemburgo en diciembre de 1997, las instituciones de los Acuerdos Europeos revisten un papel aún más importante en la estrategia de preadhesión.

La participación en los programas comunitarios representa uno de los objetivos intermedios de la adhesión. Estos programas cubren la mayoría de las políticas comunitarias y constituyen, pues, una preparación útil a la adhesión, familiarizando a los países asociados y a sus ciudadanos con las políticas y los métodos de trabajo de la Unión.

La realización de los objetivos de la estrategia de preadhesión requiere también el recurso a instrumentos de apoyo y ayuda financiera. Con el fin de responder a las necesidades de los países candidatos, el Consejo Europeo de Berlín de 1999 aprobó la duplicación de la ayuda de preadhesión a partir del año 2000 y la creación de dos instrumentos específicos: el instrumento estructural de preadhesión (ISPA), dotado con un presupuesto de 1.040 millones de euros al año a partir de 2000, y el instrumento agrícola de preadhesión (SAPARD) que tendrá un presupuesto de 520 millones de euros al año, como se ha señalado en el capítulo 3.

El principal instrumento de intervención es el programa PHARE. En la actualidad, el programa PHARE es el principal instrumento de cooperación financiera y técnica de la Comunidad Europea con los países de Europa Central y Oriental (PECO). Dicho programa se creó en 1989 para apoyar el proceso de reforma y la transición económica y política de Polonia y Hungría. Actualmente PHARE engloba a todos los países asociados de la región. Durante las primeras etapas de la transición la asistencia se centró en la aportación de conocimientos técnicos o de asistencia técnica y, en caso de necesidad, en la ayuda humanitaria. Con los progresos realizados, la solicitud de asistencia técnica disminuyó relativamente y las necesidades de ayuda a la inversión, en particular en sectores como las infraestructuras o la protección del medio ambiente, aumentaron considerablemente.

Su objetivo actual consiste en preparar a los países candidatos a la adhesión concentrando sus intervenciones sobre las dos prioridades esenciales vinculadas a la reanudación del acervo comunitario: el refuerzo de la capacidad administrativa e institucional de los países candidatos y la financiación de las inversiones a razón de un 30% y de un 70%, respectivamente, de su presupuesto para los países candidatos, con excepción de las inversiones que son financiadas por los instrumentos estructurales y agrícolas de preadhesión. El programa PHARE está dotado con medios financieros crecientes, que serán de 1.560 millones de euros al año a partir del año 2000.

De acuerdo con las indicaciones de la Agenda 2000, PHARE se transforma progresivamente en un fondo de tipo estructural cuyo objetivo consiste en favorecer el desarrollo económico. Una parte considerable de las inversiones se financiará conjuntamente entre distintas instituciones como el Banco Mundial, el Banco Europeo de Reconstrucción y Desarrollo (BERD) o el Banco Europeo de Inversiones (BEI). PHARE, que al principio se centró en una programación anual, está hoy basado en un sistema de programación plurianual dentro de la asociación para la adhesión, establecida por cada país candidato y que incluye las prioridades, los objetivos intermedios y los medios financieros necesarios para alcanzarlos. Estas asociaciones se completan mediante los Programas Nacionales para la Adopción del Acervo (PNAA).

El Instrumento Agrícola de Preadhesión (SAPARD) tiene como objetivos establecer un marco de ayuda comunitaria a la agricultura y al desarrollo rural duradero en favor de los países candidatos de Europa Central y Oriental durante el período de preadhesión, solucionar los problemas de adaptación a largo plazo del sector de la agricultura y las zonas rurales y ayudar a la aplicación del acervo comunitario en relación con la política agrícola común y las políticas conexas. Se regula en el Reglamento (CE) n.° 1268/99 del Consejo de 21 de junio de 1999 y se centra, entre otras intervenciones, en ayudas a inversiones en las explotaciones agrarias; mejora de la transformación y la comercialización de los productos agrícolas y productos pesqueros; mejora de las estructuras para el control de la calidad y los controles veterinarios y fitosanitarios, para la calidad de los productos alimenticios y la protección de los consumidores; métodos de producción agrícola que se destinan a la protección del medio ambiente y el mantenimiento del espacio natural; desarrollo y diversificación de las actividades económicas; creación de servicios de sustitución y gestión de las explotaciones agrarias; creación de agrupaciones de productores; rehabilitación y desarrollo de los pueblos, protección y conservación del patrimonio rural; mejora de las tierras y concentración; creación y actualización de los Registros de la propiedad de la tierra; mejora de la formación profesional; desarrollo y mejora de las infraestructuras rurales y la gestión de los recursos hidráulicos agrícolas.

Las ayudas financieras se conceden para el período 2000-2006, estando los créditos anuales autorizados dentro de los límites de las perspectivas financieras. La asignación financiera por países se basa en: la población agrícola, la superficie agrícola, el producto interior bruto (PIB) en paridad del poder adquisitivo y la situación territorial específica. La contribución comunitaria no puede superar el 75% de los gastos públicos totales que pueden ser financiados, aunque en algunos casos esta contribución a la financiación puede alcanzar un 100% del coste total.

Finalmente, el Instrumento Estructural de Preadhesión (IEPA) proporciona ayudas financieras con el fin de preparar la adhesión en el ámbito de la cohesión económica y social, en particular, en lo relativo a medio ambiente y transporte. Se regula en el Reglamento (CE) n.°1267/99 del Consejo, de 21 de junio de 1999. En el ámbito del medio ambiente, la ayuda financiera concedida se refiere a los proyectos medioambientales que permitan a los países beneficiarios satisfacer las exigencias de la legislación medioambiental comunitaria y de las asociaciones para la adhesión. En materia de transporte la contribución del IEPA consiste en una ayuda para los países beneficiarios para infraestructura de transporte que favorezca los medios de desplazamiento duraderos. Eso incluye la interconexión y la interoperabilidad de las redes nacionales, así como con las redes transeuropeas, y el acceso a las mismas. El coste total de una medida no puede ser, en principio, inferior a 5 millones de euros y el porcentaje de la ayuda comunitaria concedida de conformidad con el IEPA puede representar hasta el 75% de los gastos públicos o asimilables, incluidos los gastos de los organismos cuyas actividades se emprendan en un marco administrativo o jurídico que los asimile a organismos públicos.

Las ayudas comunitarias concedidas para el período 2000-2006 se distribuyen entre los países beneficiarios, sobre la base de los criterios de población, producto nacional bruto per cápita en paridades de poder adquisitivo y superficie. Esta distribución puede adaptarse teniendo en cuenta la eficacia que cada uno de los países beneficiarios haya demostrado en la realización de las medidas, durante los años anteriores.

A raíz de las decisiones del Consejo Europeo de Luxemburgo de diciembre de 1997, Chipre se beneficia de una estrategia de preadhesión específica. Esta estrategia se basa fundamentalmente en tres frentes. Por un lado, en la participación en algunas acciones específicas, en particular en los ámbitos del refuerzo de la capacidad administrativa e institucional así como en el ámbito de la justicia y los asuntos de interior. Por otro lado en la participación en algunos programas y en algunas agencias comunitarias y, finalmente, en la utilización de la asistencia técnica ofrecida por la oficina de asistencia técnica TAIEX.

8.2.2. La convergencia con la Unión Europea

Los países que han solicitado la adhesión a la Unión Europea mantienen unas previsiones de crecimiento económico que, como media, se sitúan en el entorno del 4,5%. Las expectativas más favorables corresponden a Estonia, Hungría, Letonia y Polonia, con un fuerte crecimiento en Turquía y una recuperación de Rumania, el país que hasta hora presentaba mayores problemas de crecimiento.

La inversión pública representa una proporción muy elevada en el PIB de estos países. Aunque se desacelerará en los próximos años, se mantendrá en tasas interanuales de crecimiento importantes y próximas al 7% de media. Igualmente, la tendencia a la estabilidad monetaria será significativa, a pesar de las altas tasas de inflación todavía previstas para Rumania y Turquía. Este contexto económico más favorable tendrá su repercusión en la creación de empleo y en la consecuente reducción de las tasas de paro en estas economías, que se producirá en todos los países, salvo en Malta y Rumania (cuadros 8.10-8.14).

Cuadro 8.10. *Crecimiento de la economía en los países candidatos a la adhesión*

	1999 (% PIB sobre el total)	*% Interanual*		
		2000	*2001*	*2002*
Bulgaria	2,3	5,4	4,9	4,5
Chipre	1,6	4,8	2,8	3,8
Eslovaquia	3,5	2,0	3,1	4,1
Eslovenia	3,6	4,3	4,2	4,3
Estonia	0,9	6,2	6,3	6,4
Hungría	8,5	5,4	5,5	5,2
Letonia	1,1	3,6	4,5	4,9
Lituania	1,9	2,3	3,2	3,9
Malta	0,6	4,0	4,2	3,9
Polonia	28,5	5,1	5,0	4,8
Rep. Checa	8,8	2,5	3,0	3,7
Rumania	6,1	1,4	1,9	2,4
Turquía	32,6	6,0	4,7	4,3
Total	100,0	4,8	4,4	4,4

Fuente: Comisión Europea. Previsiones de otoño 2000.

Cuadro 8.11. *Crecimiento de la inversión en los países candidatos a la adhesión*

	1999 (% PIB)	*% Interanual*		
		2000	*2001*	*2002*
Bulgaria	15,7	9,5	12,5	15,0
Chipre	17,5	1,7	3,0	4,0
Eslovaquia	30,8	–1,3	3,9	6,9
Eslovenia	27,9	7,7	7,5	6,0
Estonia	25,1	6,0	11,0	14,0
Hungría	24,8	9,0	11,0	11,0
Letonia	24,9	3,5	4,5	4,7
Lituania	22,5	1,0	4,0	6,0
Malta	22,8	8,0	5,0	6,0
Polonia	26,9	6,8	6,4	6,1
Rep. Checa	28,5	3,5	4,2	5,0
Rumania	18,5	–1,0	3,0	4,0
Turquía	21,6	16,4	7,8	7,3
Total	24,2	8,6	6,9	6,9

Fuente: Comisión Europea. Previsiones de otoño 2000.

Cuadro 8.12. *Tasas de inflación en los países candidatos a la adhesión*

	% Interanual		
	2000	*2001*	*2002*
Bulgaria	8,1	5,7	4,8
Chipre	4,3	4,5	2,2
Eslovaquia	12,1	6,0	4,5
Eslovenia	8,3	5,0	4,3
Estonia	3,8	2,8	2,1
Hungría	10,1	8,4	6,8
Letonia	3,4	3,9	4,2
Lituania	1,0	2,5	3,2
Malta	2,6	2,9	2,7
Polonia	10,1	7,5	5,5
Rep. Checa	3,8	4,3	4,3
Rumania	45,0	30,0	23,0
Turquía	55,0	22,0	15,0
Total	27,7	14,1	10,3

Fuente: Comisión Europea. Previsiones de otoño 2000.

Cuadro 8.13. *Tasas de desempleo en los países candidatos a la adhesión*

	% Población activa		
	2000	*2001*	*2002*
Bulgaria	18,0	17,6	16,8
Chipre	3,4	3,4	3,3
Eslovaquia	19,2	18,8	18,4
Eslovenia	7,1	6,6	6,2
Estonia	13,3	12,5	11,2
Hungría	6,5	6,2	5,3
Letonia	8,4	7,9	6,9
Lituania	8,2	7,8	7,3
Malta	4,7	5,2	5,3
Polonia	16,4	16,1	15,7
Rep. Checa	9,1	8,9	8,8
Rumania	7,2	7,7	7,8
Turquía	8,7	8,5	8,2
Total	10,9	10,8	10,4

Fuente: Comisión Europea. Previsiones de otoño 2000.

Cuadro 8.14. *Déficit público en los países candidatos a la adhesión*

	% PIB		
	2000	*2001*	*2002*
Bulgaria	–1,8	–1,2	–0,8
Chipre	–3,9	–3,3	–3,3
Eslovaquia	–5,2	–5,5	–4,0
Eslovenia	–1,1	–1,3	–1,4
Estonia	–0,7	0,7	1,1
Hungría	–3,3	–3,0	–3,1
Letonia	–3,1	–2,8	–2,4
Lituania	–3,4	–2,5	–2,0
Malta	–7,2	–6,3	–5,0
Polonia	–3,1	–2,8	–2,8
Rep. Checa	–5,1	–4,8	–4,3
Rumania	–3,8	–4,1	–4,0
Turquía	–8,9	–6,5	–4,0
Total	–5,3	–4,5	–3,5

Fuente: Comisión Europea. Previsiones de otoño 2000.

Las finanzas públicas de estos países mejorarán su funcionamiento en línea con la estabilidad presupuestaria que caracteriza al conjunto de la economía europea, aunque las estimaciones realizadas para 2002 todavía apuntan a un mantenimiento del déficit público, con la excepción de Estonia que ya presentaría una situación de superávit.

Por países, la evolución de la economía y las finanzas públicas en los últimos años ha venido marcada por los siguientes rasgos característicos:

— Bulgaria mantiene un ritmo de crecimiento económico superior a la media en los últimos años y las previsiones para los próximos mantienen esta tendencia. Comparte con los países del Este las transformaciones que han experimentado las economías fuertemente planificadas de desregulación y privatizaciones de las grandes corporaciones públicas y las dificultades económicas que este proceso ha originado en términos de ajuste de sus estructuras productivas y en el nivel de empleo. Las previsiones sobre desequilibrios presupuestarios apuntan a una reducción paulatina del déficit público hasta situarlo en el 0,8% del PIB en 2002.

— En Hungría a partir de mediados de los años noventa la economía inició una recuperación paulatina. El crecimiento inicialmente fue moderado, pues el país debía aún contener sus déficit público y exterior y reducir su deuda externa. La caída del empleo y el aumento del número de desempleados y de pensionistas, al estrechar la base tributaria e incrementar el número de personas dependientes del gasto público, contribuyó al deterioro de la hacienda pública, impidiendo a Hungría recuperarse de la recesión. El déficit presupuestario ascendió a mediados de los noventa al 8% del PIB, y la deuda pública, en manos extranjeras en un 70%, se acercó al 90% del PIB. Esta tendencia negativa de la hacienda pública terminó en 1995 con un fuerte ajuste fiscal que se ha consolidado en los últimos años. La inflación, situada ya en cifras de dos dígitos a finales de los ochenta, se aceleró hasta culminar en un 35% en 1993, el peor año de la recesión. Con posterioridad se inició una desaceleración gradual que, con algún repunte, ha permitido situarla en niveles inferiores. En todo caso, una reducción más rápida resultaba difícil, ya que una política monetaria más restrictiva presionaría al alza los tipos de interés y podría frenar la recuperación económica y un recurso más activo a la política de tipos de cambio podría menoscabar la competitividad de las empresas.

Más de un tercio del gasto público no destinado a intereses financia un sistema de Seguridad Social relativamente generoso, con una edad de jubilación media muy temprana y unas cargas sociales muy elevadas en proporción de los ingresos brutos. La fuerte presión fiscal, unida a la complejidad de los procedimientos, constituye un incentivo para la evasión, que se ve incrementada por una fuerte expansión de la empresa privada irregular. Con un gasto público elevado y problemas de recaudación fiscal, en los últimos años se han registrado déficit presupuestarios elevados, con un promedio del 7% entre 1992 y 1995. No obstante, se han obtenido notables progresos en la reforma de la hacienda pública. Existe desde principios de 1996 una tesorería centralizada, y el manejo de los fondos extrapresupuestarios se está incorporando gradualmente al presupuesto central. Dentro de la revisión general de las funciones de las instituciones del Estado en una economía de mercado, se halla en curso una reforma global de la hacienda pública, con especial atención a la mejora del funcionamiento del sistema de la Seguridad Social. Los planes de reforma del sistema de pensiones se hallan en una fase avanzada, y, en paralelo, la edad de jubilación obligatoria para hombres y mujeres se está subiendo escalonadamente. De esta forma, el déficit presupuestario registra ya una mejora considerable desde 1996, donde ya bajó al 3,3% del PIB y continuará disminuyendo, aunque moderadamente, en los próximos años.

— En Eslovenia, al igual que en otras economías de transición, en los primeros años noventa se observó una caída de la producción como consecuencia de la disolución de Yugoslavia y el proceso de transformación. Además, la liberalización de los precios y la liberalización del ahorro forzoso acumulado durante el antiguo sistema provocó inicialmente una rápida inflación y el desempleo empezó a crecer a medida que la industria despedía a trabajadores. No obstante, el impacto del declive fue menos intenso que en otros países ya que Eslovenia tenía acceso desde hacía mucho tiempo a los mercados occidentales, de forma que la reorientación del comercio fue menos dramática y el nivel inicial de la producción fue ligeramente superior. Así, el proceso de recuperación comenzó en 1993 y se vio ampliamente estimulado por la favorable evolución económica de los mercados de exportación europeos. No obstante, el rápido aumento del PIB ocultaba algunas deficiencias internas, tales como el elevado crecimiento de los sueldos y los retrasos de las reformas estructurales. Por consiguiente, cuando el crecimiento económico en Europa descendió a mitad de la década se vio inmediatamente reflejado en Eslovenia en un crecimiento económico inferior y un nivel de desempleo superior. A partir de entonces la situación ha comenzado a mejorar de nuevo. El elevado crecimiento de la demanda interna, el aumento de la competitividad y la recuperación económica en la UE provocaron un mayor crecimiento durante la segunda mitad de la década que se prolongará en los próximos años.

En el ámbito fiscal, Eslovenia se benefició de la disolución de Yugoslavia porque había sido un contribuyente neto del presupuesto federal. Al mismo tiempo que se mantuvieron los ingresos fiscales, las transferencias hacia otras repúblicas disminuyeron, de manera que el presupuesto ha mantenido un equilibrio relativo. No obstante, los déficit del sistema de pensiones, un gasto más elevado en la Seguridad Social, la reducción de los ingresos aduaneros como consecuencia de la integración europea y un aumento del coste salarial público han constituido en estos últimos años los mayores riesgos para la estabilidad presupuestaria. Desde el punto de vista fiscal en 1993 se introdujeron los impuestos sobre la renta personal y los beneficios de las empresas, incorporando el marco legal de la imposición indirecta con mayor retraso. Desde el punto de vista del gasto, el porcentaje de las transferencias a las empresas y unidades domésticas ha descendido. Se ha reformado el sistema de Seguridad Social para dar paso a una red de seguridad más moderna. Sin embargo, los fondos de pensiones y de desempleo tienen déficit muy importantes que están siendo cubiertos por el presupuesto del Estado y que requerirán reformas adicionales para hacerlos viables desde el punto de vista financiero. Además del gasto público del gobierno central y local, existen una serie de fondos extrapresupuestarios. Los más importantes son los fondos de sanidad y de pensiones, pero hay un número cada vez mayor de fondos más pequeños. Actualmente no operan en el marco de una legislación unificada, lo que reduce la transparencia fiscal y podría poner en situación de riesgo al presupuesto en general. No obstante, las perspectivas de ajuste presupuestario son favorables y el déficit público se situará en el entorno del 1,5% del PIB.

— El establecimiento del presupuesto en Estonia gira en torno al concepto de presupuesto equilibrado a escala del gobierno central que se ha venido respetando. Después de la independencia se ha producido una importante descentralización. Un tercio del gasto público general lo efectúan las autoridades locales. De hecho, como consecuencia del elevado gasto realizado por éstas, se calcula que el déficit público general ascendió en 1996 al 1,6% del PIB, lo que supone una desviación con respecto a los presupuestos equilibrados de los años anteriores. Sin embargo, las perspectivas para los próximos años apuntan hacia el logro de una disciplina presupuestaria rigurosa, alcanzando un superávit público previsto para 2002 que se situará en el 1,1% del PIB.

— En el caso de Letonia se está produciendo un incremento de su capacidad productiva tras los ajustes derivados de su transformación hacia la liberalización de su economía, proceso que se mantiene hacia el futuro a través de unas tasas de crecimiento económico importantes, con una inflación controlada y una tasa de desempleo decreciente. Los fuertes desajustes presupuestarios derivados de la modificación sustancial del Sector Público y de la desmembración de las Repúblicas bálticas se empiezan a controlar, presentando unas perspectivas de reducción del déficit público hasta situarlo en el 2,4% en 2002.

— La situación económica de Polonia ha ido mejorando sustancialmente desde 1992, alcanzando cifras del 7% de crecimiento en términos reales en algunos ejercicios, la tasa de paro y la inflación han disminuido y el déficit presupuestario del Estado se ha reducido a menos del 3% del PIB nominal. Esto incluye los ingresos estatales por las privatizaciones y se refiere únicamente al presupuesto de la administración central. Sin embargo, los cambios demográficos y su incidencia en el sistema de Seguridad Social y de pensiones de jubilación podrían afectar a medio plazo al saldo global de la administración central. La proporción de la deuda pública respecto al PIB nominal ha descendido y actualmente es del 54%. La reforma del sistema impositivo fue rápida y radical: para 1993 ya se habían introducido el impuesto de sociedades y el impuesto sobre la renta y el IVA. Ya se ha empezado a introducir cambios en el sistema de Seguridad Social y se abordará otra de mayor calado en los próximos años. Entre los problemas que tienen las autoridades fiscales polacas hay que destacar la evasión fiscal y las moras en el pago de los impuestos. El gasto público total equivale a aproximadamente el 50% del PIB. Las subvenciones a las empresas, a las que correspondía un elevado porcentaje del gasto público en los años ochenta, seguían siendo importantes al principio de la década pasada (8% del PIB). Las subvenciones explícitas en el presupuesto estatal se han reducido desde entonces al 2% del PIB. Con los programas de reestructuración han vuelto a aparecer las ayudas a las empresas, especialmente en los sectores del carbón y de la reducción de los desechos tóxicos, cobrando nuevamente importancia las subvenciones a empresas en el presupuesto del Estado.

Los sucesivos gobiernos polacos han intentado firmemente en varias ocasiones mejorar la competitividad enmarcando la política económica en un contexto amplio a medio plazo, que integrara las políticas macroeconómicas y estructurales además de los preparativos para la adhesión a la UE. La "Estrategia para Polonia", adoptada en junio de 1994, era un ambicioso programa a medio plazo para fomentar el crecimiento a través de la exportación y la inversión, la reducción de la inflación y la consecución de una hacienda pública sana. Contemplaba una reforma amplia, que comprendería desde la reorganización y la descentralización de la administración pública hasta la integración de la economía sumergida en la oficial. Una actualización más reciente del programa se contiene en el "Paquete 2000", que se centraba en las necesidades de la adhesión y, más específicamente, en la conveniencia de una mayor disciplina fiscal y de canalizar el ahorro de la nación hacia la inversión. Se consideraba prioritario mejorar la recaudación de impuestos y la integración de la parte informal de la economía. A este paquete se añadió en enero de 1997 el documento "Euro 2006", en el que se contempla el escenario de que Polonia estará lista en el año 2006 para integrarse en el área de la moneda única. La Estrategia Nacional de Integración, elaborada por el Comité de Integración Europea, presta más atención a los costes del ajuste. En abril de 1996 el Consejo de Ministros polaco adoptó una perspectiva a más largo plazo en su documento "Concepto general de la Estrategia para el desarrollo de Polonia hasta el año 2010". Un elemento esencial de la estrategia para aligerar y a la vez consolidar el sector estatal es la privatización de las empresas públicas. Antes de hacerlo, Polonia ha decidido reestructurar las grandes empresas, con lo cual el proceso se ha vuelto muy lento, acelerándose a partir de 1996, año en el que se aprobó la ley de comercialización y privatización de empresas estatales.

— En el caso de la economía rumana, los altos ritmos de crecimiento de mediados de los noventa dieron paso a unos desajustes muy grandes. Como resultado de la relajación de las políticas fiscales y monetarias el nuevo gobierno, además de las reformas estructurales, se ha visto obligado a tomar medidas de estabilización drásticas en 1997 que provocaron una contracción temporal de la economía en ese año. La política y las instituciones fiscales han experimentado cambios importantes desde el comienzo de la transformación, dirigidos principalmente a adaptar el sistema impositivo a una nueva economía descentralizada, redefinir las prioridades de gasto y mejorar la gestión del presupuesto. Aunque Rumania consiguió superávit presupuestarios en la década de los ochenta, la situación fiscal se ha deteriorado notablemente desde 1991. El empeoramiento de la situación de las finanzas públicas reflejaba el apoyo creciente a unos sectores de la economía que generan pérdidas y son ineficaces. El gobierno se ha comprometido a reducir el déficit presupuestario de forma considerable desde 1997 incluidos los gastos que antes se consideraban de naturaleza parafiscal para afrontar uno de los retos que tiene planteada la economía rumana. El programa de estabilización macroeconómica y reformas estructurales anunciado en febrero de 1997 representa un intento muy ambicioso de transformar radicalmente, en un plazo relativamente breve, las viejas estructuras económicas y poner las bases de una economía de mercado en funcionamiento. Para establecer las bases de un crecimiento sostenible y de la modernización de los aspectos microeconómicos la primera condición clave es contar con un marco macroeconómico estable y previsible. La adopción de políticas monetarias y fiscales rigurosas a medio plazo será fundamental en este aspecto.

— La República Checa ha alcanzado con éxito la estabilización macroeconómica, sentando así las bases de un crecimiento fuerte y firme. Desde el principio se optó por una estricta política monetaria y fiscal, complementada con una devaluación competitiva. A finales de 1995 se llegaba a una situación económica firme: inflación inferior al 10%, bajo índice de paro, superávit presupuestario, aumento de los salarios y rápida inversión. No obstante, a partir de la segunda mitad de los noventa el crecimiento económico se ralentizó, aumentaron nuevamente el desempleo y la inflación y apareció en consecuencia el déficit presupuestario. En 1997 el gobierno adoptó un conjunto de medidas destinado a relanzar el crecimiento económico y atajar el problema del aumento del déficit presupuestario y comercial. Entre las medidas figuraban recortes presupuestarios, la limitación de los salarios del Sector Público, el descenso de los impuestos de sociedades, el aumento de determinados impuestos específicos y la introducción de un programa de franquicia a la importación. Además, se adoptaron también fuertes recortes del gasto público y una prohibición de las importaciones financiadas con cargo a los presupuestos del gobierno. El papel del Estado tuvo que cambiar significativamente con el abandono de la planificación centralizada, redefiniendo la política de gasto mediante una reducción de las transferencias corrientes a empresas y hogares y adoptando una reforma fiscal en profundidad. A raíz de las reformas ha cambiado la magnitud y estructura del presupuesto. Ha cobrado mayor importancia la fiscalidad indirecta, y el gasto del gobierno expresado en porcentaje del PIB se ha reducido por debajo de los niveles de la mayoría de Estados miembros. Los principios rectores de la política fiscal han sido equilibrar el presupuesto y reducir el nivel de gasto en el PIB; ello significa que la política fiscal no se utiliza de manera activa para incidir en la situación macroeconómica. Hasta 1996, la República Checa registró superávit en el presupuesto del Estado que se tornó en déficit en los años posteriores. Las previsiones para los próximos años apuntan a un mantenimiento de la situación deficitaria.

— Los ajustes económicos de mediados de los años noventa han permitido aumentar el crecimiento económico de Eslovaquia. Las políticas monetarias y fiscales restrictivas permitieron mantener la inflación dentro de ciertos límites durante el período de transición. Sin embargo, debido al dinamismo de la demanda interior y a algunos ajustes de los precios controlados, la inflación se disparó de nuevo en 1997. Durante el primer año de independencia del país, el déficit público global aumentó hasta un 7,6% del PIB como consecuencia de la pérdida de las transferencias fiscales procedentes de la República Checa y de las dificultades inherentes a la implantación de una nueva administración fiscal. La hacienda pública mejoró notablemente hasta 1995. A partir de entonces la política fiscal se hizo más expansionista, incrementándose el déficit público, aunque una parte importante de los gastos se ha destinado a inversiones necesarias en infraestructuras. No obstante, las previsiones de cara a los próximos años apuntan a un mantenimiento de altos niveles de déficit público. La estructura de la hacienda pública ha cambiado considerablemente. En el capítulo de gastos, se han reducido las subvenciones a empresas y el régimen de Seguridad Social se ha trasladado de los Presupuestos del Estado a distintas instituciones financiadas mediante cotizaciones. Los gastos sociales son relativamente elevados, especialmente el capítulo de pensiones. En materia fiscal el impuesto sobre el tráfico de empresas ha sido sustituido por el impuesto sobre el valor añadido y se han implantado impuestos sobre los beneficios de las sociedades. Los ingresos procedentes del impuesto sobre la renta siguen siendo bajos en comparación con otras fuentes de ingresos.

— A pesar de la fuerte reducción de los ingresos fiscales, Lituania ha conseguido mantener un déficit público moderado. Como el mecanismo de consejo monetario no permite la financiación monetaria del déficit estatal, la debilidad de los ingresos tiene que ser compensada en muchos casos con recortes adicionales de los gastos. A partir de 1997 las autoridades están tratando de ampliar la base fiscal y de introducir las mejoras oportunas en la recaudación y administración fiscal con objeto de reducir el déficit estatal. La estructura del gasto estatal ha cambiado considerablemente. Las subvenciones a las empresas se han reducido fuertemente, siendo las partidas más importantes los pagos de salarios y transferencias a los particulares, principalmente pensiones. Estas dos categorías juntas representan casi dos tercios del gasto total del Estado. Las previsiones sobre la sostenibilidad de las finanzas públicas apuntan a una reducción del déficit hasta situarlo en el 2% del PIB.

— En el caso de Malta, a pesar de las muestras de políticas fiscales más restrictivas, el déficit presupuestario aumentó del 4% en 1995 a aproximadamente el 10% del PIB en 1997 debido a desequilibrios estructurales. El endeudamiento del gobierno para financiar los crecientes déficit presupuestarios se multiplicó por más de cuatro entre 1994 y 1997. A partir de 1998 el déficit presupuestario se ha contenido, aunque en parte por los ingresos únicos por privatizaciones. El aumento de los gastos ordinarios, incluidos los sueldos de los funcionarios del Estado, contribuyó en gran medida al empeoramiento de las finanzas públicas. Desde principios de los años noventa, ha aumentado de manera importante la diferencia entre las contribuciones a la Seguridad Social y los pagos. En cuanto a los ingresos, han disminuido los no tributarios, en parte como consecuencia del bajo rendimiento financiero de las empresas públicas. También han disminuido los ingresos por derechos de aduana y los impuestos especiales, que casi se han dividido por dos desde las reformas arancelarias de 1995 y 1997. A mediados de ese año, tras el cambio en el gobierno, la legislación sobre el IVA, introducida en 1995, fue derogada y reemplazada por la Ley sobre Impuestos Aduaneros e Indirectos, un sistema de impuestos indirectos sobre las importaciones y sobre la producción local, invirtiendo la tendencia positiva de la liberalización comercial y restableciendo una mayor dependencia de los impuestos sobre las importaciones. No obstante, Malta volvió a introducir el IVA el 1 de enero de 1999. A la vez que aumentó el déficit presupuestario, Malta ha experimentado un rápido aumento de la deuda pública, así si se incluyen los empréstitos con garantía del Estado de las empresas públicas representó alrededor del 92% del PIB en 1997. Las estimaciones para los próximos años apuntan a una gradual reducción del importante nivel de déficit público alcanzado.

— Chipre mantiene una tasa de crecimiento económico irregular en los últimos años, aunque presenta un alto nivel de control sobre la evolución de los precios y un bajo índice de paro. Sus desajustes fiscales se mantienen en los años más recientes y las estimaciones realizadas por los servicios de la Comisión Europea para los próximos años no prevén una reducción significativa de su déficit público, que se situará en el entorno del 3,3% del PIB.

— Finalmente Turquía, que representa casi un tercio de la dimensión económica de los países que han solicitado su adhesión a la Unión Europea, presenta problemas específicos de ajuste económico. La altísima inflación que ha estado presente en la economía a lo largo de estos últimos años está en proceso de contención según las últimas previsiones realizadas y los fuertes desajustes presupuestarios existentes pueden reducirse en los próximos años hasta situarse el déficit público en el 4% del PIB en 2002.

En el resto de países europeos se puede observar una evolución económica que comparte la continuación del ciclo económico que caracterizará probablemente a la economía europea en los próximos años.

Notas

- *Capítulo 2*

[1] No obstante, el proceso de privatización en otros ámbitos no se ha desarrollado al mismo ritmo. Es el caso de la privatización de la tierra.

[2] La mayoría de las pequeñas empresas se vendieron, al igual que en otros países, en subastas públicas a través de comités de privatización municipales o locales. Por su parte, las empresas estratégicas se han privatizado, como en el resto de economías en transición, caso por caso.

[3] La situación de Rumania ha sido evaluada por la Comisión Europea (1999a) como muy preocupante. En 1999, sólo 6 países (República Checa, Estonia, Hungría, Letonia, Polonia y Eslovenia) fueron considerados plenamente como economías de mercado. Asimismo, la Comisión reconoció a Lituania, Eslovaquia y Bulgaria sus progresos en el acercamiento a los esquemas propios de las economías de mercado.

[4] En este último caso las autoridades públicas pretenden alcanzar el equilibrio presupuestario en el año 2001. Este objetivo se logrará básicamente mediante la reducción de gastos en salarios públicos, inversión, compras, subsidios y transferencias a fondos extra-presupuestarios. Además, los impuestos especiales sobre combustible y tabaco aumentarán, compensando así la reducción en los tipos del impuesto sobre los beneficios.

[5] No obstante, se han previsto ayudas importantes por parte de diversas instituciones para aliviar en parte los costes que la adhesión impondrá a estos países.

[6] De hecho, Bosnia-Herzegovina es uno de los países que menos avances ha logrado hasta el momento en el área de las privatizaciones y de la reestructuración de las empresas.

- *Capítulo 3*

[1] Artículos 49 a 56 y 78 del Tratado de París, de 18 de abril de 1951. Artículos 199 a 209 del Tratado de Roma, de 25 de marzo de 1957, constitutivo de la CEE y artículos 171 a 183 del Tratado, de la misma fecha, constitutivo del Euratom.

[2] Tratado de Bruselas, de 8 de abril de 1965, por el que se crea un Presupuesto General de las Comunidades. Tratados de Luxemburgo, de 22 de abril de 1970, y de Bruselas, de 22 de julio de 1975, por los que se modifican determinadas disposiciones presupuestarias.

[3] Decisiones de 21 de abril de 1970, de 7 de mayo de 1985, de 24 de junio de 1988 y de 31 de octubre de 1994 sobre recursos propios.

[4] Reglamento financiero, de 21 de diciembre de 1977, modificado por el 2.049, de 24 de junio de 1988. Reglamento 610, de 11 de diciembre de 1986. Reglamentos 852 y 853, de 29 de mayo de 1989 y Decisión 88/377, de 24 de junio de 1988. Además, hay otra serie de normas de carácter sectorial que establecen disposiciones financieras particulares, especialmente los fondos comunitarios. Igualmente, hay que destacar la Declaración común de 1982 sobre diferentes medidas destinadas a garantizar un mejor desarrollo del procedimiento presupuestario, y los Acuerdos Interinstitucionales sobre disciplina presupuestaria y mejora del procedimiento presupuestario, en los cuales se incluyen las perspectivas financieras para el período 1993-1999 y 2000-2006.

[5] Decisión 70/243/CECA/CEE/CEEA, de 21 de abril. DOCE L94, de 28 de abril de 1970.

[6] De acuerdo con la Decisión del Consejo 88/376/CEE, Euratom, de 24 de junio, relativa al sistema de recursos propios de la Comunidad.

[7] La asignación indicativa de los recursos totales del Fondo de Cohesión entre los Estados miembros beneficiarios es la siguiente:

– España: 52% a 58% del total.
– Grecia: 16% a 20% del total.
– Portugal: 16% a 20% del total.
– Irlanda: 7% a 10% del total.

[8] Los fondos estructurales actualmente existentes son los siguientes: Fondo Europeo de Orientación y Garantía Agraria en su Sección

Orientación (FEOGA-O), Fondo Social Europeo (FSE), Fondo Europeo de Desarrollo Regional (FEDER) e Instrumento Financiero de Orientación de la Pesca (IFOP).

9 El saldo operativo se define como diferencia entre aportaciones realizadas por los Estados miembros en función del IVA, del PNB y por la compensación británica, y los gastos agrícolas, de acciones estructurales y de otras políticas internas.

10 Impuestos que gravan mercancías comercializadas a escala internacional o factores productivos en mercados de competencia imperfecta, y posibles efectos externos al gravarse bases impositivas localizadas en terceros países.

11 Es el caso de los derechos arancelarios y las exacciones reguladoras agrícolas.

- *Capítulo 4*

1 Propuesta de Directiva de diciembre de 1979, sobre armonización de las disposiciones relativas a la imposición sobre la renta en relación con la libre circulación de trabajadores en el interior de la Comunidad.

2 Vid. DOCE n.° C 35, de 14 de febrero de 1975.

3 Vid. DOCE n.° L 292 de 15 de noviembre de 1996.

4 Directiva 79/7 CEE de 19 de diciembre de 1979 y Directiva 86/378/CEE de 24 de julio de 1986.

5 Reglamento 1408/71, de 14 de junio y Reglamento 574/72 de 21 de marzo, entre otros. El 27 de junio de 1997 el Consejo actualizó algunos Reglamentos comunitarios relativos a la aplicación de los regímenes de la Seguridad Social a los trabajadores por cuenta ajena, a los trabajadores por cuenta propia y a los miembros de sus familias que se desplacen en el interior de la Comunidad.

6 Recomendación del Consejo de 27 de julio de 1992 sobre la convergencia de los objetivos y de las políticas de protección social (92/442/CEE).

7 COM (97) 102, final 12 de marzo de 1997.

8 COM (1998) 259 final, 29 de abril de 1998.

9 COM (1999) 347, final, 14 de julio de 1999.

10 Proyecto de Informe del Consejo (ECOFIN) sobre las orientaciones generales de la política económica para los Estados miembros y la Comunidad. Anexo a las conclusiones de la Presidencia en el Consejo Europeo de Colonia, 3 y 4 de junio de 1999.

- *Capítulo 5*

1 Los datos contenidos en los cuadros están referidos a 1998, último año para el que se encuentran disponibles.

2 También es de destacar en este ámbito el hecho de que España sea el único país de la UE que no permite la obtención de un salario paralelamente a la percepción de las prestaciones por jubilación.

3 Lógicamente, la elección también se limita en función de la naturaleza del servicio médico: público o concertado.

4 Además, en estos tres países se produce el pago anticipado por parte del paciente.

5 En Bélgica, además, se fija un techo máximo por encima del cual la asistencia es gratuita.

6 En algunos casos se aplica una política de precios de referencia, de manera que el paciente ha de pagar la cantidad que sobrepase a un cierto límite (éste es el caso de Países Bajos).

7 En general, los períodos de cotización o afiliación mínima no se exigen cuando la invalidez es consecuencia de un accidente laboral.

8 Ciertos Estados miembros establecen una duración mínima del matrimonio como requisito adicional para el pago de las prestaciones de viudedad: es el caso de Portugal, Bélgica, Finlandia, Grecia, Francia y Luxemburgo.

9 En otro orden de cosas, también es destacable la elevada carga fiscal que sobre el factor trabajo genera la financiación de los gastos sociales a través de contribuciones, además de ser fuente de distorsiones e ineficiencias diversas sobre la oferta de trabajo. Por este motivo, las reformas producidas en los últimos años en los sistemas fiscales de este grupo de países han tendido hacia la reducción de dicha carga fiscal.

10 Algunos países articulan mecanismos de cobertura de contingencias específicas, como en el caso de Ucrania a través del Fondo de Chernobyl, que destina recursos a ayudar a los afectados por el accidente nuclear de 1986, o en el caso de Croacia, a través de la ayuda a refugiados y víctimas de la guerra.

11 De hecho, el nivel de prestaciones en muchos países es actualmente muy bajo, y en ocasiones ni siquiera cubren el mínimo de subsistencia.

12 No obstante, en algunos países la reforma comenzó a implantarse antes de esa fecha. Es el caso de Croacia, que en 1994 introdujo los primeros cambios en su sistema de pensiones.

- *Capítulo 6*

[1] Lo que constituye una cifra muy elevada en comparación con los porcentajes correspondientes a Estados Unidos y Japón, que rondan el 25%.

[2] Los impuestos sobre la renta en los Estados miembros de la Unión difieren en otros muchos aspectos importantes que aquí se omiten. Remitimos al lector interesado a la publicación del IBDF (2000) para una descripción pormenorizada de estos (y otros) impuestos en cada país.

[3] Obviamente, estas características por sí solas no permiten extraer ninguna conclusión acerca del grado de progresividad de cada impuesto. Al margen de otras consideraciones, es preciso tener en cuenta la magnitud de los mínimos exentos y la cuantía de los tramos de renta a los que se aplica cada tipo impositivo.

[4] Hasta el momento, el principal éxito de la Comisión en este sentido corresponde al "Código de Conducta para la fiscalidad de las empresas", que fue presentado en 1996 y se encuentra vigente en la actualidad.

[5] Como es bien sabido, los dividendos se ven gravados por el impuesto sobre la renta de sociedades en el momento de generación del beneficio, y posteriormente en el impuesto sobre la renta personal/empresarial cuando el beneficio se distribuye a los socios.

[6] El tipo efectivo sobre el factor trabajo está calculado como la relación entre la suma de costes laborales no salariales más impuestos sobre la renta del trabajo y los salarios brutos. Por su parte, en el cálculo del tipo efectivo sobre el factor capital se incluyen los impuestos sobre la renta personal atribuibles a la renta del capital, el impuesto sobre la renta de sociedades y los impuestos sobre la propiedad, y se considera como "proxy" de la base imponible el excedente bruto de explotación ajustado. Finalmente, el tipo efectivo sobre el consumo se calcula como la relación entre la recaudación por impuestos indirectos y el consumo final.

[7] Aproximadamente entre 14 y 17 puntos porcentuales por encima de la que se registra en Japón y Estados Unidos, respectivamente (Comisión Europea, 2000a).

[8] De acuerdo con los datos de la Comisión Europea, este porcentaje resulta notablemente superior al correspondiente a Japón (14%) y, especialmente, a Estados Unidos (9%).

[9] En Gago y Álvarez (1995) se revisan de forma más extensa los principios que han guiado las reformas fiscales desde comienzos de los años ochenta.

[10] En este sentido, se han sometido a tributación ciertas rentas que anteriormente quedaban total o parcialmente exentas, como las retribuciones en especie, ciertas prestaciones sociales o las ganancias patrimoniales.

[11] En este caso, se ha procedido en algunos casos a la eliminación de los sistemas de amortización acelerada, y de reducciones/deducciones en la base y en la cuota del impuesto.

[12] En algunos casos las tarifas se han definido con un tramo inicial muy amplio, lo que permite que un cierto número de declaraciones pueda ser sustituido por el sistema de retención en la fuente de ingresos.

[13] Para un análisis más detallado de esta cuestión, véase Comisión Europea (2000a).

[14] Se resumen en el cuadro las medidas incluidas en la última revisión de los programas de estabilidad y convergencia (1999). Con posterioridad a esta fecha, algunos países han anunciado medidas fiscales adicionales. Es el caso, por ejemplo, de Alemania, que ha previsto una rebaja sustancial de los tipos impositivos del impuesto sobre la renta personal y del impuesto sobre la renta de sociedades. En el primer caso, el tipo mínimo pasará del 23,9% de 1999 al 15% en el 2005, mientras el tipo marginal máximo se reducirá del 53% al 42% en el mismo período de tiempo. Por lo que se refiere al impuesto sobre sociedades, se prevé también una reducción en el tipo impositivo, que pasará a ser el 25% en el año 2001.

[15] No obstante, el recorte de los tipos impositivos va acompañado de medidas de ampliación de la base imponible. Por lo tanto, aunque se reduzca de este modo la ventaja fiscal prevista inicialmente, se obtendrán efectos positivos sobre la neutralidad del sistema.

[16] En 1999 la Comisión ofreció a los Estados miembros la posibilidad de reducir los tipos de gravamen de este impuesto en algunas actividades intensivas en trabajo. Bélgica, Francia, Grecia, Italia, Luxemburgo, Países Bajos, Holanda, Portugal, España y Reino Unido han aprovechado hasta el momento dicha opción.

[17] A pesar de que, a medio plazo, se espera que la recuperación económica eleve el nivel de ingresos.

[18] Si bien en algunos países, como en Estonia o Hungría, las reformas comienzan en los años iniciales de la transición.

[19] Como la sustitución de una parte de los impuestos especiales por el IVA, o el fortalecimiento del sistema de retenciones para minimizar el efecto de los retrasos recaudatorios.

[20] Albania es el país que ha visto reducirse sus ingresos impositivos más significativamente desde comienzos de los noventa. De hecho, en 1990 el porcentaje sobre el PIB alcanzaba el 47%.

[21] En general, los tipos de contribución son muy elevados, lo que combinado con los tipos marginales más elevados del impuesto sobre la renta personal genera fuertes distorsiones en el mercado de trabajo, y fomenta la evasión de impuestos por parte de trabajadores y empresarios.

- *Capítulo 7*

[1] El consumo público se calcula como la suma de la remuneración de asalariados de las administraciones públicas y de la compra de bienes y servicios destinada a la producción de servicios públicos.

[2] Estos porcentajes superan notablemente a los registrados en otras potencias económicas, como Estados Unidos y, especialmente, Japón.

[3] El porcentaje de gasto que representan los intereses de la deuda actualmente resulta similar para la Unión Europea, Estados Unidos y Japón. Sin embargo, la evolución de esta partida a lo largo de la década de los noventa ha sido dispar para las tres potencias económicas: mientras en la Unión Europea y Estados Unidos se ha registrado un descenso del peso que estos gastos representan sobre el PIB (más acentuado en Estados Unidos), Japón ha experimentado una tendencia creciente con respecto a esta partida.

[4] El gasto en servicios económicos integra, a su vez, los recursos destinados a cuatro sectores: energía, minería y construcción, transportes y comunicaciones y, finalmente, agricultura, ganadería, pesca y caza.

[5] En este sentido, cabe destacar como ejemplo el caso de Bulgaria, donde la proporción que los intereses de la deuda representaba sobre el PIB pasó del 11% en 1995 al 20% en 1996.

[6] Para continuar con el ejemplo de Bulgaria, cabe destacar que su gasto social (representado por la suma de las funciones Seguridad Social y bienestar, sanidad y educación) se redujo del 19% del PIB en 1995 al 16% durante los dos años siguientes.

- *Capítulo 8*

[1] La CIG es el mecanismo formal de revisión de los tratados, que son los textos constitucionales de la Unión Europea; en dicho mecanismo han intervenido negociaciones entre los quince gobiernos de los Estados miembros pertenecientes a la Unión. El ámbito de los trabajos de la conferencia fue fijado por las sucesivas sesiones de la cumbre del Consejo Europeo, con objeto de facilitar a la Unión los medios para abordar los desafíos a los que se enfrenta en la actualidad y en los próximos años. La CIG dio comienzo formalmente a sus trabajos en la sesión de la Cumbre del Consejo Europeo de Turín, celebrada el 29 de marzo de 1996. El trabajo de la conferencia recibió un importante impulso a partir de las cumbres celebradas en 1996 y 1997 en Florencia, Dublín y Noordwijk, y terminó sus trabajos en el Consejo Europeo de Amsterdam, el 18 de junio de 1997.

[2] El Comité elaboraría el llamado "Informe Delors" en abril de 1989 sobre la unión económica y monetaria (UEM). En la Cumbre de Madrid de junio de 1989 se aprueba el inicio de la primera etapa de la UEM en julio de 1990. La Cumbre de Estrasburgo de diciembre de 1989 propone el inicio de una conferencia intergubernamental sobre la UEM a finales de 1990 que decidiría el camino a seguir en el proceso de unión. La Cumbre de Dublín de junio de 1990 acuerda la convocatoria de dos conferencias intergubernamentales paralelas, sobre la UEM y sobre la Unión Política (UP). La Cumbre de Roma de diciembre de 1990 inaugura ambas conferencias, cuyos resultados se han discutido y aprobado en la Cumbre de Maastricht de diciembre de 1991.

ANEXO

El Sector Público español en el contexto europeo

A.1. La dimensión económica del Sector Público español

La presencia del Sector Público en la economía española ha adquirido una dimensión muy significativa en la última década. Las administraciones públicas españolas han ido incorporando en el último cuarto de siglo las pautas de comportamiento características del resto de países de la Unión Europea. Su proceso de transformación ha sido importante ya que partía de una dimensión económica muy reducida, compatible, sin embargo, con un grado elevado de intervención pública hasta los años setenta.

Los indicadores que mejor reflejan la dimensión relativa del Sector Público son aquellos que relacionan los principales componentes de los ingresos y gastos de las administraciones públicas y sus saldos con el PIB u otras macromagnitudes de la economía. Estos índices que reflejan la importancia de la presencia pública en la economía española no recogen, sin embargo, la complejidad de la articulación de las políticas públicas, debido al fuerte grado de descentralización alcanzado en los últimos años que ha convertido a las Administraciones Territoriales en corresponsables directas de la actuación pública.

El Sistema de Contabilidad Nacional clasifica la gran variedad de unidades institucionales y flujos económicos en un número limitado de categorías fundamentales, utilizando para ello el denominado Sistema Europeo de Cuentas Nacionales y Regionales SEC-95. Su entrada en vigor se produce de forma escalonada, según el calendario que se establece en el propio Reglamento, que comenzó en abril de 1999 y se extenderá hasta finales del 2003. El SEC-95 divide las administraciones públicas en: Administración Central, Comunidades Autónomas, Corporaciones Locales y Administraciones de la Seguridad Social.

A partir de este nivel, el SEC propone que cada país realice las subdivisiones que crea conveniente con el fin de lograr una mejor adaptación a las peculiaridades propias de su realidad institucional. En este sentido, en España tanto el Instituto Nacional de Estadística (INE) como la Intervención General de la Administración del Estado (IGAE) recogen la siguiente delimitación de agentes del Sector Público según la Contabilidad Nacional.

1. Administraciones públicas.

   a) Administración Central:

   - Estado.
   - Organismos de la Administración Central.

   b) Comunidades Autónomas:

   - Órganos gestores.
   - Organismos autónomos administrativos y similares.

   c) Corporaciones Locales:

   - Entidades de régimen común.
   - Entidades menores.
   - Islas.
   - Nuevas estructuras.

   d) Administraciones de la Seguridad Social:

   - Tesorería General.
   - Instituto Nacional de la Salud (INSALUD).
   - Instituto de Migraciones y Servicios Sociales (IMSERSO).
   - Instituto Nacional de la Seguridad Social (INSS).
   - Instituto Social de la Marina (ISM).
   - Instituto Nacional de Empleo (INEM).
   - Otras entidades: Mutuas de Accidentes de Trabajo y Enfermedades Profesionales; y Fondo de Garantía Salarial (FGS).
   - Otros organismos autónomos administrativos del Estado: Mutualidad de Funcionarios Civiles del Estado (MUFACE), Instituto Social de las Fuerzas Armadas (ISFAS) y la Mutualidad General del Poder Judicial (MGPJ).

2. Empresas públicas no financieras.
3. Instituciones financieras:

   — Banco de España.
   — Instituto de Crédito Oficial.

Los organismos de la Administración Central, comprenden todos los organismos autónomos administrativos dependientes de la Administración Central excepto los clasificados en el subsector "Administraciones de Seguridad Social" e incluye a las empresas dependientes del Estado que no cumplen las reglas establecidas por el SEC-95 para sectorizarse como sociedades no financieras.

En las Comunidades Autónomas el SEC-95 incluye los órganos gestores de las distintas Comunidades Autónomas y sus organismos autónomos administrativos y similares, incluidas las Universidades dependientes de ellas, pero no las empresas productoras de servicios o los organismos autónomos comerciales. Igualmente la Seguridad Social transferida a las Comunidades Autónomas figura en las administraciones de la Seguridad Social. En este último caso, se integran en la Seguridad Social los siguientes organismos:

- Organismos autónomos del Estado cuyas actuaciones tienen efectos sobre materias de Seguridad Social: el Instituto Nacional de Empleo (INEM) y el Fondo de Garantía Salarial (FGS).
- Entidades gestoras del sistema para su administración y gestión: Instituto Nacional de la Seguridad Social (INSS); Instituto Nacional de la Salud (INSALUD); Instituto de Migraciones y Servicios Sociales (IMSERSO); Instituto Social de la Marina (ISM).
- La Tesorería General de la Seguridad Social.
- Otras administraciones de Seguridad Social. Se incluyen aquí las mutualidades colaboradoras: Mutualidad de Funcionarios Civiles del Estado, Instituto Social de las Fuerzas Armadas, Mutualidad General Judicial, etc.

Según el criterio contable, utilizando la definición que de las mismas se da en las Cuentas de la Empresas Públicas, se considerarán como tales a todos los organismos, servicios, empresas de propiedad o bajo control público, dedicados a la producción de bienes y servicios para su venta en el mercado, a precios que, por lo general, tienden a cubrir sus costes de producción.

Finalmente, hay que señalar que los criterios contables utilizados a través del SEC-95 dejan fuera de la consideración de gasto público la actuación de distintos organismos públicos que son catalogados a estos efectos dentro del sector empresarial. Así, las administraciones públicas aparecen con una dimensión más reducida por la propia configuración institucional y jurídica del Sector Público, cuestión que tendrá que ser tenida en cuenta para valorar la actuación integral del Sector Público en España en los últimos años.

Se pueden diferenciar dos períodos en la evolución del comportamiento del gasto público en los últimos 20 años. El comprendido entre 1980-1995 y el que se desarrolla a partir de 1995. Hasta ese año se produjo un claro crecimiento de la participación del gasto total de las administraciones públicas en el PIB, pasando de representar el 31,7% en 1980 al 45,4% en 1995 –SEC95–, lo que supone un aumento de 13,7 puntos porcentuales. Durante esta primera etapa dicho crecimiento fue más acentuado en el caso de los gastos corrientes, que pasan de representar el 27,8% en 1980 al 39,2% en 1995, lo que significa un crecimiento de 11,4 puntos porcentuales.

Sin embargo, a partir de 1995 se ha producido, al igual que ha ocurrido en casi la totalidad de los Estados de la Unión Europea, una clara reducción del gasto en términos de PIB, con la finalidad de sanear las finanzas públicas, situándolo en el caso de España en el 40,7% para el año 2000 (cuadros A.1 y A.2).

Los gastos de capital experimentaron un fuerte crecimiento durante la década de los ochenta, pasando del 1,8% al 4,8% del PIB entre 1980 y 1990, más que duplicando su participación en el PIB, aunque a partir de 1995 se produce un estancamiento de los mismos. Así, en 2000 su participación alcanza el 3,4%, cifra inferior a la existente en 1995, y con una previsión del 3,5% para 2001.

El componente con mayor peso en la composición del gasto público son las transferencias corrientes (beneficios sociales), que alcanza a comienzos del segundo milenio cifras que giran en torno al 12% del PIB. No obstante, hay que señalar que desde 1995 se observa una clara disminución de su participación en el PIB, debido sobre todo al comportamiento de las prestaciones sociales. Así, aunque las pagadas por la Seguridad Social han seguido aumentando, este crecimiento fue más que compensado por la disminución del gasto en las prestaciones por desempleo, justificable por las reformas legales emprendidas en años anteriores y por la mejoría en los niveles de empleo.

Cuadro A.1. *Ingresos y gastos de las administraciones públicas en España (% del PIB a precios de mercado)*

	1980	*1990*	*1995 SEC79*	*1995 SEC95*	*2000*	*2001*
Impuestos sobre producción e importación	6,3	10,2	10,3	10,2	11,9	12,0
Impuestos directos	6,7	11,5	11,0	10,1	10,3	10,4
Contribuciones sociales	12,8	12,8	13,1	13,0	13,1	13,0
Otros ingresos corrientes	3,9	3,6	3,6	3,8	3,5	3,4
Total ingresos corrientes	29,7	38,2	38,0	37,0	38,8	38,8
Consumo público	12,9	14,9	16,0	18,1	16,8	16,6
Beneficios sociales	11,8	13,8	15,1	13,9	12,5	12,4
Pago intereses	0,4	3,9	5,3	5,2	3,5	3,4
Subsidios	1,9	2,4	3,0	1,1	1,2	1,2
Otros gastos corrientes					1,3	1,3
Total gastos corrientes	27,8	36,5	40,3	39,2	35,4	35,0
Ahorro bruto	0,5	1,7	–2,3	–2,1	3,4	3,8
Transferencias de capital recibidas					1,3	1,3
Total recursos	29,7	38,2	38,0	38,4	40,0	40,0
Formación bruta de capital	1,8	4,8	3,7	3,7	3,4	3,5
Otros gastos de capital					2,1	2,0
Total gastos	31,7	42,3	45,0	45,4	40,7	40,5
Total impuestos	26,2	35,1	35,0	34,0	35,9	36,0
Déficit/superávit presupuestario	–2,5	–4,1	–7,0	–6,9	–0,7	–0,4
Déficit primario (excluidos intereses)	–1,8	–0,3	–1,7	–1,7	2,8	2,9
Deuda pública/PIB	16,8	43,2	63,2		62,3	59,9

Fuente: Comisión Europea 2000.

Cuadro A.2. *Cuentas de las administraciones públicas de la Unión Europea, 1999 %PIB (SEC-95)*

	Gastos	*Ingresos*	*Déficit*	*Deuda*	*Superávit primario*
Alemania	48,6	47,2	–1,4	61,1	2,1
Austria	54,1	52,0	–2,1	65,2	1,5
Bélgica	50,8	50,1	–0,7	116,1	6,5
Dinamarca	56,0	58,8	2,8	52,6	7,5
España	41,0	39,9	–1,1	63,7	2,5
Finlandia	51,9	53,8	1,9	46,6	5,4
Francia	53,9	52,1	–1,8	58,9	1,6
Grecia	56,4	54,6	–1,8	104,6	5,8
Irlanda	35,8	37,6	1,9	50,1	4,4
Italia	49,2	47,3	–1,9	115,1	4,9
Luxemburgo	42,7	47,1	4,4	6,0	4,7
Países Bajos	46,5	47,5	1,0	62,9	5,4
Portugal	45,5	43,5	–2,0	55,8	1,2
Reino Unido	39,9	41,2	1,3	45,7	4,3
Suecia	61,8	63,7	1,9	65,7	7,3
UE-11	49,1	47,8	–1,3	72,2	3,0
UE-15	48,2	47,5	–0,7	68,1	3,5

Fuente: Eurostat.

Igualmente, el gasto en consumo alcanzaba en 2000 una cuantía equivalente al 16,8% del PIB. Sin embargo, al igual que ha ocurrido con las transferencias, éste ha experimentado un claro descenso desde 1995 debido, fundamentalmente, al recorte de las compras netas.

Por último, el gasto generado por el pago de intereses experimenta un fuerte crecimiento hasta 1995, situándose en un máximo histórico en dicho año (5,2%). Sin embargo, a partir de 1997 se observa una clara contención del mismo hasta llegar al 3,5% en el año 2000, 1,7 puntos por debajo del nivel existente en 1995.

En cuanto a los indicadores por el lado de los ingresos, la presión fiscal española, medida como la relación entre el total de impuestos y el PIB a precios de mercado, se situaba en el año 2000 en 35,9%, es decir, casi 10 puntos por encima del nivel existente en 1980.

De dichos ingresos, los impuestos sobre la producción e importación son los que tienen el mayor peso sobre el PIB, el 11,9% en el año 2000. Por lo que respecta a las cotizaciones sociales, éstas se situaban en 2000 en el 13,1% del PIB, lo que significa un ligero crecimiento a lo largo de todo el período. En el comportamiento de las mismas han tenido efectos contrapuestos y, por tanto, han contribuido a una cierta estabilidad en los últimos años, la moderación salarial y el impacto de las nuevas formas de contratación laboral por un lado y, por otro, el aumento de los tipos de cotización por desempleo así como el establecimiento de la obligación de cotizar de los desempleados.

En el comportamiento de la necesidad de financiación medida en relación con el PIB durante los últimos años, se aprecia hasta 1995 un gran crecimiento de la misma, pasando del 2,5% en 1980 al 7,0% en 1995. A partir de dicho ejercicio presupuestario las administraciones públicas han hecho un gran esfuerzo en la contención del déficit, lo que ha llevado a una significativa reducción del mismo, situándose en 2000 en el 0,7%. Así, a lo largo de estos años, se pueden observar tres períodos diferentes en lo que se refiere al comportamiento de este indicador. En primer lugar, la necesidad de financiación de las administraciones públicas aumentó progresivamente desde finales de la década de los setenta hasta 1985. A partir de ese ejercicio se inicia una fase de reducción continuada que dura hasta 1989, invirtiéndose la tendencia en 1990.

De nuevo en 1993 se inicia una nueva fase de contención que trata sobre todo de alcanzar los objetivos marcados en el Plan de Convergencia, acentuada durante los dos últimos años. En cuanto al déficit primario, calculado como diferencia entre la necesidad de financiación y la carga neta de intereses de la deuda, su comportamiento también ha sido diferente a lo largo del período considerado, de forma que hasta 1993 tuvo lugar un importante aumento de este indicador, pasando del 1,8% en 1980 al 2,2% en 1993 y al 1,7% en 1995. Sin embargo, durante los últimos años se observa un descenso del mismo que se transforma en un superávit, según las últimas cifras disponibles, del 2,8% en 2000 y del 2,9% para 2001.

Las administraciones públicas españolas, tal y como se refleja en sus cuentas para 1999, presentan un aumento de los recursos totales del 6,8% respecto al ejercicio anterior, muy superior al incremento del gasto (4%), incrementándose fuertemente los niveles de ahorro bruto (159,7%) y reduciéndose el déficit público en un 53,1%, pasando de 2,23 billones de pesetas en 1998 a algo menos de 1,05 billones el año siguiente.

Por administraciones, la mayor contención del gasto se ha localizado en la Administración Central, con un aumento de sólo el 2,2%, frente a un incremento de los recursos totales del 6,6%, reduciéndose su déficit en un 44,7%. La Seguridad Social presenta por primera vez en los últimos años superávit en sus actuaciones gracias al mayor aumento de los ingresos (6,6%) frente a los gastos totales (5,2%). Las Comunidades Autónomas son las administraciones que más han aumentado sus gastos e ingresos en 1999 como consecuencia de los traspasos de las competencias educativas. Aun así, a pesar del fuerte incremento de sus gastos (12,1%), han conseguido reducir su déficit en un 25% por el mayor aumento de sus recursos (13,3%). Finalmente, las Corporaciones Locales también han contribuido de forma significativa a la mayor estabilidad presupuestaria, reduciendo su déficit en un 77,5% en 1999 (cuadro A.3).

En definitiva, todos los niveles de gobierno, a pesar del fuerte incremento del grado de descentralización que se va materializando en la dimensión alcanzada por las Comunidades Autónomas y las Corporaciones Locales, están contribuyendo al saneamiento de las finanzas públicas.

Este panorama de actuación en el inmediato pasado del conjunto de las administraciones públicas continúa presente a lo largo del año 2000 y en las perspectivas económicas y presupuestarias contenidas en la Ley de Presupuestos Generales del Estado para el año 2001. Así, para el cierre de 2000 se prevé un déficit para el conjunto de las administraciones públicas del 0,4% del PIB, con una reducción adicional de cuatro décimas respecto a lo inicialmente presupuestado. Para 2001 las previsiones indican que se alcanzará el equilibrio presupuestario, un año antes de lo inicialmente previsto en el Programa de Estabilidad y Crecimiento.

Cuadro A.3. *Cuentas de las administraciones públicas españolas (SEC-95)*

	A. Central	*Seg. Soc.*	*CC. AA.*	*CC. LL.*	*AA. PP.*
1999 millones de pts					
Recursos totales	21.256.311	19.377.979	9.370.360	8.051.419	47.730.985
Empleos totales	22.292.895	19.181.477	9.570.190	8.058.240	48.777.720
VAB	3.811.071	2.370.169	3.026.561	1.944.220	11.152.022
Renta disponible bruta	5.335.500	5.245.818	4.710.221	3.380.964	18.672.502
Ahorro/desahorro bruto	795.824	399.659	947.235	607.143	2.750.028
Cap/nec. de financiación	–1.036.751	196.335	–199.663	–6.822	–1.046.901
%/1998					
Recursos totales	6,6	6,6%	13,3%	6,3%	6,8%
Empleos totales	2,2	5,2%	12,1%	5,9%	4,0%
VAB	–0,4	4,9%	12,6%	4,8%	4,9%
Renta disponible bruta	25,1	12,5%	16,6%	6,2%	15,6%
Ahorro/desahorro bruto		230,4%	33,5%	6,4%	159,7%
Cap/nec. de financiación	–44,7		–25,0%	–77,5%	–53,1%

Fuentes: Banco de España y elaboración propia.

En el caso español, las estimaciones oficiales sobre la evolución de los ingresos y gastos en los próximos años muestran un comportamiento moderado de ambas variables, reduciendo su peso en la economía española hasta situarlas en el 39,8% y 39,5% del PIB respectivamente, porcentaje notablemente inferior al máximo alcanzado en 1993, año en el que el peso de los ingresos suponía el 42,5% del PIB y el de los gastos llegaba hasta el 49,5%.

La disminución en 1,8 puntos del peso del gasto público en la economía española entre 1999 y el año 2003 resulta compatible en estas previsiones con un aumento de los gastos de capital en 0,4 puntos, con un crecimiento medio que duplica prácticamente el aumento anual previsto en el gasto corriente. La compatibilidad de estos objetivos se basa en la disminución del peso de los gastos corrientes en 2,2 puntos a lo largo del período de programación, de los que 0,4 puntos de PIB corresponden a la disminución de la carga financiera de la deuda pública (cuadro A.4).

En este marco restrictivo, el peso que han ido adquiriendo las políticas directamente vinculadas con el denominado Estado del Bienestar cobra una especial importancia, dada la dimensión económica alcanzada y su evolución en los últimos años.

Cuadro A.4. *Las administraciones públicas en el Programa de Estabilidad 1999-2003*

	1999	2000	2001	2002	2003
% Aumento anual de ingresos	6,7	5,8	5,7	5,2	4,3
% Aumento anual de gastos	4,1	4,6	4,8	3,9	3,9
– Gastos corrientes	3,5	4,0	4,3	3,5	3,6
– Gastos de capital	8,4	8,5	7,8	7,1	6,2
• Formación bruta de capital	9,1	9,1	8,6	8,0	7,8
% Ingresos/PIB	40,1	40,1	40,0	39,9	39,8
% Gastos/PIB	41,3	40,8	40,4	39,8	39,5
– Gastos corrientes	36,1	35,5	35,0	34,3	33,9
• Carga financiera	3,8	3,6	3,6	3,5	3,4
– Gastos de capital	5,2	5,3	5,4	5,5	5,6
• Formación bruta de capital	3,4	3,5	3,6	3,7	3,8
% Cap. (+)/nec. (–) financiación	–1,3	–0,8	–0,4	0,1	0,2
– Estado y organismos	–1,1	–0,8	–0,5	0,0	0,0
– Seguridad social	0,0	0,1	0,1	0,1	0,2
– Admones. territoriales	–0,2	–0,1	0,0	0,0	0,0
% Deuda bruta	63,5	62,8	60,6	58,1	55,8
% Superávit primario	2,6	2,9	3,2	3,6	3,6
% Ahorro bruto	2,7	3,3	3,8	4,4	4,6

Fuente: Ministerio de Economía y Hacienda, 2000.

A.2. El gasto público en España

El gasto contenido en los Presupuestos Generales del Estado (PGE) refleja la dimensión económica de las actuaciones programadas por el Gobierno español, que han sido aprobadas y controladas por las Cortes Generales. El gasto presupuestado consolidado en los años noventa ha aumentado en un 90% desde el inicio de la década, superando los 36,3 billones de pesetas en 2000.

El análisis de la dimensión económica de los agentes integrados presupuestariamente en los PGE indica, como puede comprobarse en el cuadro A.5, que el Estado ha aumentado sus gastos en una magnitud ligeramente menor que el total de los PGE, con lo que ha disminuido su participación relativa en el conjunto del gasto presupuestado en estos años. Así, en la actualidad representa menos de la mitad de los gastos totales, si bien sigue siendo el agente más importante con un 48,4% del gasto consolidado. Los organismos autónomos disminuyen también su participación en el total de gasto desde 1990, hasta representar actualmente el 11,9%. La Seguridad Social aumenta a mayor ritmo su volumen de gasto durante el período 1990-2000, pasando a representar actualmente el 39,3% de los Presupuestos Generales del Estado consolidados, 1,6 puntos porcentuales más que en 1999. Finalmente, los entes públicos son los agentes que experimentan el aumento más significativo, aunque su dimensión relativa sigue siendo muy pequeña, suponiendo apenas el 0,4%.

Cuadro A.5. *Estructura del gasto de los Presupuestos Generales del Estado por agentes*

Agentes	*1990*		*1999*	*2000*		
	%	*Índice*	%	%	%2000/99	*Índice*
Estado	52,9	100	50,3	48,4	–1,3	173
Orgs. autónomos	13,6	100	11,6	11,9	5,1	166
Seguridad social	33,3	100	37,7	39,3	7,0	224
Entes públicos	0,2	100	0,4	0,4	2,9	414
Total PGE	100,0	100	100,0	100,0	2,6	190

Fuente: Elaboración propia a partir de los Presupuestos Generales del Estado.

Desde una perspectiva económica, el conjunto de gastos corrientes aumenta ligeramente por encima de la media en la última década (cuadro A.6). Son los gastos financieros y las transferencias corrientes los capítulos más dinámicos, absorbiendo en 2000 el 7,8% y 60,9%, respectivamente, del gasto total. Los gastos de personal pierden importancia en términos relativos, al igual que la compra de bienes y servicios, que representan actualmente el 11,7% y 3,4% respectivamente.

Cuadro A.6. *Clasificación económica del gasto de los Presupuestos Generales del Estado*

Capítulos de gastos	*1990*		*1999*	*2000*		
	%	*Índice*	%	%	%2000/99	*Índice*
Gastos de personal	16,1	100	12,5	11,7	–4,4	138
Bienes ctes. y serv.	4,4	100	3,3	3,4	5,1	146
Gastos financieros	7,7	100	8,7	7,8	–7,8	192
Transf. corrientes	53,1	100	57,7	60,9	8,3	218
Total op. corrientes	81,2	100	82,2	83,7	4,5	196
Inversiones reales	7,7	100	3,6	3,8	8,8	93
Transf. capital	3,9	100	2,5	2,6	5,1	124
Total op. capital	11,7	100	6,1	6,4	7,3	103
Total op. no financieras	92,8	100	88,3	90,1	4,7	184
Activos financieros	2,0	100	2,2	2,6	24,0	254
Pasivos financieros	5,2	100	9,6	7,3	–22,0	265
Total op. financieras	7,2	100	11,7	9,9	–13,5	262
Total gastos	100,0	100	100,0	100,0	2,6	190

Fuente: Elaboración propia a partir de los Presupuestos Generales del Estado.

Los gastos de capital inicialmente presupuestados están prácticamente estabilizados en términos absolutos, representando únicamente el 6,4% del total. Este hecho refleja, por una parte, las modificaciones en la adscripción orgánica e institucional de algunos agentes inversores –puertos y aeropuertos– que dejan de incluirse en los PGE y, por otra, el cambio en el papel inversor directo atribuido a la Administración Central en relación con el mayor peso de las administraciones territoriales.

Finalmente, las operaciones financieras se incrementan considerablemente en el período analizado, aunque se han moderado recientemente, hasta situar su proporción en el 9,9% del gasto total en 2000.

Para apreciar de una forma más precisa el contenido del gasto público, cabe llevar a cabo una presentación del mismo a través de una clasificación operativa que permita apreciar la naturaleza, los fines y los objetivos del mismo. Esta clasificación operativa diferencia entre aquellos que responden a gastos del propio ejercicio de los derivados de la deuda pública –intereses y amortizaciones– que son consecuencia fundamentalmente de endeudamientos originados en otros ejercicios presupuestarios. Los primeros han crecido ligeramente por debajo de la media, alcanzando en 2000 el índice 185 con respecto a 1990.

Como puede observarse (véase cuadro A.7), los gastos operativos –de personal activo y funcionamiento– absorben en la actualidad únicamente el 12,6%, confirmando la tendencia descendente de los últimos años, ya que en 1990 superaban el 17,6% del total, con un índice de evolución de sólo 135. Igualmente, el conjunto de inversiones públicas realizadas directamente por estos agentes, con un 6,4% del gasto, suponen una parte reducida del gasto total presupuestado, especialmente las inversiones reales nuevas de carácter civil.

Cuadro A.7. *Clasificación operativa del gasto de los Presupuestos Generales del Estado*

Grupos de gastos	*1990*		*1999*	*2000*		
	%	*Índice*	*%*	*%*	*%2000/99*	*Índice*
Gastos operativos	17,6	100	13,4	12,6	–3,6	135
Gastos de personal	13,2	100	10,1	9,2	–6,4	132
Gastos de funcionamiento	4,4	100	3,3	3,4	5,1	145
Inversiones	9,7	100	5,7	6,4	14,6	125
Inversiones reales	7,7	100	3,6	3,8	8,8	93
Inversiones financieras	2,0	100	2,2	2,6	24,0	249
Total gastos propios	27,3	100	19,1	19,0	1,8	132
Transferencias	59,8	100	62,7	66,0	8,0	209
Total gastos ejercicio	87,1	100	81,8	84,9	6,6	185
Gastos deuda pública	12,9	100	18,2	15,1	–15,2	221
Intereses	7,7	100	8,7	7,8	–7,8	192
Amortizaciones	5,2	100	9,6	7,3	–22,0	266
Total gastos	100,0	100	100,0	100,0	2,6	190

Fuente: Elaboración propia a partir de los Presupuestos Generales del Estado.

El conjunto de los gastos propios supone el 19% del gasto global, con un índice de 132, muy alejado del crecimiento medio. Los gastos de transferencias representan actualmente el 66% del gasto presupuestado, manteniendo un crecimiento continuado superior a la media durante los últimos años. Dentro de estas transferencias destacan las destinadas al sector privado, especialmente las canalizadas por la Seguridad Social hacia las unidades familiares. Las transferencias a otros agentes públicos no incluidos en los Presupuestos Generales del Estado –empresas públicas y administraciones territoriales– son, igualmente, significativas, así como el ritmo creciente de las aportaciones al exterior. El total de gastos imputables directamente al ejercicio presupuestario supone el 84,9% del total, frente al 87,1% que suponían en 1990.

El peso creciente del endeudamiento –intereses y amortizaciones–, que absorben un porcentaje del 15,1% en 2000, muestra el carácter diferencial de la evolución del gasto, directamente imputable a los propios desequilibrios presupuestarios de años anteriores. Dicha evolución resulta superior a la media en el conjunto del período, a pesar del descenso continuado de los últimos tres ejercicios por la disminución del pago de intereses.

El análisis económico del gasto público en los últimos años en nuestro país refleja los cambios producidos en el papel tradicionalmente atribuido al Sector Público. En la actualidad, los Presupuestos Generales del Estado, como instrumento fundamental de su actuación, presentan una estructura de gastos que pone de manifiesto la función de intermediación financiera encomendada al mismo. Nos encontramos con unos presupuestos de transferencias, con una reducción sustancial de los gastos propios de la Administración Central, y con una parte considerable del gasto destinada a hacer frente al endeudamiento de ejercicios anteriores.

La implantación de la estructura por programas en los Presupuestos Generales del Estado permite presentar el conjunto del gasto público distinguiendo parcelas homogéneas, definidas por criterios de la clasificación funcional, aunque no coincidentes por completo con ella. Las políticas de gasto se constituyen agrupando aquellas dotaciones presupuestarias –formadas por un mayor o menor número de funciones, subfunciones o programas que configuran un bloque homogéneo– dirigidas a la consecución de los grandes objetivos que el Sector Público se propone conseguir en cada uno de sus campos de actuación. Esta delimitación facilita el análisis de la relación existente entre la demanda social de servicios y bienes públicos y su coste y, en todo caso, permite valorar la distribución de los presupuestos entre las políticas de gasto.

El conjunto de políticas de gasto presentadas muestra una desigual tendencia a lo largo de la última década. Dicha tendencia pone de relieve las prioridades presupuestarias contenidas en los Presupuestos Generales del Estado y las funciones desarrolladas actualmente a través de este instrumento (cuadro A.8).

A.3. Los ingresos públicos en España

Los ingresos contenidos en los Presupuestos Generales del Estado desde 1990 muestran un paralelismo con la evolución de los gastos (cuadro A.9). Su estructura económica apunta a un crecimiento menos significativo en los ingresos corrientes,

Cuadro A.8. *Distribución del gasto público en los Presupuestos Generales del Estado*

Funciones	*1990*	*1999*	*2000*	*%2000/99*	*Índice*
Servicios generales	316,2	498,4	523,8	5,1	166
Alta dirección del Estado	25,2	46,4	48,8	5,2	194
Administración general	35,6	69,4	72,5	4,5	204
Relaciones exteriores	77,7	146,3	147,0	0,5	189
Justicia	173,0	231,1	250,0	8,2	145
Protección y seguridad nuclear	4,7	5,2	5,5	5,8	117
Defensa, protec. y seg. ciud.	1.270,8	1.491,5	1.577,7	5,8	124
Defensa	816,6	873,4	929,8	6,5	114
Seguridad y protección civil	454,2	618,1	647,9	4,8	143
Seg. protec. y promoc. social	6.990,8	13.078,9	13.489,0	3,1	193
Seguridad y protección social	6.585,7	12.333,7	12.675,9	2,8	192
Promoción social	405,1	745,2	813,1	9,1	201
Prod. bienes sociales	2.905,6	5.428,5	5.294,8	–2,5	182
Sanidad	1.854,8	4.122,8	4.454,3	8,0	240
Educación	824,3	998,5	507,4	–49,2	62
Vivienda y urbanismo	93,3	112,7	109,5	–2,8	117
Bienestar comunitario	19,6	58,9	66,3	12,6	338
Cultura	86,0	105,0	127,0	21,0	148
Otros servicios comunitarios	27,6	30,6	30,3	–1,0	110
Prod. bienes económicos	1.540,4	1.838,6	1.951,3	6,1	127
Infraestructuras y transportes	1.095,3	1.234,9	1.298,1	5,1	119
Comunicaciones	149,5	33,7	29,6	–12,2	20
Infraestructuras agrarias	59,0	68,7	71,2	3,6	121
Investigación	208,3	460,0	507,2	10,3	243
Información básica y estadística	28,3	41,3	45,2	9,4	160
Regulación económica	632,1	570,0	614,4	7,8	97
Regulación económica	267,7	299,4	303,3	1,3	113
Regulación financiera	364,4	270,6	311,1	15,0	85
Regulación sectores prod.	691,2	1.532,8	1.640,9	7,1	237
Agricultura	432,4	1.086,4	1.149,2	5,8	266
Industria	131,4	132,9	152,7	14,9	116
Energía	9,6	6,2	7,0	12,9	73
Minería	60,8	151,8	165,7	9,2	273
Turismo	21,7	16,6	17,2	3,6	79
Comercio	35,3	138,9	149,1	7,3	422
Transferencias admones.	2.392,0	4.816,8	5.764,1	19,7	241
Transferencias AA.TT.	2.008,3	3.787,2	4.630,9	22,3	231
Relaciones financieras con UE	383,7	1.029,6	1.133,2	10,1	295
Deuda pública	2.394,4	6.426,8	5.447,5	–15,2	228
Total consolidado	19.130,4	35.682,4	36.303,5	2,6	190

Fuente: BOE y elaboración propia.

con un índice de 188 en 2000 en relación con 1990, representando actualmente el 86,1% de los ingresos totales.

Dentro de los ingresos corrientes, los impuestos directos suponen actualmente el 54,4% de la financiación total presupuestaria. Su ritmo de crecimiento ha sido algo superior durante el período al de los ingresos totales, especialmente en los últimos años. En 2000 su aumento ha sido del 7,3% respecto a 1999.

Los impuestos indirectos, con un 23,6% de los ingresos contenidos en los Presupuestos Generales del Estado para 2000, también presentan una tendencia similar, con un aumento notable en los últimos ejercicios gracias a la recuperación de la recaudación por IVA, que ha supuesto un aumento en dicho año del 13,7%.

Por su parte, los recursos por tasas y otros ingresos apenas aportan actualmente el 1,9% de la financiación de los Presupuestos Generales del Estado, reduciéndose su peso en el período. Esta fuente de ingresos ha crecido moderadamente debido fundamentalmente al trasvase de competencias a otras administraciones y al cambio en los entes integrados en los Presupuestos Generales del Estado.

Los recursos obtenidos a través de transferencias representan el 3,6% de la financiación total, aumentando de forma similar a la media a lo largo del período analizado, con un índice de 195.

Por otro lado, los ingresos patrimoniales, que habían aumentado significativamente en los últimos años, han tenido una evolución descendente en los tres últimos ejercicios como consecuencia de las privatizaciones, presentando un índice global de 136 en toda la década.

Cuadro A.9. *Estructura y evolución de los ingresos de los Presupuestos Generales del Estado*

Capítulos de ingresos	*1990*		*1999*	*2000*		
	%	*Índice*	*%*	*%*	*%2000/99*	*Índice*
Impuestos directos	53,7	100	52,0	54,4	7,3	192
Impuestos indirectos	23,1	100	21,3	23,6	13,7	194
Tasas y otros ing.	2,8	100	2,1	1,9	–7,8	128
Transf. corrientes	3,5	100	3,7	3,6	–2,2	195
Ingresos patrim.	3,8	100	3,4	2,7	–17,3	136
Total ing. corrientes	86,8	100	82,4	86,1	7,1	188
Enaj. invers. reales	0,3	100	0,1	0,2	43,8	109
Transf. capital	0,9	100	1,1	1,1	–4,6	228
Total ing. capital	1,2	100	1,3	1,2	0,2	197
Total ing. no finan.	87,9	100	83,7	87,3	7,0	188
Activos financieros	1,3	100	0,7	0,7	2,6	108
Pasivos financieros	10,7	100	15,6	11,9	–21,3	211
Total ingresos	100,0	100	100,0	100,0	2,6	190

Fuente: Elaboración propia a partir de los Presupuestos Generales del Estado.

Los ingresos de capital apenas representan el 1,2% de la financiación prevista en los Presupuestos Generales del Estado. Su crecimiento durante el período analizado resulta superior al producido en el conjunto de ingresos, y está relacionado con el calendario de transferencias europeas por acciones estructurales y la disminución de los ingresos obtenidos por la enajenación de inversiones reales.

Finalmente, los ingresos obtenidos por operaciones financieras representan el 12,7% de los recursos presupuestados, con un descenso de 8 puntos porcentuales desde 1997. Este comportamiento más moderado, especialmente de los pasivos financieros, muestra el alcance de los desequilibrios presupuestarios pasados y la reducción conseguida en los últimos años. A pesar de este descenso, el crecimiento desde 1990 de los pasivos financieros se refleja en su elevado índice de evolución, que alcanza el valor 211 en 2000.

A.4. La articulación de la política presupuestaria española

Los Presupuestos Generales del Estado para el año 2001 se enmarcan en un cuadro de previsiones macroeconómicas que sitúan nuevamente a la economía española en una senda de crecimiento económico superior a la media de países de la zona euro. En la Ley de Presupuestos destaca el logro del equilibrio presupuestario, un año antes del compromiso alcanzado en el Programa de Estabilidad sobre la eliminación total del déficit público. El presupuesto se enmarca en unas perspectivas económicas favorables, con una previsión de crecimiento económico del 3,6% y una inflación del 2%, con un deflactor del PIB del 2,3%.

Los principales objetivos de estos presupuestos se centran en prolongar el crecimiento económico, continuar con el ritmo de creación de empleo de estos últimos años y potenciar las prestaciones sociales. Entre las prioridades de los presupuestos de 2001 destacan la mayor atención a las prestaciones sanitarias, el fuerte impulso a las infraestructuras viarias y de medio ambiente, así como a la denominada "sociedad de la información" reflejada en políticas de investigación, desarrollo e innovación (I+D), la modernización y agilización de la justicia y la seguridad ciudadana. En conjunto, el gasto en estas políticas se incrementa un 8,2%, por encima del crecimiento nominal de la economía, que lo haría en un 5,9% según las estimaciones oficiales, y del gasto total no financiero, con un aumento previsto del 5,4%. Dicho gasto asciende a un total de 34,47 billones de pesetas, correspondiendo el 92,8% a gastos corrientes. Por su parte, los ingresos no financieros alcanzan los 34,51 billones de pesetas, con un incremento del 8,9%.

El equilibrio presupuestario, con un superávit de 36.723 millones de pts., se conseguiría gracias a una importante reducción del déficit del Estado, que pasa del 0,6% en el año 2000 al 0,3% en 2001, mientras que la Seguridad Social mantendría el signo de este año pasado, con un superávit del 0,3%. Por último, las administraciones territoriales, según el compromiso adquirido, registrarían un déficit del 0,1% en el año 2000 para lograr el equilibrio en sus operaciones no financieras en el año 2001. De acuerdo con la información oficial suministrada en los Presupuestos, el desglose de la reducción del déficit en términos del PIB se correspondería en un 21% al incremento de los ingresos, en un 29% al menor pago de intereses de la deuda y en un 22,6% a la reducción en el gasto en consumo final, mientras las menores prestaciones de desempleo contribuirían en un 16,1% y la contención de los demás gastos en el 11,3% restante.

En materia de ingresos, el comportamiento previsto de las diferentes partidas resulta desigual. Así, los ingresos por impuestos directos (10%) y las tasas (17,5%) aumentan respecto al presupuesto de 2000 en mayor proporción que las transferencias corrientes (9%), los impuestos indirectos (6,5%) y los ingresos patrimoniales (4%), mientras los ingresos por cuenta de capital permanecen prácticamente estables (0,6%).

Desde la perspectiva del gasto consolidado, los mayores aumentos se localizan en los gastos de capital (7,6%), especialmente en el capítulo de inversiones reales previstas (10,3%). En el gasto corriente contrasta la moderación en la evolución de los gastos financieros (1,1%) y el recorte de los gastos de personal (–0,6%), junto con el aumento de las transferencias corrientes (6,8%) y de los gastos en compra de bienes y servicios (6,4%). Este comportamiento viene parcialmente determinado por el traspaso de las competencias educativas a las Comunidades Autónomas (cuadro A.10).

Cuadro A.10. *Presupuestos Generales del Estado consolidados para 2001 (millones de pts.)*

	Presupuesto 2001		
	Importe	*% sobre total*	*% 2001/2000*
Capítulos de gasto			
I. Gastos de personal	4.215.679	12,2	–0,6
II. Gastos corrientes en bienes y servicios	1.295.306	3,8	6,4
III. Gastos financieros	2.853.918	8,3	1,1
IV. Transferencias corrientes	23.625.032	68,5	6,8
Operaciones corrientes	31.989.935	92,8	5,2
V. Inversiones reales	1.513.898	4,4	10,3
VI. Transferencias de capital	967.943	2,8	3,8
Operaciones de capital	2.481.841	7,2	7,6
Operaciones no financieras	34.471.776	100,0	5,4
Capítulos de ingresos			
I. Impuestos directos	21.710.061	62,9	10,0
II. Impuestos indirectos	9.117.200	26,4	6,5
III. Tasas y otros ingresos	800.414	2,3	17,5
IV. Transferencias corrientes	1.407.979	4,1	9,0
V. Ingresos patrimoniales	1.025.235	3,0	4,0
Operaciones corrientes	34.060.889	98,7	9,0
VI. Enajenación inversiones reales	56.463	0,2	–11,2
VII. Transferencias de capital	391.147	1,1	2,6
Operaciones de capital	447.610	1,3	0,6
Operaciones no financieras	34.508.499	100,0	8,9

Fuente: Ministerio de Hacienda.

Por políticas de gasto, el capítulo social sigue absorbiendo la mayor parte del total hasta representar el 54,9%, incluidos los activos financieros (cuadro A.11). Su aumento en términos homogeneizados respecto a 2000, teniendo en cuenta el traspaso de educación valorado en 274.542 millones de pesetas, es claramente mayor (7,3%) que el del conjunto de políticas (6,3%). Dentro de este apartado destaca por su importancia el gasto en pensiones (27,4% del total), que experimenta un aumento del 5,5%, y el destinado a sanidad (13,2% del total), con un incremento previsto del 6,2%. En general, todas las políticas de carácter social aumentan por debajo de la media, salvo en el caso de otras prestaciones sociales (13%), incapacidad temporal (12%) y educación homogeneizada (9,6%).

Los recursos destinados a financiar otras administraciones representan una parte importante del gasto (17,9%), a pesar del cambio en el sistema de financiación autonómico. Además, experimentan un crecimiento por encima de la media, con un aumento previsto del 11% respecto al presupuesto de 2000. Sin embargo, la financiación homogeneizada a las administraciones territoriales, si se tiene en cuenta el gasto en educación, aumentaría en un 5,2%, mucho menos de lo que se desprende de las cifras presupuestarias.

Los gastos en actividades productivas e inversiones, que suponen el 10,7% del total presupuestado, aumentan en igual medida que el año anterior (6,5%), destacando especialmente el aumento en las subvenciones corrientes al transporte (11,3%), la inversión en infraestructuras (9,1%) y la investigación (11,3%).

Los gastos derivados de la deuda pública, excluidos los pasivos financieros, aumentan ligeramente (1,1%), rompiendo la tendencia decreciente de los últimos ejercicios. Los gastos en administración general se incrementan prácticamente igual que la media (6,4%), con un comportamiento más expansivo en los gastos en justicia (9,5%) y en seguridad ciudadana (8,4%).

En definitiva, si se excluyen los gastos derivados de la deuda pública y los vinculados a la política de empleo (desempleo y fomento del empleo), el crecimiento global de los Presupuestos Generales del Estado asciende a casi un 7,1% respecto a los aprobados para 2000. Este elevado porcentaje refleja la dinámica adquirida por las principales políticas de gasto y los problemas que se pueden plantear en una situación económica menos favorable que la actual.

Por agentes, el gasto del Estado representa el 42,9% del gasto total no financiero consolidado, con un aumento del 4,5% respecto a 2000. Su presupuesto total no consolidado asciende en la Ley de Presupuestos a 20.661,5 miles de millones de pesetas, un 4,5% superior al del año anterior, porcentaje inferior al crecimiento nominal del PIB. El conjunto de ingresos no financieros asciende a 20.420,9 miles de millones de pesetas, con un aumento del 9% sobre el presupuesto inicial de 2000. Consecuentemente, el presupuesto estatal reduce el déficit previsto y contribuye a la contención del gasto público en relación con el conjunto de la economía.

El peso de la deuda pública volverá a disminuir en 2001 y se situará en el entorno del 60% del PIB, frente al 62,8% estimado para 2000. El déficit de caja del Estado alcanzará 214.000 millones de pesetas, mientras que la variación neta de activos y pasivos será negativa en 600.000 millones de pesetas, lo que sitúa la necesidad de endeuda-

Cuadro A.11. *Principales políticas de gasto de los PGE para 2001 (caps. 1 a 8) (millones de pesetas)*

	Presupuesto 2001		
	Importe	*% sobre total*	*% 2001/2000*
– Justicia	172.663	0,5	9,5
– Defensa	976.280	2,7	5,0
– Segurid. ciudadana e i. penitenc.	802.362	2,2	8,4
– Política exterior	150.915	0,4	7,3
– Administración tributaria	162.613	0,5	1,1
Administración general	2.264.833	6,3	6,4
a) Protección y promoción social	17.006.140	47,5	6,1
– Pensiones	9.815.809	27,4	5,5
– Prestaciones sociales	1.267.009	3,5	13,0
– Fomento del empleo	826.696	2,3	2,6
– Sanidad	4.731.570	13,2	6,2
– Educación (homogeneizado)	255.019	0,7	9,6
– Vivienda	110.037	0,3	0,5
b) Desempleo e incap. temporal	1.965.876	5,5	5,2
– Desempleo	1.373.983	3,8	2,5
– Incapacidad temporal	591.893	1,7	12,0
c) Servicios generales de la Seg. Social	648.776	1,8	68,8
Gasto social (homogeneizado)	19.620.792	54,9	7,3
a) Sectores económicos	1.938.731	5,4	3,5
– Agricultura	1.262.091	3,5	6,2
– Industria y energía	238.961	0,7	–11,8
– Subven. corrientes al transporte	266.162	0,7	11,3
– Comercio, turismo y pymes	171.517	0,5	–1,8
b) Actuaciones inversoras	1.889.374	5,3	9,8
– Infraestructuras	1.317.790	3,7	9,1
– Investigación	571.584	1,6	11,3
Act. productiva e invers.	3.828.105	10,7	6,5
– Fin. admones. T. T. (homogeneizado)	5.161.922	14,4	5,2
– Participación Unión Europea	1.233.644	3,4	8,9
Trans. a otras admones.	6.395.566	17,9	11,0
Deuda pública	2.835.000	7,9	1,1
Otras políticas	827.263	2,3	1,4
Total presupuesto	35.771.559	100,0	6,3

Fuente: Ministerio de Hacienda.

miento neta del Estado en 814.000 millones de pesetas. Esto supone un descenso del 52% respecto a la estimación de cierre del ejercicio 2000. El Presupuesto de Gastos Fiscales para 2001 asciende a 6,2 billones de pesetas, lo que supone el 25,2% de los ingresos tributarios teóricos.

El gasto consolidado no financiero de la Seguridad Social representará, previsiblemente, el 43,6% del total contemplado en los PGE, situando a esta institución por primera vez por delante del Estado. Las principales líneas de actuación de la Seguridad Social para el año 2001 se concretan en dos objetivos básicos: perfeccionar los niveles de protección social alcanzados y mantener la situación de superávit (alcanzando el 0,3% del PIB), lo que permitirá dotar el fondo de reserva creado en 2000 con otros 90.000 millones de pesetas.

Las previsiones de gastos no financieros de la Seguridad Social para el año 2001 alcanzan los 15,35 billones de pesetas, con un incremento respecto a 2000 del 6,4%. Por su parte, los ingresos aumentan en un 7,9%, con un incremento mayor de la principal fuente de financiación: las cotizaciones sociales, que aportarán el año 2001 más de 10,3 billones de pesetas, un 8,6% más que en 2000.

El resto de los agentes que integran y consolidan sus presupuestos en los Presupuestos Generales del Estado representan el 13,6% del gasto consolidado, con un aumento del 5,2% respecto al año anterior. En ellos destacan por su dimensión los organismos autónomos, con un presupuesto de gastos no financieros superior a los 4,8 billones de pesetas y un incremento del 4,8% respecto al año anterior. La previsión de ingresos no financieros para el conjunto de los organismos autónomos se cifra en 4,7 billones, lo que representa un incremento del 5,5% respecto a 2000.

En definitiva, nos encontramos ante unos Presupuestos para el año 2001 menos expansivos que los del año anterior, que confían en la buena marcha de los ingresos tributarios y de las cotizaciones sociales y en el control del gasto para hacer compatible la mejora de las prestaciones sociales y de las infraestructuras con el logro del equilibrio presupuestario. La apuesta por la confirmación de unas expectativas económicas favorables, que consoliden la reducción de las partidas de gasto más vinculadas al ciclo y el mantenimiento de un elevado nivel de recaudación, resulta determinante nuevamente en el presupuesto del 2001. En la medida en que las tensiones inflacionistas y la crisis energética puedan provocar una ralentización del crecimiento económico, el proceso de consolidación presupuestaria podría verse afectado.

Bibliografía

ADVISORY COUNCIL ON GOVERNMENT POLICY (2000): *Stability Programme, The Netherlands 1999-2002, 2000 update.*

ALBI, E. (2000): *Público y privado, un acuerdo necesario.* Ariel.

ALESINA, A. y ARDAGNA, S. (1998): "Tales of Fiscal Adjustment". *Economic Policy,* vol. 27.

ÁLVAREZ BLANCO, R. (1984): *El Sector Público en España: fuentes y cuentas.* Banco de España. Servicio de Estudios. Estudios Económicos, n.° 24.

ANUARIO, EL PAÍS (2000): Ediciones EL PAÍS.

ARIÑO, G. (1998): "Perspectiva actual y de futuro de la Administración institucional del Estado". *Presupuesto y Gasto Público* 20/1996. Ministerio de Economía y Hacienda. Instituto de Estudios Fiscales. Madrid.

BANCO DE ESPAÑA (2000): *Informe Anual del Banco de España 2000.* Madrid.

BANCO EUROPEO PARA LA RECONSTRUCCIÓN Y EL DESARROLLO (1999): *Transition Report.* EBRD. Londres.

BELGIAN MINISTRY OF FINANCE (2000): *Belgium's stability programme (2000-2003).*

CARRASCO CASTILLO, G. y otros (1995): "El crecimiento del Sector Público en España y en los países de la OCDE desde la perspectiva del empleo público". *Presupuesto y Gasto Público,* n.° 15.

COMISIÓN DE LAS COMUNIDADES EUROPEAS (1993): *Libro Verde sobre la política social europea. Opciones para la Unión.* Bruselas.

— (1995a): *El futuro de la protección social: marco para un debate europeo.* COM (95) 466 final, 31 de octubre. Bruselas.

— (1995b): *Programa de acción social 1995-1997.* COM (95) 134 final. Bruselas.

— (1995c): *Las finanzas públicas de la Unión Europea.* Luxemburgo.

— (1997a): *Competitividad y cohesión: las tendencias de las regiones. Sexto informe periódico sobre la situación y evolución socioeconómica de las regiones de la Comunidad.* Luxemburgo.

— (1997b): *Agenda 2000.* Luxemburgo.

— (1998): *Programa de acción social 1998-2000.* COM (1998) 259 final. Bruselas.

— (1999a): *XXXII Informe general sobre la actividad de la Unión Europea.* Luxemburgo.

— (1999b): *Fondos Estructurales Comunitarios 2000-2006.* Luxemburgo.

— (1999c): *Informe anual sobre la aplicación de la reforma de los fondos estructurales.* Luxemburgo.

— (1999d): *XXXII Informe general sobre la actividad de la Unión Europea.* Luxemburgo.

— (2000a): *Presupuesto general de la Unión Europea para el ejercicio 2000.* Luxemburgo.

— (2000b): *Vademécum Presupuestario.* Luxemburgo.

COMISIÓN ECÓNOMICA EUROPEA (1995): *La estrategia europea a favor del empleo: progresos recientes y perspectivas.* COM (95) 465, final, 11 de octubre de 1995. Bruselas.

— (1997): *Modernización y mejora de la protección social en la Unión Europea.* COM (97) 102, final, 12 de marzo. Bruselas.

COMISIÓN EUROPEA (1998a): *La protection sociale dans les Etats Membres de l'Union Européene.* http://www.europa.eu.int/comm/dg05/soc-prot/missoc98.

— (1998b): *Informe de la Comisión Europea sobre la protección social en Europa en 1997,* COM (98) 243 final. Bruselas.

— (1998c): *Programa de Acción Social 1998-2000.* COM (98) 259. Bruselas.

— (1999a): *Composite Paper: Reports on progress towards accession by each of the candidate countries.* Bruselas.

— (1999b): *Una estrategia concertada para modernizar la protección social.* COM (99) 347 final. Bruselas.

— (1999c): *Políticas comunitarias de fomento del empleo.* Comunicación del 28 de abril de 1999. Bruselas.

— (1999d): "Budgetary surveillance in EMU- The new stability and convergence programmes". *European Economy.* Supplement A, n.° 3.

— (2000a): *Public Finances in EMU-2000.* Dirección General de Asuntos Económicos y Financieros. Mayo 2000.

— (2000b): *Recent Fiscal Developments in the Candidate Countries.* Enlargement Papers, n.° 2. Dirección General de Asuntos Económicos y Financieros. Agosto 2000.

— (2000c): *Informe General sobre la actividad de la Unión Europea 1999.* Bruselas-Luxemburgo.

— (2000d): *Informe sobre la protección social en Europa 1999.* COM (2000) 163 final. Bruselas.

— (2000e): "Economic developments and structural reform in the Candidate Countries". *European Economy. Supplement C,* n.° 4, November. Dirección General de Asuntos Económicos y Financieros.

— (2000f): *Commission recommendation for the 2000 Broad Guidelines of the Economic Policies of the Member States and the Community.*

— (2000g): *Autumm 2000 forecasts for 2000-2002.*

— (2000h): *La situation sociale dans l'Union européenne.* Eurostat. Bruselas.

— (2001): Second Report on Economic and Social Cohesion.

CONSEJO DE LA UNIÓN EUROPEA (2000a): "Dictamen del Consejo sobre el programa de estabilidad actualizado de Alemania para el período 1999-2003". DOCE 2000/C98/01.

— (2000b): "Dictamen del Consejo sobre el programa de estabilidad actualizado de Italia para el período 1999-2003". DOCE 2000/C98/02.

— (2000c): "Dictamen del Consejo sobre el programa de estabilidad actualizado de Bélgica para el período 2000-2003". DOCE 2000/C98/03.

— (2000d): "Dictamen del Consejo sobre el programa de estabilidad actualizado de España para el período 1999-2003". DOCE 2000/C98/04.

— (2000e): "Dictamen del Consejo en relación con el programa de estabilidad actualizado del Reino Unido para el período comprendido entre 1998-1999 y 2004-2005". DOCE 2000/C98/05.

— (2000f): "Dictamen del Consejo en relación con el programa de convergencia actualizado de Dinamarca para el período 1999-2005". DOCE 2000/C98/06.

— (2000g): "Dictamen del Consejo sobre el programa de estabilidad actualizado de Francia (2000-2003)". DOCE 2000/C111/01.

— (2000h): "Dictamen del Consejo sobre el programa de estabilidad actualizado de Luxemburgo (1999-2003)". DOCE 2000/C111/02.

— (2000i): "Dictamen del Consejo sobre el programa de estabilidad actualizado de Portugal (2000-2004)". DOCE 2000/C111/03.
— (2000j): "Dictamen del Consejo en relación con el programa de estabilidad actualizado de Austria 2000-2003". DOCE 2000/C162/01.
— (2000k): "Dictamen del Consejo sobre el programa de estabilidad actualizado de los Países Bajos 1999-2002". DOCE 2000/C60/01.
— (2000l): "Dictamen del Consejo sobre el programa de estabilidad actualizado de Irlanda 2000-2002". DOCE 2000/C60/02.
— (2000m): "Dictamen del Consejo sobre el programa de estabilidad actualizado de Finlandia 1999-2003". DOCE 2000/C60/03.
— (2000n): "Dictamen del Consejo sobre el programa de estabilidad actualizado de Grecia 1999-2002". DOCE 2000/C60/04.
— (2000o): "Dictamen del Consejo sobre el programa de estabilidad actualizado de Suecia 1999-2002". DOCE 2000/C60/05.
CORDERO, G. (1995): "El presupuesto comunitario y el objetivo de la cohesión: del Acta unica a la futura Unión Monetaria y la nueva ampliación al Este". *Presupuesto y Gasto Público,* n.° 17.
COSTELLO, D. (1993): "Public interventions to promote economic efficiency: implications for the EC budget". *European Economy,* n.° 5.
DEPARTMENT OF FINANCE (1999): *Stability Programme, december 1999 update.*
FEDERAL MINISTRY OF FINANCE (2000a): *German Stability Programme, october 2000 update.*
— (2000b): *Update of the Austrian stability programme for the period 2000 to 2003.*
FERNÁNDEZ, P. (2000): "La agenda 2000: un éxito para España y una oportunidad para la convergencia". *Presupuesto y Gasto Público,* n.° 23.
FONDO MONETARIO INTERNACIONAL (varios años): *Recent Economic Developments and Statistical Appendix* (varios países).
— (varios años): *Selected Issues and Statistical Appendix* (varios países).
— (1998): *Government Finance Statistics Yearbook (1998).*
— (2000): *World Economic Outlook.*
GAGO, A. y ÁLVAREZ, J. C. (1995): "Hechos y tendencias de la reforma fiscal en los países de la OCDE (1980-1990)". *Hacienda Pública Española* 134/3, pp. 73-91.
GAGO, A., ÁLVAREZ, J. C. y DEL RÍO, C. (1998): "Reforma fiscal, 'estilos tributarios' y convergencia en los países de la OCDE. 1970-1994". *Hacienda Pública Española* 144, pp. 29-46.
GAGO, A., LABANDEIRA, X. y LABEAGA, J. M. (1999): "La reforma fiscal verde: consideraciones para el caso español". *Hacienda Pública Española* 151, pp. 17-26.
GALLEGO, A. y SEBASTIÁN, M. (1989): *Historia Presupuestaria de la Adhesión de España a las Comunidades Europeas.* Instituto de Estudios Fiscales.
GONZÁLEZ-PÁRAMO, J. M. (1995a): "Convergencia europea y modernización de las instituciones presupuestarias". *Gestión y análisis de políticas públicas,* n.° 4. Septiembre/diciembre.
— (1995b): "Las vías de la disciplina presupuestaria: opciones y experiencia comparada". *Cuadernos de Información Económica,* n.° 100.
— (2000): "Presupuestos 2000". *Economistas,* n.° 84.
GONZÁLEZ-PÁRAMO, J. M. y LÓPEZ, G. (1996): "El gasto público: problemas actuales y perspectivas". *Papeles de Economía Española,* n.° 69.

HERRERA MOLINA, M. A. (2000): "Nuevas perspectivas de armonización fiscal (comentarios a la nota sobre 'Panorama sobre el proceso de armonización fiscal' elaborada por el grupo de intercambio sobre asuntos europeos)". *Noticias de la Unión Europea,* n.os 187/188, septiembre 2000, año XVI.

HM TREASURY (1999): *UK Convergence Programme 1999.*

INTERNATIONAL BUREAU OF FISCAL DOCUMENTATION (2000): *European Tax Handbook.* IBDF Publications.

JORDÁN, J. M.a (1999): *Economía de la Unión Europea.* Cívitas.

LAGARES, M. (1996): "Una reforma a fondo del sistema fiscal español". *Papeles de Economía Española,* n.° 69.

LASHERAS MERINO, M. A. y RUIZ-HUERTA CARBONELL, J. (1992): "Algunas consideraciones sobre la dimensión y eficacia del Sector Público en España". *Economistas,* n.° 52. Madrid.

LÓPEZ, M.a T. y UTRILLA, A. (1993): *Las políticas de gasto púbico en el proceso de convergencia. Evaluación del período 1985-1993.* Fundación BBV, serie Economía Pública. Diciembre.

— (1995): *El Sector Público en la Europa de los 15.* Cívitas.

— (1996): "Rasgos fundamentales del sector público en la Unión Europea". *Papeles de Economía Española* (I), n.° 68.

— (1998): *Introducción al Sector Público Español.* Cívitas.

— (2000): *Lecciones sobre el Sector Público Español.* Cívitas.

LÓPEZ, M.a T., MORENO, C. y PAREDES, R. (2000): *La protección social a la familia en España y en los demás países de la Unión Europea, a través del IRPF.* Fundación BBV.

MINISTERE DE L'ECONOMIE, DES FINANCES ET DE L'INDUSTRIE (2000): *Programme pluriannuel de finances publiques.*

MINISTERIO DE ECONOMÍA Y HACIENDA (2000a): *El Presupuesto para 2000.*

— (2000b): *Programa de estabilidad del Reino de España.*

— (2000c): *Presupuestos Generales del Estado 2001.*

MINISTERIO DE TRABAJO Y ASUNTOS SOCIALES (2000): *Avance del Anuario de Estadísticas Laborales y de Asuntos Sociales 1999.*

MINISTRY OF ECONOMIC AFFAIRS-MINISTRY OF FINANCE (1999): *Convergence programme 1999.*

MINISTRY OF FINANCE (1999): *Updated Swedish Convergence Programme.*

— (2000): *Stability Programme for Finland.*

NIETO, J. A. (ed.) (1997): *La economía española ante la Unión Monetaria Europea.* Síntesis. Madrid.

OCDE (1999a): *Economic Outlook.* Diciembre. París.

— (1999b): *Statistical Compendium.*

— (2000): *Economic Outlook,* n.° 67, Junio.

PABLOS, L. y VALIÑO, A. (2000): *Economía del gasto público: control y evaluación.* Cívitas.

PARLAMENTO EUROPEO (2000): Fichas técnicas.

SALINAS SÁNCHEZ, J. (2000): "Política fiscal y la Unión Monetaria Europea: ¿Un falso peldaño en la ascensión a una Europa Federal?". *Noticias de la Unión Europea,* n.os 187/188, septiembre 2000, año XVI.

SECRETARÍA DE ESTADO DE HACIENDA (1998): *La descentralización del gasto público en España (1987-1997).*

SILVESTRE, C. W. *et. al.* (2000): *European Monetary and Fiscal Policy*. Oxford University Press.

SOSVILLA, S. y HERCE, J. A. (2000): "Los efectos macroeconómicos de la Agenda 2000". *Economistas,* n.° 84.

SPAHN, P. B. (1993a): *The Community Budget for an Economic and Monetary Union*. The Macmillan press ltd.

— (1993b): "Consequences of economic and monetary union for fiscal federal relations in the Community budget". *European Economy,* n.° 5.

TRIBUNAL DE CUENTAS (2000): *Informe Anual del Tribunal de Cuentas relativo al ejercicio 1999.*

URBANOS, R. y UTRILLA, A. (1999): "Las prestaciones del Estado del Bienestar en la Unión Europea", en: Garde, J. A. (ed.): *Políticas sociales y Estado del Bienestar en España. Informe 1999.* Fundación Hogar del Empleado. Trotta.

UTRILLA DE LA HOZ, A. (1995): "Las relaciones presupuestarias con la Unión Europea", *Economistas,* n.os 66-67.

— (1997): "Evolución de las relaciones financieras entre España y la Unión Europea", en: *La economía española ante la Unión Monetaria Europea.* Síntesis.

UTRILLA, A. y DE MESA, L. (1999): "La reforma del presupuesto europeo: alcance y limitaciones de las futuras perspectivas financieras". *Cuadernos de Información Económica,* n.os 144-145.

UTRILLA, A. y PÉREZ, C. (2000a): "Las políticas de gasto de las administraciones públicas. Un análisis del período 1990-1997 y avance 1998-99". FUNCAS (mimeo).

— (2000b): "La evolución de las políticas de las Administraciones Públicas. Un análisis del período 1990-1997 y avance 1998-1999". *Documento de trabajo FUNCAS* (próxima publicación).

VALLE, V. (1990): "El gasto público en España: algunas reflexiones globales" en ALBI, E. (Dir.): *La Hacienda Pública en la Democracia* Ed. Ariel.

VV. AA. (1988): "El gasto público en la Democracia". *Papeles de Economía Española,* n.° 37.

— (1991): "El gasto público en los países de la Comunidad Europea". *Presupuesto y Gasto Público,* n.° 3.

— (1993): "The economics of community public finance". *European Economy,* n.° 5.

— (1996): "El Sector Público de la democracia española". *Papeles de Economía Española,* n.os 68 y 69.

— (2000): "El presupuesto para 2000". *Presupuesto y Gasto Público,* n.° 23.